JN078292

使い方

カードを切り離し、穴にリングなどを通そう。
単語の意味を考え、裏面を見て確認しよう。
語を言う練習をし、表面を見て確認しよう。

1 PROGRAM 1
active

2 PROGRAM 1
careful

3 PROGRAM 1
cheerful

4 PROGRAM 1
fairy

5 PROGRAM 1
fan

6 PROGRAM 1
friendly

7 PROGRAM 1
funny

8 PROGRAM 1
helpful

9 PROGRAM 1
honest

10 PROGRAM 1
just

11 PROGRAM 1
king

12 PROGRAM 1
polite

13 PROGRAM 1
princess

14 PROGRAM 1
problem

15 PROGRAM 1
quiet

16 PROGRAM 1
really

17 PROGRAM 1
serious

18 PROGRAM 1
shy

19 PROGRAM 1
smart

20 PROGRAM 1
student

21 PROGRAM 1
talk

22 PROGRAM 2
after

❶ PROGRAM 1

㊙ 活発な

音声を聞きながら発音の練習をしよう。

音声アプリの「重要単語チェック」から
音声を聞いて，聞きとり，発音の練習をすることができます。
アプリの使い方は，表紙裏をご覧ください。

❹ PROGRAM 1

㊂ 妖精

❸ PROGRAM 1

㊙ 明るい，元気の良い

❷ PROGRAM 1

㊙ 注意深い

❼ PROGRAM 1

㊙ おかしな

❻ PROGRAM 1

㊙ 親しみやすい

❺ PROGRAM 1

㊂ ファン

❿ PROGRAM 1

㊐ ちょうど，まさに

❾ PROGRAM 1

㊙ 正直な

❽ PROGRAM 1

㊙ 役に立つ

⓭ PROGRAM 1

㊂ 王女

⓬ PROGRAM 1

㊙ ていねいな，礼儀正しい

⓫ PROGRAM 1

㊂ 王

⓰ PROGRAM 1

㊐ ほんとうに

⓯ PROGRAM 1

㊙ 静かな，おとなしい

⓮ PROGRAM 1

㊂ 問題

⓳ PROGRAM 1

㊙ かしこい

⓲ PROGRAM 1

㊙ 恥ずかしがりの

⓱ PROGRAM 1

㊙ まじめな

㉒ PROGRAM 2

㊟ ～のあとに

㉑ PROGRAM 1

㊕ 話す

⓴ PROGRAM 1

㊂ 生徒，学生

23 PROGRAM 2

before

24 PROGRAM 2

bike

25 PROGRAM 2

break

26 PROGRAM 2

climb

27 PROGRAM 2

dinner

28 PROGRAM 2

draw

29 PROGRAM 2

during

30 PROGRAM 2

every cat

every

31 PROGRAM 2

grow

32 PROGRAM 2

night

33 PROGRAM 2

often

34 PROGRAM 2

picture

35 PROGRAM 2

sure

36 PROGRAM 2

tomorrow

37 PROGRAM 2

weekend

38 アクションコーナー

close

39 アクションコーナー

open

40 アクションコーナー

some

41 アクションコーナー

song

42 アクションコーナー

touch

43 アクションコーナー

write

44 PROGRAM 3

any

45 PROGRAM 3

aunt

46 PROGRAM 3

catch

23 PROGRAM 2

(前) ～より前に

24 PROGRAM 2

(名) 自転車

25 PROGRAM 2

(名) 休憩

26 PROGRAM 2

(動) 登る

27 PROGRAM 2

(名) 夕食

28 PROGRAM 2

(動) （絵を）描く

29 PROGRAM 2

(前) ～の間に

30 PROGRAM 2

(形) 毎～，～ごとに

31 PROGRAM 2

(動) 栽培する，育てる

32 PROGRAM 2

(名) 夜

33 PROGRAM 2

(副) しばしば

34 PROGRAM 2

(名) 絵，写真

35 PROGRAM 2

(副) （Sure.で）いいですよ。

36 PROGRAM 2

(副) 明日（は）

37 PROGRAM 2

(名) 週末

38 アクションコーナー

(動) 閉じる，閉める

39 アクションコーナー

(動) 開ける，開く

40 アクションコーナー

(形) いくらかの，いくつかの

41 アクションコーナー

(名) 歌

42 アクションコーナー

(動) さわる

43 アクションコーナー

(動) 書く

44 PROGRAM 3

(形) （疑問文で）何か，いくつか

45 PROGRAM 3

(名) おば

46 PROGRAM 3

(動) とらえる

名 いとこ

名 クラスメート, 同級生

動 変える

動 飼う

名 ギター

名 ダンサー

動 行う, 演じる

名 タコ

名 キロメートル

名 秘密

名 巻いたもの

名 ロボット

動 スキーをする

動 スケートをする

名 見世物, ショー

名 おじ

副 それでは, それなら

名 才能のある人

動 大好きである

代 みなさん, だれも

前 ～といっしょに

形 大きい, 広い

名 店員

名 コンサート

71 Power-Up 1

meal

72 Power-Up 1

medium

73 Power-Up 1

or

74 Power-Up 1

size

75 PROGRAM 4

answer

76 PROGRAM 4

bird

77 PROGRAM 4

court

78 PROGRAM 4

culture

79 PROGRAM 4

elephant

80 PROGRAM 4

finger

81 PROGRAM 4

forest

82 PROGRAM 4

hold

83 PROGRAM 4

hole

84 PROGRAM 4

into

85 PROGRAM 4

lion

86 PROGRAM 4

man

87 PROGRAM 4

person

88 PROGRAM 4

plug

89 PROGRAM 4

pull

90 PROGRAM 4

push

91 PROGRAM 4

real

92 PROGRAM 4

round

93 PROGRAM 4

runner

94 PROGRAM 4

save

73 Power-Up 1	72 Power-Up 1	71 Power-Up 1
接 または，それとも	名形 中間（の）	名 食事
76 PROGRAM 4	75 PROGRAM 4	74 Power-Up 1
名 鳥	名 答え	名 大きさ，サイズ
79 PROGRAM 4	78 PROGRAM 4	77 PROGRAM 4
名 ゾウ	名 文化	名 （テニスなどの）コート
82 PROGRAM 4	81 PROGRAM 4	80 PROGRAM 4
動 持つ，つかむ	名 森	名 （手の）指
85 PROGRAM 4	84 PROGRAM 4	83 PROGRAM 4
名 ライオン	前 ～の中へ［に］	名 穴
88 PROGRAM 4	87 PROGRAM 4	86 PROGRAM 4
名 （コードの）プラグ	名 人，個人	名 男性，男の人
91 PROGRAM 4	90 PROGRAM 4	89 PROGRAM 4
形 本物の	動 押す	動 ～をひく
94 PROGRAM 4	93 PROGRAM 4	92 PROGRAM 4
動 （時間などを）省く	名 走者，ランナー	形 丸い

95 PROGRAM 4 smile	**96** PROGRAM 4 stick	**97** PROGRAM 4 tail
98 PROGRAM 4 towel	**99** PROGRAM 4 type	**100** PROGRAM 4 useful
101 PROGRAM 4 vegetable	**102** PROGRAM 4 woman	**103** PROGRAM 4 work
104 Power-Up 2 both	**105** Power-Up 2 light	**106** Power-Up 2 mine
107 Power-Up 2 other	**108** Power-Up 2 which	**109** PROGRAM 5 abroad
110 PROGRAM 5 bicycle	**111** PROGRAM 5 cooking	**112** PROGRAM 5 family
113 PROGRAM 5 grandpa	**114** PROGRAM 5 important	**115** PROGRAM 5 job
116 PROGRAM 5 member	**117** PROGRAM 5 player	**118** PROGRAM 5 proud

97 PROGRAM 4	96 PROGRAM 4	95 PROGRAM 4
名 しっぽ	名 棒状の物	動 ほほえむ，笑う

100 PROGRAM 4	99 PROGRAM 4	98 PROGRAM 4
形 役に立つ	名 型，類，タイプ	名 タオル

103 PROGRAM 4	102 PROGRAM 4	101 PROGRAM 4
名 仕事	名 女性，女の人	名 野菜

106 Power-Up 2	105 Power-Up 2	104 Power-Up 2
代 私のもの	形 明るい	代 両方

109 PROGRAM 5	108 Power-Up 2	107 Power-Up 2
副 外国へ［に］	形 どの，どちらの	形 ほかの

112 PROGRAM 5	111 PROGRAM 5	110 PROGRAM 5
名 家族	名 料理	名 自転車

115 PROGRAM 5	114 PROGRAM 5	113 PROGRAM 5
名 仕事	形 重要な，大切な	名 おじいさん，祖父

118 PROGRAM 5	117 PROGRAM 5	116 PROGRAM 5
形 誇りをもっている	名 選手	名 一員，メンバー

119 PROGRAM 5 same	**120** PROGRAM 5 shoe	**121** PROGRAM 5 travel
122 PROGRAM 5 wear	**123** PROGRAM 6 across	**124** PROGRAM 6 amazing
125 PROGRAM 6 athlete	**126** PROGRAM 6 attack	**127** PROGRAM 6 beyond
128 PROGRAM 6 child	**129** PROGRAM 6 dangerous	**130** PROGRAM 6 detective
131 PROGRAM 6 early	**132** PROGRAM 6 everybody	**133** PROGRAM 6 find
134 PROGRAM 6 giraffe	**135** PROGRAM 6 hour	**136** PROGRAM 6 leader
137 PROGRAM 6 monster	**138** PROGRAM 6 movie	**139** PROGRAM 6 musician
140 PROGRAM 6 parent	**141** PROGRAM 6 pray	**142** PROGRAM 6 romantic

動 旅行をする

名 くつ

形 同じ

形 すばらしい

前 ～(障害など)を越えた[て]

動 身に着けている

前 ～の向こうに

動 襲う

名 運動選手, アスリート

名 探偵

形 危険な

名 子ども

動 見つける

代 すべての人, だれでも

副 (時間が)早く

名 指導者

名 時間, 時刻

名 キリン

名 ミュージシャン, 音楽家

名 映画

名 怪獣, モンスター

形 ロマンチックな

動 祈る

名 親

143 PROGRAM 6	144 PROGRAM 6	145 PROGRAM 6
safety	tell	there

146 PROGRAM 6	147 PROGRAM 6	148 Power-Up 3
way	writer	burger

149 Power-Up 3	150 Power-Up 3	151 Power-Up 3
center	escalator	Excuse me.

152 Power-Up 3	153 Power-Up 3	154 Power-Up 3
floor	information	next

155 Power-Up 3	156 Power-Up 4	157 Power-Up 4
staff	camera	miss

158 Power-Up 4	159 Power-Up 4	160 Power-Up 4
now	share	wall

161 PROGRAM 7	162 PROGRAM 7	163 PROGRAM 7
a little	also	bridge

164 PROGRAM 7	165 PROGRAM 7	166 PROGRAM 7
car	check	college

145 PROGRAM 6	**144** PROGRAM 6	**143** PROGRAM 6
副 そこ（で）［（に），へ］	動 教える，言う	名 無事，安全
148 Power-Up 3	**147** PROGRAM 6	**146** PROGRAM 6
名 ハンバーガー	名 作家	名 道
151 Power-Up 3	**150** Power-Up 3	**149** Power-Up 3
動 すみません。	名 エスカレーター	名 （施設としての）センター
154 Power-Up 3	**153** Power-Up 3	**152** Power-Up 3
形 隣の	名 情報	名 階・床（ゆか）
157 Power-Up 4	**156** Power-Up 4	**155** Power-Up 3
動 逃す	名 カメラ	名 職員，スタッフ
160 Power-Up 4	**159** Power-Up 4	**158** Power-Up 4
名 壁	動 分かち合う	副 今（は），現在（では）
163 PROGRAM 7	**162** PROGRAM 7	**161** PROGRAM 7
名 橋	副 〜もまた，さらに	副 少し
166 PROGRAM 7	**165** PROGRAM 7	**164** PROGRAM 7
名 大学	動 確かめる	名 車，自動車

167 PROGRAM 7 come	168 PROGRAM 7 example	169 PROGRAM 7 far
170 PROGRAM 7 full	171 PROGRAM 7 museum	172 PROGRAM 7 near
173 PROGRAM 7 over	174 PROGRAM 7 party	175 PROGRAM 7 plane
176 PROGRAM 7 research	177 PROGRAM 7 ship	178 PROGRAM 7 site
179 PROGRAM 7 someday	180 PROGRAM 7 something	181 PROGRAM 7 sound
182 PROGRAM 7 train	183 PROGRAM 7 unique	184 PROGRAM 7 view
185 Steps 3 country	186 Steps 3 life	187 Steps 3 outside
188 Steps 3 reason	189 Steps 3 topic	190 Our Project 2 comment

副 遠くに

名 例

動 来る

前 ～の近くの［に］

名 博物館

形 いっぱいの，満ちた

名 飛行機

名 パーティー

副 越えて

名 場所，所在地

名 船

名 研究

動 ～に聞こえる

代 何か

副 いつか

名 眺め，景色

形 独特な

名 電車，列車

副 外は［で，に］

名 生活，人生

名 郊外，国

名 意見，コメント

名 話題，トピック

名 理由

learn

lot

speech

teach

thing

century

language

mean

air

all

anything

bathroom

crane

dad

event

feel

help

magazine

mom

need

of course

set

shower

strawberry

193 Our Project 2	192 Our Project 2	191 Our Project 2
名 演説，スピーチ	名 たくさん	動 学ぶ，習う
196 Power-Up 5	195 Our Project 2	194 Our Project 2
名 1世紀，100年	名 もの，こと	動 教える
199 PROGRAM 8	198 Power-Up 5	197 Power-Up 5
名 空中，空	動 意味する	名 言語，言葉
202 PROGRAM 8	201 PROGRAM 8	200 PROGRAM 8
名 浴室，ふろ場	代 ［否定文で］何も	代 全部，全員，すべて
205 PROGRAM 8	204 PROGRAM 8	203 PROGRAM 8
名 行事，出来事	名 おとうさん，パパ	名 ツル
208 PROGRAM 8	207 PROGRAM 8	206 PROGRAM 8
名 雑誌	動 助ける，手伝う	動 感じる
211 PROGRAM 8	210 PROGRAM 8	209 PROGRAM 8
もちろん	動 必要とする	名 おかあさん，ママ
214 PROGRAM 8	213 PROGRAM 8	212 PROGRAM 8
名 イチゴ	名 シャワー	名 ひとそろい，一式

215 PROGRAM 8	216 PROGRAM 8	217 PROGRAM 9
traditional	wait	ago
218 PROGRAM 9	219 PROGRAM 9	220 PROGRAM 9
a.m.	another	anywhere
221 PROGRAM 9	222 PROGRAM 9	223 PROGRAM 9
beat	bitter	candy
224 PROGRAM 9	225 PROGRAM 9	226 PROGRAM 9
couch	dessert	invent
227 PROGRAM 9	228 PROGRAM 9	229 PROGRAM 9
last	lucky	medical
230 PROGRAM 9	231 PROGRAM 9	232 PROGRAM 9
once	only	people
233 PROGRAM 9	234 PROGRAM 9	235 PROGRAM 9
p.m.	relax	rise
236 PROGRAM 9	237 PROGRAM 9	238 PROGRAM 9
road	stadium	stay

前 （今から）〜前に

動 待つ

形 伝統的な

副 （疑問文で）どこかに

形 もうひとつ［1人］の

副 午前

名 あめ

形 苦い

動 打ち負かす

動 発明する

名 デザート

名 ソファー

形 医療の，内科の

形 幸運な

形 （この）前の

名 人々

副 たった〜だけ

名 一度，一回

動 （太陽などが）昇る

動 くつろぐ

副 午後

動 滞在する，泊まる

名 球場，競技場

名 道路，道

tasty

trip

until

win

yesterday

awesome

back

bad

call

comic

cut

end

enough

finally

finish

fluffy

fly

follow

freeze

grandma

hill

idea

internet

matter

前 ～まで

名 旅行

形 おいしい

形 すごい

副 昨日（は）

動 勝つ

動 電話をかける

形 悪い

副 （元の場所に）もどって

名 終わり

動 切る

名 マンガ

動 終える

副 やっと，ついに

副 十分に

動 従う

動 飛ぶ

形 ふわふわした

名 丘

名 おばあさん，祖母

動 凍る

名 困ったこと

名 （theをつけて）インターネット

名 考え

moving

o'clock

reach

say

Hello!

sleep

sleepy

start

BANG!

still

surprised

terrible

textbook

理科 English ABC 数学

theater

top

warming

exercise

test

hobby

performance

powerful

shot

bye

dear

postcard

wish

265 PROGRAM 10	264 PROGRAM 10	263 PROGRAM 10
動 着く，到着する	副 ～時	形 感動させる

268 PROGRAM 10	267 PROGRAM 10	266 PROGRAM 10
形 眠い	動 眠る	動 言う

271 PROGRAM 10	270 PROGRAM 10	269 PROGRAM 10
形 驚いて	副 まだ，今でも	動 出発する

274 PROGRAM 10	273 PROGRAM 10	272 PROGRAM 10
名 映画館	名 教科書	形 恐ろしい，ひどい

277 Steps 7	276 PROGRAM 10	275 PROGRAM 10
動 運動する	名 暖めること	名 てっぺん，頂上

280 Our Project 3	279 Our Project 3	278 Steps 7
名 演技，パフォーマンス	名 趣味	名 試験，テスト

283 Power-Up 6	282 Our Project 3	281 Our Project 3
間 さよなら	名 一場面	形 力強い，強力な

286 Power-Up 6	285 Power-Up 6	284 Power-Up 6
名 祝福の言葉，願い	名 （絵）はがき	形 親愛なる，～さん[様]

目次

■ 成績アップのための学習メソッド　▶ 2 〜 5

成績アップのための **学習メソッド**

ぴたトレ1
要点チェック

教科書の基礎内容についての理解を深め, 基礎学力を定着させます。

- 教科書で扱われている文法事項の解説をしています。
- 新出単語を和訳・英訳ともに掲載しています。
- 重要文をもとにした基礎的な問題を解きます。

問題を解くペース
英語 は 問題を解く
時間 が 足りなくなり
やすい教科。普段の
学習から解く時間を
常に意識しよう!

**「ナルホド!」で
文法を復習**
最初に取り組むときは
必ず読もう!

Words & Phrases
単語や熟語のチェック
をしよう。
ここに載っている単語
は必ず押さえよう!

注目!
⚠ミスに注意
テストによく出る!
テストで狙われやすい,
ミスしやすい箇所が
一目でわかるよ!

学習メソッド

STEP0 学校の授業を受ける

STEP1 ぴたトレ1を解く
ナルホド!も読んで, 基礎をおさらいしよう。

STEP2 解答解説で丸付け
間違えた問題にはチェックをつけて,
何度もやり直そう。

STEP3 別冊mini bookで確認
単語や基本文を
繰り返し読んで覚えよう。

mini book
テストに出る!
**重要文
重要単語
チェック!**

時間のないときは「ナルホド」
を読んでから, 「注目!」「ミスに
注意!」「テストによく出る!」を
確認しよう!これだけで最低
限のポイントが抑えられるよ!

STEP4 得点UPポイントを確認
「注目!」「ミスに注意!」「テストによく出る!」を確認してから,
ぴたトレ2に進もう。

リー子

より実践的な内容に取り組みます。
また, 専用アプリを使ってスピーキングの練習をします。

- 教科書の文章を読み, 内容をしっかり把握します。
- スピーキング問題を解いて, 答え合わせをし, 文章と解答を音声アプリに吹き込みます。
  （アプリは「おんトレ」で検索し, インストールしてご利用ください。ご利用に必要なコードはカバーの折り返しにあります）

読む📖

教科書の本文と,
対応する問題は,
テスト本番でも
よく狙われるよ。

ヒント

解答に迷ったときは,
問題を解く手助けと
なるヒントを読もう。

英語の音やアクセ
ントを聞き分けた
り, 発音する基礎
練習問題も一緒
にやってみよう。

アプリ アプリマークのある問題は, 付属のアプリを使って,
スピーキングに挑戦！テスト前に取り組むのがおすすめ。

スピーキングアプリの使い方 ▶ Google Play で手に入れよう　🍎 App Store からダウンロード

❶ アプリマークのある問題を解く。

❷ 答え合わせをする。

❸ アプリの指示に従って, 読解文を1文ずつアプリに吹き込む。

❹ 質問文と, 答え合わせをした解答の音声をアプリに吹き込む。

❺ 音声が適切か判定される。

学習メソッド

STEP1 ぴたトレ2を解く

STEP2 解答・解説を見て答え合わせをする

STEP3 アプリを使って, スピーキング問題を解く

わからない単語や
知らない単語が
あるときはお手本
を聞いてまねして
みよう！

ター坊

成績アップのための 学習メソッド

ぴたトレ3
確認テスト

テストで出題されやすい文法事項, 教科書の内容をさらに深める
オリジナルの読解問題を掲載しています。

- 学習した文法や単語の入ったオリジナルの文章を載せています。
  初めて読む文章に対応することで, テスト本番に強くなります。

- 「よく出る」「差がつく」「点UP」で, 重要問題が一目でわかります。

発音問題もチェック!

発音・アクセント問題も掲載!
何度も声に出して読んで発音を意識しよう。

オリジナル長文に挑戦!

ぴたトレ1や2で学習した文法を基にした長文が出題されるよ。初めて見る文章にも強くなろう。

4技能マークに注目!

4技能に対応!
このマークがついている問題は要チェック!

※「聞く」問題は,巻末のリスニングに掲載しています。

繰り返し練習しよう!

ポイントとなる問題は繰り返し練習して, テストでも解けるようにしよう!

学習メソッド

STEP1 ぴたトレ3を解く
テスト本番3日前になったら時間を計って解いてみよう。

STEP2 解答解説を読む
英作文には採点ポイントが示されているよ。
できなかった部分をもう一度見直そう。

STEP3 定期テスト予想問題を解く
巻末にあるテスト対策問題を解いて最後のおさらいをしよう。

STEP4 出題傾向を読んで, 苦手な箇所をおさらいしよう
定期テスト予想問題の解答解説には出題傾向が載っているよ。
テストでねらわれやすい箇所をもう一度チェックしよう。

> ぴたトレ3には「観点別評価」も示されてるよ!
> これなら内申点も意識できるね!

ピー助

4

定期テスト予想問題

定期テスト直前に解くことを意識した, 全5回の実力テスト問題です。

● 長文問題を解くことを通して, 解答にかかる時間のペースを意識しましょう。

観点別評価

本書では、

「言語や文化についての知識・技能」
「外国語表現の能力」

の2つの観点を取り上げ, 成績に結び付くようにしています。

リスニング

文法ごとにその学年で扱われやすいリスニング問題を掲載しています。どこでも聞けるアプリに対応!

● リスニング問題はくりかえし聞いて, 耳に慣れるようにしておきましょう。

※一部標準的な問題を出題している箇所があります(教科書非準拠)。
※リスニングには「ポケットリスニング」のアプリが必要です。
(使い方は表紙の裏をご確認ください。)

英作文

やや難易度の高い英作文や, 表やグラフなどを見て必要な情報を英文で説明する問題を掲載しています。

● 学年末や, 入試前の対策にぴったりです。

● 難しいと感じる場合は, 解答解説の 英作力UP を読んでから挑戦してみましょう。

［ ぴたトレが支持される**3**つの理由!! ］

1
35年以上続く
超ロングセラー商品

昭和59年の発刊以降, 教科書改訂にあわせて教材の質を高め, 多くの中学生に使用されてきた実績があります。

2
教科書会社が制作する
唯一の教科書準拠問題集

教科書会社の編集部が問題集を作成しているので, 授業の進度にあわせた予習・復習にもぴったり対応しています。

3
日常学習～定期テスト
対策まで完全サポート

部活などで忙しくても効率的に取り組むことで, テストの点数はもちろん, 成績・内申点アップも期待できます。

Get Ready 1〜4
中学校英語をはじめよう

> **教科書の重要ポイント** 相手について質問しよう。／自分のことを話そう。 教科書 pp.8〜15

①食べ物を表す単語

- ・スパゲッティ…spaghetti　・フライドチキン…fried chicken
- ・サラダ…salad　・フライドポテト…French fries　・オムレツ…omelet
- ・ビーフステーキ…beefsteak

②国を表す単語

- ・カナダ…Canada　・スペイン…Spain　・フランス…France　・インド…India
- ・ドイツ…Germany　・エジプト…Egypt　・韓国・朝鮮…Korea　・ロシア…Russia

③部活を表す単語

- ・英語部…English club　　　・吹奏楽部…brass band
- ・水泳部…swimming team　　・バスケットボール部…basketball team

④インタビューに使える表現

- ・**Do you like 〜?**〔あなたは〜が好きですか。〕
- ・**When is your birthday?**〔あなたの誕生日はいつですか。〕
- ・**What food[sport/subject]do you like?**
  〔あなたはどんな食べ物［スポーツ／科目］が好きですか。〕
- ・**Can you play 〜?**〔あなたは〜（楽器やスポーツなど）ができますか。〕

⑤自己紹介に使う表現

- ・**My name is 〜.**〔私の名前は〜です。〕・**My birthday is 〜.**〔私の誕生日は〜です。〕
- ・**I like 〜.**〔私は〜が好きです。〕　　・**I want to join 〜.**〔私は〜に入りたいです。〕

ナルホド！

> **Words & Phrases** 次の日本語は英語に，英語は日本語にしなさい。

☐ (1) like　（　　　　　　　　　　）　　☐ (3) 誕生日

☐ (2) join　（　　　　　　　　　　）　　☐ (4) クラブ

1 日本語に合うように，（ ）内から適切なものを選び，記号を〇で囲みなさい。

⚠ ミスに注意

外来語として日本語で使われている単語は，実際の英語とは違うことがあるよ。

☐(1) フライドポテト

（ ア French fries イ fried chicken ）

☐(2) カナダ

（ ア Canada イ China ）

☐(3) 吹奏楽部

（ ア brass band イ basketball team ）

2 絵を見て，例にならい「私は～が好きです。」の文を書きなさい。

注目!

同じ文字が続く swimming は m が 2 つ，spaghetti は t が 2 つ続くので，英語で書くときに注意する。

例 omelet	(1) swimming	(2) spaghetti	(3) flute

例 **I like omelet.**

☐(1) I like ＿＿＿＿＿＿＿＿ .

☐(2) I ＿＿＿＿＿＿＿ ＿＿＿＿＿＿＿ .

☐(3) ＿＿＿＿＿＿＿＿＿＿＿＿＿＿＿＿＿ .

3 日本語に合うように，（ ）内の語句を並べかえなさい。

テストによく出る!

たずねる文の文末

何かをたずねる文の文末には?がつくことに注意する。

☐(1) 私の名前は佐藤けんです。

（ name / Sato Ken / my / is ）．

＿＿＿＿＿＿＿＿＿＿＿＿＿＿＿＿＿ ．

☐(2) あなたの誕生日はいつですか。

（ birthday / is / your / when ）？

＿＿＿＿＿＿＿＿＿＿＿＿＿＿＿＿ ？

ぴたトレ
1
要点チェック

PROGRAM 0
アルファベットを確かめよう／つづり字と発音

時間 **15分** | 解答 p.1

〈新出語・熟語 別冊p.6〉

教科書の
重要ポイント | アルファベット，つづり字と発音を確認しよう。 教科書pp.16〜19

アルファベット

・大文字

A B C D E F G H I J K L M
N O P Q R S T U V W X Y Z

※4線上に書くときは，大文字はすべて「2階建て」（基本線より上）に書く。

・小文字

a b c d e f g h i j k l m
n o p q r s t u v w x y z

※小文字は「地下1階つき」（基本線より下）のものがある。

書き間違いに注意
・bとd ・mとn
・pとq ・uとv

・日本語にはない発音

r…口のまん中で舌先を立てて発音する。←run, read, rain など。

l…口の中で舌先を上の歯の裏につけて発音する。←long, lemon, lip など。

f…下くちびるに上の前歯を軽く当てて息を出す。←fun, fish, festival など。

v…下くちびるに上の前歯を軽く当てて発音する。←van, vet, volleyball など。

th…舌先を上下の歯で軽くはさむようにして息を出す。←math, three, birthday など。

th…舌先を上下の歯で軽くはさむようにして発音する。←this, that, brother など。

ナルホド！

Words & Phrases | 次の日本語は英語に，英語は日本語にしなさい。

☐(1) run （　　　　　　）　　☐(3) 魚　＿＿＿＿＿＿＿＿

☐(2) long （　　　　　　）　　☐(4) 兄, 弟　＿＿＿＿＿＿

1 日本語に合うように，（ ）内から適切なものを選び，記号を〇で囲みなさい。

☐(1) 楽しみ

（ ア fun　イ festival ）

☐(2) バレーボール

（ ア volleyball　イ van ）

☐(3) これ

（ ア that　イ this ）

2 例にならい次の単語を＿＿に書き，下からその単語に合う絵を選んで，（ ）に記号を書きなさい。

例 box　（ ア ）

box

☐(1) apron　（ 　 ）

☐(2) jacket　（ 　 ）

☐(3) desk　（ 　 ）

ア　　　　イ　　　　ウ　　　　エ

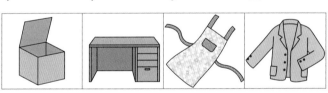

3 （ ）内の文字を並べかえて，アルファベット順に書きなさい。

☐(1) (H / I / B / F / E / D / A / G / C)

☐(2) (p / u / o / t / v / n / s / r / q)

1 次の日本語を表す単語を下から選び，記号を書きなさい。

☐(1) オムレツ （　　　　　　　　　）

ア ant　　イ pizza　　ウ omelet　　エ goal

☐(2) 屋根 （　　　　　　　　　）

ア roof　　イ soccer　　ウ ink　　エ eraser

日本語と似ている単語も，つづりに注意して覚えよう。

2 日本語に合うように，＿＿に入る適切な語を書きなさい。

☐(1) 私の名前はリカです。

＿＿＿＿＿＿＿＿＿＿＿ ＿＿＿＿＿＿＿＿＿＿＿ is Rika.

☐(2) あなたは野球ができますか。

＿＿＿＿＿＿＿＿＿＿＿ ＿＿＿＿＿＿＿＿＿＿＿ play baseball?

3 日本語に合うように，（　　）内の語句を並べかえなさい。

☐(1) 私は数学が好きです。

(I / math / like).

＿＿＿＿＿＿＿＿＿＿＿＿＿＿＿＿＿＿＿＿＿＿＿＿＿＿＿＿＿＿＿.

☐(2) 私は英語部に入りたいです。

(want / to / I / the English club / join).

＿＿＿＿＿＿＿＿＿＿＿＿＿＿＿＿＿＿＿＿＿＿＿＿＿＿＿＿＿＿＿.

4 （　　）内の指示に従って，英文を書きかえなさい。

☐(1) My birthday is May 22.　（この文が答えとなり，下線部をたずねる文に）

＿＿＿＿＿＿＿＿＿＿＿＿＿＿＿＿＿＿＿＿＿＿＿＿＿＿＿＿＿＿＿

☐(2) What sport do you like?　（質問に「私は水泳が好きです」と答える文に）

＿＿＿＿＿＿＿＿＿＿＿＿＿＿＿＿＿＿＿＿＿＿＿＿＿＿＿＿＿＿＿

ヒント　**2**(2)can「〜できる」を使う。　**4**(2)「水泳」を表す単語をどこに置くのかに注意する。

定期テスト
予報
●アルファベットの読み書きが問われるでしょう。⇒4線の使い方や読み方を確認しましょう。
●自己紹介に使われる表現が問われるでしょう。⇒名前や出身などを伝える表現を確認しましょう。
●インタビューに使われる表現が問われるでしょう。⇒質問の仕方や答え方を覚えておきましょう。

5 読む 次の会話文を読んで，ダニエルについてのインタビューのメモを完成させ なさい。

Ken : Daniel, when is your birthday?

Daniel : My birthday is October 7.

Ken : What food do you like?

Daniel : I like fried chicken.

Ken : What subject do you like?

Daniel : I like science.

> ダニエルについてのインタビューのメモ
>
> ・誕生日：□（ ① ）月□（ ② ）日
>
> ・好きな食べ物：□（ ③ ）
>
> ・好きな科目：□（ ④ ）

① ( )

② ( )

③ ( )

④ ( )

6 読む 次の英文はマイクの自己紹介です。マイクになったつもりであとの問いに 答えなさい。

Hello. My name is Mike.

My birthday is August 10.

I like beefsteak. I like social studies.

I want to join the brass band.

□(1) When is your birthday?

—

□(2) What food do you like?

—

□(3) What subject do you like?

—

ヒント 5 会話文中の質問が何をたずねているのか考える。

11

PROGRAM 1
友だちを作ろう（Part 1）

教科書の重要ポイント 「私は[あなたは]～です。／私は～ではありません。」の文 　教科書 pp.22 ～ 24・27

<u>I am</u> Masaru.

〔私はマサルです。〕

<u>You are</u> Bob.

〔あなたはボブです。〕

「…は～です。」は〈主語＋be動詞～.〉の形で表す。

「私は～です。」はI am～.で表す。I amはI'mという短縮形にしてもよい。

「あなたは～です。」はYou are ～.で表す。

You areはYou'reという短縮形にしてもよい。

ナルホド！

| 肯定文（ふつうの文） | I am 　　 Satoru. 〔私はサトルです。〕 |
| 否定文（否定する文） | I am <u>not</u> Satoru. 〔私はサトルではありません。〕 |

be動詞の否定文はamやareのあとにnotを置く。

Words & Phrases 次の日本語は英語に，英語は日本語にしなさい。

☐(1) oh 　（ 　　　　　 ） 　　☐(4) 生徒，学生 ＿＿＿＿＿＿＿

☐(2) firefighter （ 　　　　 ） 　　☐(5) I am の短縮形 ＿＿＿＿＿

☐(3) friendly 　（ 　　　　　 ） 　　☐(6) you are の短縮形 ＿＿＿＿＿

1 日本語に合うように，（　）内から適切なものを選び，記号を〇で囲みなさい。

□(1) 私はかおるです。

I (ア am　イ are) Kaoru.

□(2) あなたはヒロシです。

You (ア am　イ are) Hiroshi.

□(3) 私はキャロルではありません。

(ア I　イ I'm) not Carol.

テストによく出る!

主語とbe動詞

be動詞は，主語によって使い分けが決まっている。

2 絵を見て，例にならい「私[あなた]は〜です。」の文を書きなさい。

例	(1)	(2)	(3)
Miki	Shiori	Yuji	Sherry

例 **I am Miki.**

□(1) I ＿＿＿＿＿＿ Shiori.

□(2) You ＿＿＿＿＿＿ Yuji.

□(3) ＿＿＿＿＿＿ Sherry.

⚠ミスに注意

空所の前後をよく見て，短縮形を使うかどうかを判断しよう。

3 日本語に合うように，（　）内の語句を並べかえなさい。

□(1) 私は加藤さくらです。

(am / Kato Sakura / I).

＿＿＿＿＿＿＿＿＿＿＿＿＿＿＿＿＿.

□(2) あなたはケイではありません。

(are / you / not / Kei).

＿＿＿＿＿＿＿＿＿＿＿＿＿＿＿＿＿.

注目!

姓・名? 名・姓?

名前の姓名の順は日本式に「姓・名」としても，西洋式に「名・姓」としてもよい。

PROGRAM 1
友だちを作ろう（Part 2）

┃ 教科書の 重要ポイント ┃ 「あなたは〜ですか。」の文 ┃ 教科書 pp.22〜23・25・27 ┃

<u>Are you</u> Bob? 〔あなたはボブですか。〕

— Yes, I am. ／ No, I am[I'm] not.

〔はい，そうです。／いいえ，違います。〕

疑問文の終わりに つける?を忘れな いように！

┃ 肯定文（ふつうの文） ┃ You are Bob.

areをyouの前に出す。

┃ 疑問文（たずねる文） ┃ **Are you** Bob? 〔あなたはボブですか。〕

Yes, I am. / No, I am[I'm] not. 〔はい，そうです。／いいえ，違います。〕

「あなたは〜ですか。」はAre you 〜?の形で表す。

「はい，そうです。」はYes, I am.，「いいえ，違います。」はNo, I am[I'm] not.で表す。

I amはI'mという短縮形にすることもできる。

＼ナルホド！／

┃ Words & Phrases ┃ 次の日本語は英語に，英語は日本語にしなさい。

☐(1) pardon （　　　　　）

☐(2) helpful （　　　　　）

☐(3) want to 〜 （　　　　　）

☐(4) are notの短縮形 _____

☐(5) 〜の出身である be _____

☐(6) ほんとうに _____

1 日本語に合うように，（　）内から適切なものを選び，記号を〇で囲みなさい。

☐(1) あなたはジョンですか。

（ ア Are　イ Am ）you John?

☐(2) はい，そうです。((1)の答え)

Yes, (ア I am　イ you are).

☐(3) あなたは消防士ですか。

（ ア Are　イ Not ）you a firefighter?

注目!

be動詞の組み合わせ

I → am

You → are

2 絵を見て，例にならい「あなたは～ですか。」とたずねる文とその答えの文を書きなさい。

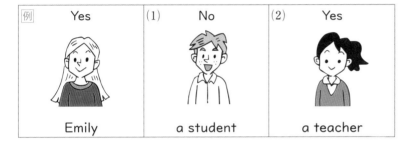

例 Yes	(1) No	(2) Yes
Emily	a student	a teacher

例 **Are you Emily? — Yes, I am.**

☐(1) ＿＿＿＿＿＿ ＿＿＿＿＿＿ a student?

☐ —No, ＿＿＿＿＿＿＿＿＿＿＿＿.

☐(2) ＿＿＿＿＿＿＿＿＿＿＿＿＿＿＿＿?

☐ —Yes, ＿＿＿＿＿＿ ＿＿＿＿＿＿.

注目!

疑問文に答える文

(1)(2) Are you ～?に答える文の形の違いに注意する。

Yes, I am.

No, I am[I'm] not.

3 日本語に合うように，（　）内の語句を並べかえなさい。

☐(1) あなたは東京の出身ですか。　(from / you / Tokyo / are)?

＿＿＿＿＿＿＿＿＿＿＿＿＿＿＿＿＿＿＿?

☐(2) あなたは歯医者ですか。　(dentist / a / you / are)?

＿＿＿＿＿＿＿＿＿＿＿＿＿＿＿＿＿＿＿?

テストによく出る!

文頭は大文字

文頭に置かれるbe動詞は大文字で書き始める。

ぴたトレ
1
要点チェック

PROGRAM 1
友だちを作ろう（Part 3）

時間
15分

解答
p.2

〈新出語・熟語 別冊p.6〉

教科書の
重要ポイント
「あなたはどこの出身ですか。」の文　教科書 pp.22 ～ 23・25 ～ 27

<u>Where are</u> you from?　〔あなたはどこの出身ですか。〕

<u>I'm</u> from Otaru.　〔私は小樽の出身です。〕

Whereから始
めよう。

「どこに～ですか。」と場所をたずねるときにはwhereを使う。

Whereは文頭に置く。Whereのあとは疑問文の語順になる。

疑問文　　　　　　　　　Are you from Otaru?　〔あなたは小樽の出身ですか。〕

たずねたいことをwhereに置きかえて文頭に出す。

whereの文　　Where are you from?　←疑問文なので文の終わりには？をつける。
「どこ」　　be動詞の疑問文の語順

ナルホド!

I'm from Otaru.　←「あなたは～」の文でたずねられているので「私は～」で答える。

Words & Phrases　次の日本語は英語に，英語は日本語にしなさい。

(1) an　　（　　　　　　　　　　）

(2) angel　（　　　　　　　　　　）

(3) honest　（　　　　　　　　　　）

(4) smart　（　　　　　　　　　　）

(5) ファン　＿＿＿＿＿＿＿＿＿

(6) 王　＿＿＿＿＿＿＿＿＿

(7) 注意深い　＿＿＿＿＿＿＿＿＿

(8) 元気のよい　＿＿＿＿＿＿＿＿＿

1 日本語に合うように，（　）内から適切なものを選び，記号を〇で囲みなさい。

☐(1) あなたはどこの出身ですか。

Where (ア you are　イ are you) from?

☐(2) 私はオーストラリアの出身です。（(1)の答え）

I (ア am　イ am from) Australia.

☐(3) 私は芸術家ではありません。

I'm not (ア a　イ an) artist.

2 絵を見て，例にならい「あなたはどこの出身ですか。」とたずねる文とその答えの文を書きなさい。

例	(1)	(2)
Tokyo	Canada	China

例　**Where are you from? — I'm from Tokyo.**

☐(1) ＿＿＿＿＿＿＿ are you ＿＿＿＿＿＿＿?

☐　　—I'm ＿＿＿＿＿＿＿ ＿＿＿＿＿＿＿.

☐(2) ＿＿＿＿＿＿＿＿＿＿＿＿＿＿＿＿＿?

☐　　—I'm ＿＿＿＿＿＿＿ ＿＿＿＿＿＿＿.

3 日本語に合うように，（　）内の語句を並べかえなさい。

☐(1) あなたはどこの出身ですか。　(from / you / where / are)?

＿＿＿＿＿＿＿＿＿＿＿＿＿＿＿＿＿＿＿＿＿?

☐(2) 私はニュージーランドの出身です。

(am / from / New Zealand / I).

＿＿＿＿＿＿＿＿＿＿＿＿＿＿＿＿＿＿＿＿＿.

Word Web 1 数の言い方

| 教科書の重要ポイント | 数の言い方 | 教科書p.28 |

英語の数 (number)

・0〜19までの数

0…zero	1…one	2…two	3…three	4…four
5…five	6…six	7…seven	8…eight	9…nine
10…ten	11…eleven	12…twelve	13…thirteen	14…fourteen
15…fifteen	16…sixteen	17…seventeen	18…eighteen	19…nineteen

・20〜99までの数

| 20…twenty | 30…thirty | 40…forty | 50…fifty | 60…sixty |
| 70…seventy | 80…eighty | 90…ninety | | |

21…twenty-one ←20＋1＝21と考える。十の位の数と一の位の数を-(ハイフン)でつなぐ。

・100以上の数

100…one hundred	200…two hundred
101…one hundred (and) one	1,000…one thousand
122…one hundred (and) twenty-two	10,000…ten thousand

数字を含む表現

・年齢：〈I am＋数.〉＝「私は〜歳です。」
　I'm twelve[thirteen]. 〔私は12[13]歳です。〕

1,000は one thousand, 10,000は ten thousand, 20,000は twenty thousand。,(コンマ)の位置で分けて考えると，thousandの前につく数がわかりやすいね。

・電話番号：数字を1つずつ読む。
　5728-9012 (five seven two eight, nine oh one two) ※0は「オウ(oh)」とも「ズィロウ(zero)」とも読む。

・値段
　3,450 yen (three thousand four hundred (and) fifty yen)
　1 dollar (one dollar)

ナルホド!

| Words & Phrases | 次の日本語は英語に，英語は日本語にしなさい。 |

(1) five　(　　　　　　　)

(2) thirty　(　　　　　　　)

(3) 90　＿＿＿＿＿＿＿

(4) 51　＿＿＿＿＿＿＿

1 日本語に合うように，（ ）内から適切なものを選び，記号を〇で囲みなさい。

☐(1) 14 （ ア forty　イ fourteen ）

☐(2) 1,000
　　 one （ ア thousand　イ hundred ）

☐(3) 200
　　 two （ ア hundred　イ ten ）

☐(4) あなたは12歳ですか。
　　 Are you （ ア twelve　イ twelfth ）?

⚠ ミスに注意

40は，つづりに four が含まれるわけではないので，注意しよう。

2 絵を見て，例にならい値段・電話番号・年齢について英語で書きなさい。

例	(1)	(2) 電話番号は 123-9876です。	(3) 私は13歳です。
198円	3,580円		

例 **one hundred ninety-eight yen**

☐(1) three ＿＿＿＿＿＿ five ＿＿＿＿＿＿ and

＿＿＿＿＿＿ yen

☐(2) one two ＿＿＿＿＿, nine ＿＿＿＿＿ ＿＿＿＿＿ six

☐(3) I'm ＿＿＿＿＿.

テストによく出る!

大きな数字

英語も日本語と同じで thousand → hundred と大きな位から順に言う。

3 日本語に合うように，（ ）内の語を並べかえなさい。

☐(1) 私は20歳ではありません。　（ am / twenty / I / not ）.

＿＿＿＿＿＿＿＿＿＿＿＿＿＿＿＿＿＿＿＿＿＿＿＿.

☐(2) 1784円

　　 (seven / eighty-four / one / hundred / thousand / and) yen

＿＿＿＿＿＿＿＿＿＿＿＿＿＿＿＿＿＿＿＿＿＿ yen

注目!

and の位置

(2)百の位と十の位の間に入れる。and を省略する場合もある。

① 正しいものを4つの中から選び，記号に○をつけなさい。

☐(1) I (　　　) Yamada Kaoru.

　　ア are　　イ aren't　　ウ not　　エ am

☐(2) I'm (　　　) a hero.

　　ア from　　イ are　　ウ not　　エ aren't

> 空所の前後をよく見て，どの語があてはまるか考えよう！

② 日本語に合うように，＿＿に入る適切な語を書きなさい。

☐(1) 私は大阪の出身です。

　　＿＿＿＿＿＿＿＿＿＿＿　＿＿＿＿＿＿＿＿＿＿＿ Osaka.

☐(2) あなたも野球ファンですか。

　　＿＿＿＿＿＿＿＿＿＿＿ you a baseball fan ＿＿＿＿＿＿＿＿＿＿＿？

③ 日本語に合うように，(　　　)内の語句を並べかえなさい。

☐(1) あなたはオーストラリアの出身ですか。

　　(from / you / are / Australia)?

　　＿＿＿＿＿＿＿＿＿＿＿＿＿＿＿＿＿＿＿＿＿＿＿＿＿＿＿＿＿＿？

☐(2) あなたと私はおなかがすいていません。

　　(you / not / are / and I / hungry).

　　＿＿＿＿＿＿＿＿＿＿＿＿＿＿＿＿＿＿＿＿＿＿＿＿＿＿＿＿＿＿．

④ (　　　)内の指示に従って，英文を書きかえなさい。

☐(1) You are a superman. （否定文に）

　　＿＿＿＿＿＿＿＿＿＿＿＿＿＿＿＿＿＿＿＿＿＿＿＿＿＿＿＿＿＿＿＿

☐(2) I am from the U.S. （この文が答えとなり，下線部をたずねる疑問文に）

　　＿＿＿＿＿＿＿＿＿＿＿＿＿＿＿＿＿＿＿＿＿＿＿＿＿＿＿＿＿＿＿＿

ヒント　② (1)空所の数から考えて，短縮形を使う。　③ (2)notはbe動詞のうしろに置く。
　　　　④ (2)出身をたずねる疑問文にする。

定期テスト
予報

● 主語とbe動詞の使い分けが問われるでしょう。
⇒ 主語とbe動詞の組み合わせを確認しましょう。
⇒ 肯定文から疑問文や否定文に書きかえる方法を確認しましょう。
⇒ Whereを使った疑問文と，「～の出身です」と答える文を確認しておきましょう。

5 読む 次の会話文を読んで，あとの問いに答えなさい。

Emily : I want (①) go to the gym.

Ken : I see. Let's go.

Emily : (②). You're so helpful.

Ken : No problem. ③(あなたはどこの出身ですか)?

Emily : I'm from Australia.

(1) ①の( )に適切な語を書きなさい。

_____

(2) ②でエミリーはお礼を言っています。( )に適切な語を書きなさい。

_____

(3) 下線部③の( )内の日本語を英語にしなさい。

_____ ?

6 読む 次の会話文を読んで，あとの問いに答えなさい。

Tom : Hello. Are you a student?

Ms. White : No, (①) not. I am a new teacher.

Tom : I am Tom. I am a student.

Ms. White : You are friendly.

Tom : You are friendly (②).

(1) ①の( )に適切な語を書きなさい。

_____

(2) ②の( )には，「～もまた」という意味の語が入ります。( )に適切な語を書きなさい。

_____

(3) 本文の内容に合うように，( )に適切な日本語を書きなさい。

ホワイトさんは，新しい( )です。

ヒント **5**(1)「～したい」という表現にするために必要な単語を考える。

ぴたトレ
3
確認テスト

PROGRAM 1 ～
Word Web 1

時間 30分 ／100点　合格 70点

解答 p.3

教科書 pp.22 ～ 28

❶ 下線部の発音が同じものには〇を，そうでないものには×を，解答欄に書きなさい。 6点

(1) po<u>l</u>ite　　　　　　　(2) <u>t</u>wo　　　　　　　　(3) <u>h</u>onest
　　ki<u>n</u>g　　　　　　　　　　<u>t</u>oo　　　　　　　　　　　<u>o</u>h

❷ 最も強く発音する部分の記号を解答欄に書きなさい。 6点

(1) care – ful　　　　　　(2) an – gel　　　　　　　(3) se – ri – ous
　　ア　　イ　　　　　　　　ア　　イ　　　　　　　　ア　　イ　　ウ

❸ 日本語に合うように，＿＿に入る適切な語を書きなさい。 15点

(1) あなたは活発です。

　　＿＿＿＿ ＿＿＿＿ active.

(2) あなたと私は 1 － Bです。

　　You and ＿＿＿＿ ＿＿＿＿ in 1-B.

出る (3) 私も新入生です。

　　I ＿＿＿＿ a ＿＿＿＿ student ＿＿＿＿.

❹ 次のチェンのメモを参考に，（　）に適切な語を入れてチェンの自己紹介文を完成させなさい。 20点

┌─────────────────┐
│ **自己紹介のメモ**
│ ・中国の出身
│ ・卓球ファン
│ ・日本語を勉強したい
│ ・元気のよい性格
│ ・12歳ではない
└─────────────────┘

Hi, I'm Chen. I'm （　①　） China. I'm a table tennis （　②　）. I want （　③　） study Japanese. I'm （　④　）. I'm （　⑤　） twelve.

❺ 次の会話文を読んで，あとの問いに答えなさい。 29点

Ami :　Are you in 1-A?

Ben :　Yes, I am.

Ami :　Me too. I'm Ami. ①<u>Nice to meet you.</u>

Ben :　I'm Ben. Nice to meet you too. ②<u>You're （　） like my sister.</u>

Ami : (③)

Ben : Yes. You are friendly and kind.

Ami : Thanks.

(1) 下線部①の英語を日本語にしなさい。

(2) 下線部②が「あなたはちょうど私の妹のようです。」という意味になるように（ ）に適切な語を入れなさい。

(3) （ ③ ）に入る最も適切なものを1つ選び，記号を書きなさい。

　　ア Let's go.　　イ Sorry.　　ウ Really?

(4) 次の文が本文の内容に合っていれば○，異なっていれば×を書きなさい。

　　1.　アミとベンは同じクラスである。

　　2.　アミとベンは以前からずっと友だちである。

　　3.　ベンはアミのことを親しみやすくて親切だと言った。

点UP **6** **書く** **次のようなとき英語で何と言うか，書きなさい。** 表　　　　　24点

(1) 自分は疲れていないと言うとき。

(2) 相手に忙しいかどうかをたずねるとき。

(3) 相手の出身地をたずねるとき。

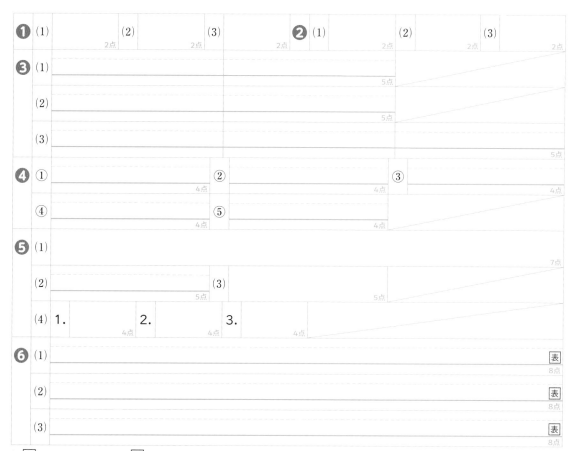

▶ 表 の印がない問題は全て 技 の観点です。

PROGRAM 2
1－Bの生徒たち（Part 1）

教科書の
重要ポイント 「私は～します。」「私は～しません。」の文 教科書 pp.30～32・35

一般動詞の文

I speak English. 〔私は英語を話します。〕

I like soccer. 〔私はサッカーが好きです。〕

「…は～します。」は〈主語＋一般動詞～.〉の形で表す。

一般動詞は「～を話す」や「～が好きだ」などの動作や思いを表す。

肯定文 I speak Japanese.

〔私は日本語を話します。〕

否定文 I do not speak Japanese.

〔私は日本語を話しません。〕

「私は～しません。」は一般動詞の前にdo not[don't]を置く。

Words & Phrases 次の日本語は英語に，英語は日本語にしなさい。

☐(1) every （　　　　　　　　　）　　☐(4) （絵を）描く ＿＿＿＿＿＿＿＿

☐(2) after （　　　　　　　　　）　　☐(5) 軽食 ＿＿＿＿＿＿＿＿

☐(3) picture （　　　　　　　　　）　　☐(6) 自転車 ＿＿＿＿＿＿＿＿

1 日本語に合うように，（　）内から適切なものを選び，記号を〇で囲みなさい。

☐(1) 私は英語が好きです。

I（ ア am　イ like ）English.

☐(2) 私は野球とテニスをします。

I（ ア play　イ speak ）baseball and tennis.

☐(3) 私はイヌを飼っていません。

I（ ア am not　イ do not ）have a dog.

テストによく出る!

一般動詞の意味

play は「(運動を)する」の他に「(楽器を)ひく」という意味を表す。

2 絵を見て，例にならい「私は〜が好きです。」の文を書きなさい。

例	(1)	(2)	(3)
badminton	blue	soup	science

⚠ミスに注意

「私は〜が好きです。」と言うとき，「〜」にあたる語句は like の直後に置く。

例 **I like badminton.**

☐(1) I like _____ .

☐(2) I _____ .

☐(3) _____ .

3 日本語に合うように，（　）内の語を並べかえなさい。

☐(1) 私は朝食を食べます。

(eat / I / breakfast).

_____ .

☐(2) 私はサッカーをしません。

(I / soccer / do / play / not).

_____ .

ぴたトレ
1
要点チェック

PROGRAM 2
1－Bの生徒たち（Part 2）

時間
15分

解答
p.4

〈新出語・熟語 別冊p.7〉

| 教科書の
重要ポイント | 複数形 | 教科書 pp.30 ～ 32・35 |

肯定文　人やものが２人［２つ］以上のときは，名詞を複数形にする。
　　　　複数形の作り方には，下記のようなものがある。

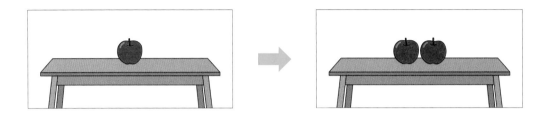

・ふつうの語の場合→語尾に-sをつける。

例　apple — apples,　girl — girls,　desk — desks

・-s,-sh,-ch,-xで終わる語の場合→語尾に-esをつける。

例　class — classes,　box — boxes

・〈子音字＋y〉で終わる語の場合→語尾のyをiに変えて-esをつける。

例　city — cities

ナルホド！

語尾に-sをつけるだけとは限らないよ。

Words & Phrases　次の日本語は英語に，英語は日本語にしなさい。

(1) flip　　　　（　　　　　　　　　）　　(4) 毎日　　　＿＿＿＿＿＿＿＿＿

(2) after school（　　　　　　　　　）　　(5) 栽培する　＿＿＿＿＿＿＿＿＿

(3) look at ～　（　　　　　　　　　）　　(6) うわー　　＿＿＿＿＿＿＿＿＿

1 次の単語をそれぞれ複数形にして書きなさい。

☐(1) lemon

_____

_____

☐(2) cherry

_____

_____

☐(3) dish

_____

_____

⚠ミスに注意

語尾が〈子音字＋y〉になっている語はyをiに変えて-esをつける。

2 絵を見て，例にならい「私は～を持っています。」の文を書きなさい。

例 two / cat	(1) five / book	(2) three / watch	(3) four / cup

⚠ミスに注意

数えられる名詞の前に複数（2以上）を表す語があれば，そのあとの名詞は複数形だよ。

例 **I have two cats.**

☐(1) I have _____ _____.

☐(2) I _____.

☐(3) _____.

3 日本語に合うように，（ ）内の語を並べかえなさい。

☐(1) 私はたまごを2つ食べます。

(eat / eggs / I / two).

_____.

☐(2) 私はイヌを3匹飼っていません。

(have / dogs / do / I / not / three).

_____.

テストによく出る!

一般動詞の否定文の作り方

否定文は一般動詞の前にdo not[don't]を置く。

ぴたトレ
1
要点チェック

PROGRAM 2
1－Bの生徒たち（Part 3）

時 間
15分

解答
p.5

〈新出語・熟語 別冊p.7〉

教科書の
重要ポイント 「あなたは～しますか。」の文　教科書 pp.30～31・33・35

Do you speak English?

〔あなたは英語を話しますか。〕

― Yes, I do. ／ No, I don't.

〔はい，話します。／いいえ，話しません。〕

「あなたは～しますか。」は〈Do you＋一般動詞～?〉の形で表す。

肯定文　　　　　**You speak** English.　←speakは「話す」という動作を表す一般動詞。

　　　　└Doをyouの前に置く。

疑問文　　**Do you** speak English?　← 文の終わりに？をつける。

　　　　― Yes, I do. / No, I do not[don't].　← Do you～?の疑問文に答えるときはdoを使う。
　　　　　　　　　　　　　　　　　　do notの短縮形はdon't

ナルホド！

Words & Phrases　次の日本語は英語に，英語は日本語にしなさい。

☐(1) often　（　　　　　　　　　）　　☐(5) 休憩　＿＿＿＿＿＿＿＿＿＿

☐(2) dinner　（　　　　　　　　　）　　☐(6) 明日（は）　＿＿＿＿＿＿＿＿

☐(3) climb　（　　　　　　　　　）　　☐(7) いいですよ。＿＿＿＿＿＿＿．

☐(4) during　（　　　　　　　　　）　　☐(8) 週末　＿＿＿＿＿＿＿＿＿＿

1 日本語に合うように，（ ）内から適切なものを選び，記号を〇で囲みなさい。

⚠️ミスに注意

一般動詞の疑問文では，be動詞は使わないよ。

☐(1) あなたは昼食を食べますか。

（ ア Are　イ Do ）you eat lunch?

☐(2) はい，食べます。((1)の答え)

Yes, （ ア I am　イ I do ）.

☐(3) あなたは書道が好きですか。

Do （ ア you　イ are ）like calligraphy?

2 絵を見て，例にならい「あなたは～しますか。」の文と，その答えの文を書きなさい。

例 play baseball	(1) study science	(2) cook
Yes	No	Yes

注目!

Yes/No

Noで答える場合は，doのうしろにnotをつけることに注意する。

例 **Do you play baseball? — Yes, I do.**

☐(1) ＿＿＿＿＿＿ you ＿＿＿＿＿＿ science?

☐ — No, ＿＿＿＿＿＿ ＿＿＿＿＿＿.

☐(2) ＿＿＿＿＿＿＿＿＿＿＿＿＿＿＿＿＿＿＿ ?

☐ — ＿＿＿＿＿＿＿＿＿＿＿＿＿＿＿＿＿＿＿ .

3 日本語に合うように，（ ）内の語を並べかえなさい。

☐(1) あなたはコーヒーを飲みますか。

（ coffee / do / you / drink ）?

＿＿＿＿＿＿＿＿＿＿＿＿＿＿＿＿＿＿＿ ?

☐(2) あなたは夕食後に英語を勉強しますか。

（ study / after / English / you / dinner / do ）?

＿＿＿＿＿＿＿＿＿＿＿＿＿＿＿＿＿＿＿ ?

注目!

「時」を表す表現に使われる語

・before

「～より前に」

・after

「～のあとに［で］」

PROGRAM 2 ～ Steps 1

ぴたトレ
1
要点チェック

PROGRAM 2
1－Bの生徒たち（Part 4）

時間 **15分**　解答 p.5

〈新出語・熟語 別冊p.7〉

教科書の重要ポイント　「あなたはいつ～しますか。」の文 / How about you?の文　教科書 pp.30 ～ 31・33 ～ 35

When do you play tennis? 〔あなたはいつテニスをしますか。〕

— I play tennis on Sundays. 〔私は日曜日にテニスをします。〕

「いつ～しますか。」とたずねるときには〈When do＋主語＋一般動詞～?〉を使う。
答えるときは，時を表す語句を使って答える。

ナルホド！

一般動詞の疑問文　Do you play tennis on Sundays?〔あなたは日曜日にテニスをしますか。〕

たずねたいことをwhenに置きかえて文頭に出す。

whenの疑問文　**When do you play tennis?** ← 疑問文なので文の終わりには？をつける。

「いつ」　一般動詞の疑問文の語順

— I play tennis on Sundays.

「あなたは～」とたずねられているので「私は～」で答える。

同じことをたずねる表現

I like English. How about you? 〔私は英語が好きです。あなたはどうですか。〕

— I like English.／I don't like English. 〔私は英語が好きです。／私は英語が好きではありません。〕

ナルホド！

「あなたはどうですか。」とたずねるときにはHow about you?を使う。

Words & Phrases　次の日本語は英語に，英語は日本語にしなさい。

☐(1) go shopping （　　　　　　　　）　　☐(4) ～より前に ＿＿＿＿＿＿＿＿＿

☐(2) take a bath （　　　　　　　　）　　☐(5) 夜 ＿＿＿＿＿＿＿＿＿

☐(3) Yes, let's. （　　　　　　　　）　　☐(6) とても　very ＿＿＿＿＿＿＿

1 日本語に合うように，（ ）内から適切なものを選び，記号を〇で囲みなさい。

☐(1) あなたはいつ図書館に行きますか。

（ ア Where イ When ） do you go to the library?

☐(2) 私は放課後に図書館に行きます。((1)の答え)

I go to the library (ア before イ after) school.

☐(3) 私は週末にバスケットボールをします。

I play basketball on (ア weekends イ tomorrow).

テストによく出る!

時を表す表現

「いつ」と聞かれたら時を表す表現を使って答える。

直後にどんな語が来るかによって，in, on, atを使い分ける。

2 次の表は久美さんの日曜日の午後の日課表です。表の内容に合うように，───に適切な語を入れて久美さんとの対話を完成させなさい。

＜日課の順番＞
昼食 → 部屋の掃除 → 英語の勉強 → ふろ → 夕食

☐(1) When do you ＿＿＿＿＿＿ your room?

☐ — I ＿＿＿＿＿＿ my room ＿＿＿＿＿＿ lunch.

☐(2) ＿＿＿＿＿＿ take a bath?

☐ — I ＿＿＿＿＿＿ dinner.

テストによく出る!

日常の動作

日常的な動作を表す一般動詞はよく使うので，小学校で習ったものも復習しよう。

・cook(料理する)

・practice(練習する)

・study(勉強する)

・walk(歩く)

3 日本語に合うように，（ ）内の語を並べかえなさい。

☐(1) 私は夜にテレビを見ます。

(at / TV / I / watch / night).

＿＿＿＿＿＿＿＿＿＿＿＿＿＿＿＿＿＿＿.

☐(2) あなたはどうですか。

(about / how / you)?

＿＿＿＿＿＿＿＿＿＿＿＿＿＿＿＿＿＿＿?

教科書の重要ポイント **曜日と天気の言い方** 教科書 p.36

曜日のたずね方と答え方

What day is it today? 〔今日は何曜日ですか。〕← What day of the week is it today?〔今日は週の中の何曜

「(週のうちの) 何の日」→「何曜日」 日ですか。〕という曜日のたずね方もできる。

— **It's Wednesday.** 〔今日は水曜日です。〕

曜日・週の言い方

・1週間…a week

日曜日	月曜日	火曜日	水曜日	木曜日	金曜日	土曜日
Sunday	Monday	Tuesday	Wednesday	Thursday	Friday	Saturday

曜日は必ず大文字で書き始めよう。

天気のたずね方と答え方

How's the weather today? 〔今日の天気はどうですか。〕

=How is

— **It's sunny.** 〔今日は晴れです。〕

天気を表す表現

・sunny…晴れの　・cloudy…くもりの　・rainy…雨の

Words & Phrases 次の日本語は英語に，英語は日本語にしなさい。

☐(1) Tuesday （　　　　　　　　）　　☐(4) 水曜日 _____

☐(2) Thursday （　　　　　　　　）　　☐(5) 晴れの _____

☐(3) Friday （　　　　　　　　）　　☐(6) 雨の _____

32

1 曜日名がThursdayから始めて順番に並ぶように，＿＿に適切な語を書きなさい。

Thursday → Friday → □ ＿＿＿＿＿＿

→ □ ＿＿＿＿＿＿ → □ ＿＿＿＿＿＿

→ Tuesday → Wednesday

⚠ミスに注意

最初の文字が同じ曜日名は間違えやすいので，注意しよう。

2 絵を見て，例にならい今日の天気をたずねる文と，その答えの文を書きなさい。

例	(1)	(2)
晴れ	雨	くもり

注目!
天気を表す語
天気を表す語は，yで終わっているものが多い。

例 How's the weather today? ― It's sunny.

□(1) ＿＿＿＿＿ the ＿＿＿＿＿ today?

□ ― It's ＿＿＿＿＿.

□(2) ＿＿＿＿＿＿＿＿＿＿＿ today?

□ ― ＿＿＿＿＿＿＿＿＿＿＿.

3 日本語に合うように，（　）内の語を並べかえなさい。ただし，不要な語が1語含まれているので，注意しなさい。

テストによく出る!
WhatとHow
WhatやHowは，疑問文でよく使われるので，使い分けに注意する。

□(1) 今日は何曜日ですか。

(day / what / how / it / is) today?

＿＿＿＿＿＿＿＿＿＿＿ today?

□(2) 土曜日です。((1)の答え)

(Sunday / it's / Saturday).

＿＿＿＿＿＿＿＿＿＿＿.

33

Steps 1 英語でやりとりしよう①

教科書の重要ポイント	英語のやりとり	教科書p.37

be動詞を使ったやりとり

・「あなたは〜ですか。」…相手の「気持ち，状態」「性格」「出身」などをたずねる。

答えるときはbe動詞を使って答える。

Are you a basketball fan? — Yes, I am. / No, I'm not.

〔あなたはバスケットボールファンですか。―はい，そうです。／いいえ，違います。〕

Are you shy? — Yes, I am. / No, I'm not.

〔あなたは恥ずかしがりですか。―はい，そうです。／いいえ，違います。〕

Are you from New Zealand? — Yes, I am. / No, I'm not.

〔あなたはニュージーランドの出身ですか。―はい，そうです。／いいえ，違います。〕

Where are you from? — I'm from Japan.←Whereの疑問文にはYes / Noではなく具体的に答える。

〔あなたはどこの出身ですか。―私は日本の出身です。〕

一般動詞を使ったやりとり

・「あなたは〜しますか。」…相手の「動作」「思い」などをたずねる。

答えるときはdoを使って答える。

Do you play sports? — Yes, I do. / No, I don't.

〔あなたはスポーツをしますか。―はい，します。／いいえ，しません。〕

Do you like soccer? — Yes, I do. / No, I don't.

〔あなたはサッカーが好きですか。―はい，好きです。／いいえ，好きではありません。〕

Do you sing? — Yes, I do. / No, I don't.

〔あなたは歌いますか。―はい，歌います。／いいえ，歌いません。〕

時や場所についてのやりとり

・「いつ[どこで]あなたは〜しますか。」…具体的な「時」や「場所」などをたずねる。

答えるときは「時」や「場所」を表す表現を使う。

When do you draw pictures? — During lunch break.

〔あなたはいつ絵を描きますか。―昼休みにします。〕

Where do you sing? — I sing in the gym.

〔あなたはどこで歌いますか。―私は体育館で歌います。〕

ナルホド！

1 それぞれの絵の中の（　　）にあてはまる英文を下から選び，記号で答えなさい。

□(1)　（　　　　）

Are you a tennis fan?

（　　　）

□(2)　（　　　　）

Do you like sports?

（　　　）

PROGRAM 2 ~ Steps 1

□(3)　（　　　　）

Where are you from?

（　　　）

□(4)　（　　　　）

When do you play the piano?

（　　　）

ア　Yes, I do.
イ　I'm from Hokkaido.
ウ　Before dinner.
エ　No, I'm not.

⚠️ミスに注意

〈be動詞＋主語～?〉や〈Do＋主語＋一般動詞～?〉の文でたずねられたときは，Yes / Noで答えることが多いよ。

2 日本語に合うように，＿＿に入る適切な語を書きなさい。

□(1) あなたはどこでバスケットボールをしますか。

＿＿＿＿＿＿ ＿＿＿＿＿＿ you play basketball?

□(2) 体育館の中でします。((1)の答え)

I play basketball ＿＿＿＿＿＿ the gym.

注目!

「～で」

場所を表すときにはin「(～の中)で」やat「～で」がよく使われる。

3 日本語に合うように，（　）内の語を並べかえなさい。

□(1) あなたは牛乳が好きですか。

(like / you / do / milk)?

＿＿＿＿＿＿＿＿＿＿＿＿＿＿＿＿＿？

□(2) あなたはいつ国語を勉強しますか。

(Japanese / study / do / when / you)?

＿＿＿＿＿＿＿＿＿＿＿＿＿＿＿＿＿？

テストによく出る!

WhenやWhereの疑問文

WhenやWhereのあとに一般動詞の疑問文の語順が続く。

35

① 正しいものを 4 つの選択肢の中から選びなさい。

選択肢の語と，空所の前後のつながりをよく確認しよう！

☐(1) I (　　　) the piano.

　　ア are　　イ don't　　ウ play　　エ not

☐(2) I have three (　　　).

　　ア an apple　　イ apple　　ウ apples　　エ two apples

② 日本語に合うように，＿＿に入る適切な語を書きなさい。

☐(1) 私は音楽が好きです。あなたはどうですか。

　　I ＿＿＿＿＿＿＿＿＿ music. ＿＿＿＿＿＿＿＿＿ about you?

☐(2) 今日は何曜日ですか。 ― 水曜日です。

　　＿＿＿＿＿＿＿＿＿ ＿＿＿＿＿＿＿＿＿ is it today?

　　― It's ＿＿＿＿＿＿＿＿＿ .

③ 日本語に合うように，(　　　)内の語を並べかえなさい。

☐(1) あなたは英語をじょうずに話します。

　　(English / well / you / speak).

　　＿＿＿＿＿＿＿＿＿＿＿＿＿＿＿＿＿＿＿ .

☐(2) あなたはあなたの部屋を掃除しますか。

　　(clean / your / do / room / you)?

　　＿＿＿＿＿＿＿＿＿＿＿＿＿＿＿＿＿＿＿ ?

④ (　　　)内の指示に従って，英文を書きかえなさい。

☐(1) I want <u>a</u> book. （下線部を five に変えて）

　　＿＿＿＿＿＿＿＿＿＿＿＿＿＿＿＿＿＿＿

☐(2) I study math after dinner. （否定文に）

　　＿＿＿＿＿＿＿＿＿＿＿＿＿＿＿＿＿＿＿

ヒント　②(2)「何曜日」は「（週の）何の日」と考える。　③(2)your は名詞の前に付ける。

5 読む 次の会話文を読んで，あとの問いに答えなさい。

Daniel : Do you play sports?

Emily : Yes, I do. I like basketball ①(＿＿＿) (＿＿＿).

Daniel : (②) do you play basketball?

Emily : During lunch break.

Daniel : ③(私もバスケットボールをします。)

☐(1) 下線部①が「とても」という意味になるように，（　）に入る適切な語を書きなさい。

☐(2) 本文の内容に合うように，②の（　）に適切な英語を1語書きなさい。

☐(3) 下線部③の（　）内の日本語を英語にしなさい。

6 話す 次の文を声に出して読み，問題に答え，答えを声に出して読んでみましょう。

Emily : This is a strange picture of a penguin.

Sora : I see two animals in the picture.

Look at the picture upside down.

Emily : Oh, now I see a cow.

Do you see two people's faces, too?

Sora : No, I don't.

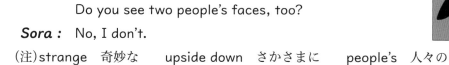

絵：三輪みわ(アソビディア)

(注)strange 奇妙な　upside down さかさまに　people's 人々の

☐(1) What animal do you see? （あなたがエミリーになったつもりで答える）

—

☐(2) Do you see two people's faces? （あなたの意見を答える）

—

ヒント **5** (2)直後のエミリーの発言に注目する。

37

PROGRAM 2 ～ Steps 1

時間30分 ／100点　合格70点　解答 p.6

教科書 pp.30 ～ 37

❶ 下線部の発音が同じものには〇を，そうでないものには×を，解答欄に書きなさい。 6点

(1) br<u>ea</u>k　　　　　　(2) gr<u>ow</u>　　　　　　(3) dr<u>aw</u>

　　sp<u>ea</u>k　　　　　　　　w<u>ow</u>　　　　　　　　　<u>o</u>ften

❷ 最も強く発音する部分の記号を解答欄に書きなさい。 6点

(1) week - end　　　　(2) be - fore　　　　(3) to - mor - row
　　ア　　イ　　　　　　　ア　　イ　　　　　　ア　　イ　　ウ

❸ 日本語に合うように，＿＿に入る適切な語を書きなさい。 24点

(1) この花を見てください。

　　＿＿＿＿ ＿＿＿＿ this flower.

(2) 私は放課後にサッカーをします。

　　I play soccer ＿＿＿＿ ＿＿＿＿.

(3) 今日の天気はどうですか。

　　＿＿＿＿ the ＿＿＿＿ today?

❹ (　　)内の指示に従って，英文を書きかえなさい。 21点

(1) I have <u>an</u> apple.　（下線部をtwoに変えて）

(2) You eat a sandwich for a snack.　（疑問文に）

(3) You listen to music <u>in my room</u>.　（下線部をたずねる疑問文に）

❺ 次の会話文を読んで，あとの問いに答えなさい。 19点

> *Ken :* Daniel, I have two questions for you.
>
> *Daniel :* Sure.
>
> *Ken :* (　①　) are you from?
>
> *Daniel :* I'm from the U.S.
>
> *Ken :* (　②　)
>
> *Daniel :* Yes, I do. I play the piano.
>
> *Ken :* Wow, I play the piano too.
>
> *Daniel :* Really? When do you play the piano?
>
> *Ken :* Every day. ③<u>How about you?</u>
>
> *Daniel :* On weekends.

成績評価の観点　技…言語や文化についての知識・技能　表…外国語表現の能力

(1) ①の（　）に適切な語を書きなさい。

(2) ②の（　）に最も適する文を次の中から選び，記号で答えなさい。

　　ア　Do you like sports?　　イ　Do you like Japan?　　ウ　Do you play the piano?

(3) 下線部③に「あなたはどうですか。」とありますが，何についてたずねていますか。その内容を具体的に日本語で答えなさい。

(4) 次の中から本文の内容に合うものを1つ選び，記号で答えなさい。

　　ア　ダニエルはカナダの出身です。

　　イ　ケンはピアノをひかないが，ダニエルはピアノをひきます。

　　ウ　ダニエルは週末にピアノをひきます。

6 書く 次のようなとき英語で何と言うか，書きなさい。表　　　　　24点

(1) 今日は何曜日かをたずねるとき。

(2) 相手に泳ぐかどうかたずねるとき。

(3) 相手にいつ勉強をするかたずねるとき。

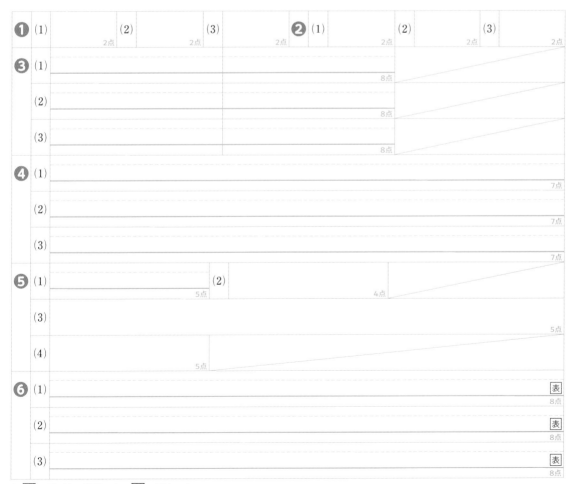

▶ 表 の印がない問題は全て 技 の観点です。

PROGRAM 3
タレントショーを開こう（Part 1）

| 教科書の重要ポイント | 「～できます」「～できません」の文 | 教科書 pp.40～42・45 |

I can cook curry.

〔私はカレーを料理することができます。〕

I can't cook steak.

〔私はステーキを料理することができません。〕

canを動詞の前に置いて，「～することができます。」という能力・可能の意味を動詞に加える。このように，動詞を助ける働きをする語のことを助動詞と呼ぶ。

I 　　　　cook curry. ←「料理する」という動作について表す文。

　　　　動詞の前にcanを置く。

I can 　cook curry. ←「料理する」という動作が可能なことについて表す文。

　「できる」＋「料理する」＝「料理することができる」

「～することができません。」と言うときは，動詞の前にcan't[cannot]を置く。

肯定文 I can 　cook steak.

　　　　否定を意味するcan't[cannot]にする。

否定文 I can't[cannot] cook steak.

Words & Phrases 次の日本語は英語に，英語は日本語にしなさい。

☐(1) then 　（　　　　　　　　　）

☐(2) kilometer （　　　　　　　　　）

☐(3) show 　（　　　　　　　　　）

☐(4) cousin 　（　　　　　　　　　）

☐(5) クラスメート _____

☐(6) that isの短縮形 _____

☐(7) おじ _____

☐(8) おば _____

1 日本語に合うように，（ ）内から適切なものを選び，記号を〇で囲みなさい。

(1) 私は英語を話します。

I （ ア speak　イ can speak ） English.

(2) あなたはピアノをひくことができます。

You （ ア play　イ can play ） the piano.

(3) 私はじょうずに歌うことができます。

I （ ア sing　イ can sing ） well.

(4) 私は自転車に乗ることができません。

I （ ア cannot ride　イ can ride ） a bike.

(5) 私はレストランに行くことができません。

I （ ア can't go　イ don't go ） to the restaurant.

注目!
助動詞
canのように動詞を助ける働きをする語を助動詞と言う。
canは「～できる」という意味を動詞に加える。

2 絵を見て，例 にならい「私は～することができます。」の文を書きなさい

例	(1)	(2)	(3)
swim	ski	play volleyball	dance

例 **I can swim.**

(1) I can ＿＿＿＿＿＿＿＿.

(2) I can ＿＿＿＿＿＿＿ ＿＿＿＿＿＿＿.

(3) ＿＿＿＿＿＿＿＿＿＿＿＿＿＿＿＿＿＿＿＿ well.

3 日本語に合うように，（ ）内の語を並べかえなさい。

(1) 私はフルートを吹くことができます。

(can / the / I / play / flute).

＿＿＿＿＿＿＿＿＿＿＿＿＿＿＿＿＿＿＿＿.

(2) 私はコンピュータを使うことができません。

(can't / computer / use / I / a).

＿＿＿＿＿＿＿＿＿＿＿＿＿＿＿＿＿＿＿＿.

(3) あなたはじょうずに日本語を話すことができます。

(speak / can / Japanese / well / you).

＿＿＿＿＿＿＿＿＿＿＿＿＿＿＿＿＿＿＿＿.

注目!
助動詞を使った文
主語と動詞の間に助動詞が置かれる。

PROGRAM 3
タレントショーを開こう（Part 2）

教科書の重要ポイント ｜ 「〜できますか」の文 ｜ 教科書 pp.40 〜 41・43・45

Can you cook curry?

〔あなたはカレーを料理することができますか。〕

— Yes, I can. / No, I can't.

〔はい，できます。／いいえ，できません。〕

canで聞かれたらcanで答えるよ。

「〜することができますか。」とたずねるときは，canを主語の前に出して
〈Can＋主語＋動詞〜?〉の形で表す。
答えるときは〈Yes, 主語＋can.〉〈No, 主語＋can't[cannot].〉で表す。

| 肯定文 | You can cook curry. |

主語の前にcanを出す。

| 疑問文 | Can you cook curry? |

— Yes, I can. / No, I can't. can'tはcannotの短縮形。

ナルホド!

Words & Phrases ｜ 次の日本語は英語に，英語は日本語にしなさい。

☐(1) dancer （　　　　　　　　　）　　☐(3) ギター _____

☐(2) American （　　　　　　　　　）　　☐(4) 才能のある人 _____

1 日本語に合うように，（　）内から適切なものを選び，記号を〇で囲みなさい。

テストによく出る!

doとcanの違い

do：「できる」かどうかについては述べていない。
can：「～することができる」という能力・可能を表す。

☐(1) あなたは日本語を話すことができますか。

（ ア Do　イ Can ）you speak Japanese?

☐(2) はい，できます。((1)の答え)

Yes, I (ア do　イ can).

☐(3) あなたはスケートをすることができますか。

Can (ア I　イ you) skate?

☐(4) いいえ，できません。((3)の答え)

No, I (ア can't　イ can).

2 絵を見て，例にならい「あなたは～することができますか。」の疑問文とその答えの文を書きなさい。

例	(1)	(2)	(3)
ski	read	use	play

⚠ミスに注意

canを使った疑問文にはdoではなくcanで答えるよ。

例 **Can you ski? — Yes, I can.**

☐(1) Can you _____ *kanji*?

— Yes, _____ _____.

☐(2) _____ you _____ a computer?

— No, _____ _____.

☐(3) _____ the piano?

— No, _____ _____.

3 日本語に合うように，（　）内の語句を並べかえなさい。

注目!

can't

(3) can't は cannot の短縮形で「～できない」の意味。

☐(1) あなたはじょうずに踊ることができますか。

(can / well / you / dance)?

_____?

☐(2) あなたは自転車に乗ることができますか。

(ride / can / a bike / you)?

_____?

☐(3) いいえ，できません。((2)の答え)

(no / can't / I / ,).

_____.

ぴたトレ
1
要点チェック

PROGRAM 3
タレントショーを開こう（Part 3）

時間 **15**分

解答 p.8

〈新出語・熟語 別冊p.8〉

教科書の
重要ポイント | 「何を」とたずねる文 | 教科書 pp.40 ～ 41・43 ～ 45

<u>What</u> can you cook?

〔あなたは何を料理することができますか。〕

— I can cook curry.

〔私はカレーを料理することができます。〕

what, where, when
などの語を疑問詞と言うよ。

「何を～することができますか。」とたずねるときは，whatを文頭に置き，

そのあとにcanの疑問文〈Can＋主語＋動詞～?〉の語順を続ける。

答えるときはYes / Noではなく，具体的な「何か」を答える。

疑問文 　　　　　　Can you cook curry?

　　　　　　　　　　　　　たずねる部分をwhat「何を」に置きかえて文頭に置く。

whatの文 　What <u>can</u> you cook?

　　　　　　　疑問文の語順

答えの文 　— I can <u>cook</u> curry. ←具体的に答える。動詞は疑問文に合わせる。

ナルホド!

Words & Phrases 次の日本語は英語に，英語は日本語にしなさい。

☐(1) their 　　（　　　　　　　）　　☐(5) 変える _____

☐(2) octopus 　（　　　　　　　）　　☐(6) つかまえる _____

☐(3) keep 　　（　　　　　　　）　　☐(7) ロボット _____

☐(4) from ～ to ...（　　　　　　　）　　☐(8) コアラ _____

1 日本語に合うように，（ ）内から適切なものを選び，記号を〇で囲みなさい。

テストによく出る!

疑問文の語順
Whatのあとには，疑問文の語順を続ける。

☐(1) あなたは何を演奏することができますか。

　　 What (ア do　イ can) you play?

☐(2) フルートを吹くことができます。((1)の答え)

　　 I (ア can't　イ can) play the flute.

☐(3) あなたは何を作ることができますか。

　　 What (ア you can　イ can you) make?

☐(4) 私はピザを作ることができます。((3)の答え)

　　 I (ア do　イ can) make pizza.

2 絵を見て，例にならい「あなたは何を〜することができますか。」の疑問文とその答えの文を書きなさい。

| 例 | (1) | (2) | (3) |
| make | play | cook | make |

注目!

cookとmakeの違い
cookは熱を使った料理をすることを表す。makeは熱を使うかどうかに関係なく，何かを作ることを表す。

　例 **What can you make? — I can make *sushi*.**

☐(1) ＿＿＿＿＿＿ can you ＿＿＿＿＿？

　　 — I can ＿＿＿＿＿ the ＿＿＿＿＿.

☐(2) ＿＿＿＿＿＿ can you ＿＿＿＿＿？

　　 — I can ＿＿＿＿＿ ＿＿＿＿＿.

☐(3) ＿＿＿＿＿＿ can you ＿＿＿＿＿？

　　 — ＿＿＿＿＿＿＿＿＿＿ salad.

3 日本語に合うように，（ ）内の語句を並べかえなさい。

☐(1) あなたは何をすることができますか。

　　 (can / what / play / you)?

　　＿＿＿＿＿＿＿＿＿＿＿＿＿＿＿＿＿＿？

☐(2) 私はサッカーをすることができます。((1)の答え)

　　 (play / soccer / can / I).

　　＿＿＿＿＿＿＿＿＿＿＿＿＿＿＿＿＿＿.

☐(3) そのサルはボールをつかまえることができます。

　　 (can / the ball / catch / the monkey).

　　＿＿＿＿＿＿＿＿＿＿＿＿＿＿＿＿＿＿.

PROGRAM 3 ~ Power-Up 1

Steps 2 考えを整理し，表現しよう

教科書の重要ポイント　**好きなことについてスピーチをする**　教科書 p.46

スピーチに使える表現

・「あなたは〜が好きですか。」…これから話す話題について，聞き手にたずねる。

Do you like sports? 〔あなたはスポーツが好きですか。〕

Do you like music? 〔あなたは音楽が好きですか。〕

Do you like books? 〔あなたは本が好きですか。〕

Do you like animals? 〔あなたは動物が好きですか。〕

本題に入る前に，聞き手を話に引き込むよ。

・「私は〜が好きです／大好きです。」…これから話す話題である「好きなもの」を伝える。

I love sports. 〔私はスポーツが大好きです。〕

I am a music fan. 〔私は音楽ファンです。〕

I like books very much. 〔私は本がとても好きです。〕

I love animals. 〔私は動物が大好きです。〕

これまで習った単語で話してみよう。

・「私は〜することができます。」…「好きなもの」についてできることを述べる。

I can catch the ball. 〔私はボールをつかまえることができます。〕

I can play the piano. 〔私はピアノをひくことができます。〕

・「私は〜します。」…「好きなもの」について何をするか述べる。

I watch TV. 〔私はテレビを見ます。〕

I practice the piano. 〔私はピアノを練習します。〕

I often read books. 〔私はしばしば本を読みます。〕

My dog and I walk every day. 〔私のイヌと私は毎日歩きます。〕

ナルホド！

Words & Phrases　次の日本語は英語に，英語は日本語にしなさい。

☐(1) J-pop　(　　　　　　　　)　☐(3) みなさん　_____

☐(2) midfielder　(　　　　　　)　☐(4) 大好きである　_____

1 日本語に合うように，＿＿＿に入る適切な語を書きなさい。

注目!

fun と fan

(1)つづりがよく似ているが，意味が異なる。
・fun「楽しみ」
・fan「ファン」

☐(1) 私はバレーボールファンです。

＿＿＿＿＿＿＿＿ a volleyball ＿＿＿＿＿＿＿.

☐(2) 私はテニスがとても好きです。

I like tennis ＿＿＿＿＿＿＿ ＿＿＿＿＿＿.

☐(3) 私はテレビで野球のゲームを見ます。

I ＿＿＿＿＿＿ baseball games ＿＿＿＿＿＿ ＿＿＿＿＿.

2 次のメモは，アミさんが「私の好きなこと」というテーマでスピーチをするために作ったものです。メモの内容に合うように，＿＿＿に適切な語を入れて，スピーチ原稿を完成させなさい。

〈メモ〉

(1) 音楽が大好きである。

(2) ピアノをひくことができる。

(3) ジェーポップファンである。

(4) じょうずに歌うことができる。

(5) 毎日妹といっしょに歌を歌う。

テストによく出る!

メモを見て書く

メモの日本語を見て，主語は何か，動詞は何を使うのがよいか，単語の順番はどうなるか，よく考える。

Hello, everyone.

Do you like music?

☐(1) I ＿＿＿＿＿＿ music.

☐(2) I ＿＿＿＿＿＿ ＿＿＿＿＿＿ the piano.

☐(3) I ＿＿＿＿＿＿ a J-pop ＿＿＿＿＿.

☐(4) I ＿＿＿＿＿＿ ＿＿＿＿＿＿ well.

☐(5) I ＿＿＿＿＿＿ a song ＿＿＿＿＿＿ my sister every day.

Let's sing a song together!

Thank you.

3 日本語に合うように，（　）内の語を並べかえなさい。

☐(1) 私はじょうずにギターをひくことができます。

(play / the / I / well / can / guitar).

＿＿＿＿＿＿＿＿＿＿＿＿＿＿＿＿＿＿＿.

☐(2) 私はバスケットボールが大好きです。

(love / I / basketball).

＿＿＿＿＿＿＿＿＿＿＿＿＿＿＿＿＿＿＿.

☐(3) 私は毎日テニスの練習をします。

(tennis / I / every / practice) day.

＿＿＿＿＿＿＿＿＿＿＿＿＿＿＿＿＿＿＿.

PROGRAM 3 ～ Power-Up 1

Our Project 1 あなたの知らない私

教科書の重要ポイント	自分のことについてスピーチをする	教科書 pp.47 ~ 51

スピーチの構造

・**導入**：あいさつと自己紹介。

Hello, everyone. 〔こんにちは, みなさん。〕

Hi, everyone. 〔こんにちは, みなさん。〕

I'm Masaki. 〔私はマサキです。〕

My name is Miyu. 〔私の名前はミユです。〕

スピーチの最初にあいさつをして, 名前を言おう。

・**展開**：テーマにそって，「中心となる話題」と「話題の説明」で構成する。

I have three dogs. 〔私は3匹のイヌを飼っています。〕←中心となる話題①

    They are friendly. 〔彼らは親しみやすいです。〕←話題の説明をする文をいくつか続ける。

    Their names are Milk, Goro, and Kuro. 〔彼らの名前はミルク, ゴロー, そしてクロです。〕

    I walk with my dogs every day. 〔私は毎日, 私のイヌたちと歩きます。〕

I like music very much. 〔私は音楽がとても好きです。〕←中心となる話題②

    I listen to J-pop after dinner. 〔私は夕食後にジェーポップを聞きます。〕

    I often sing at home. 〔私はしばしば家で歌います。〕

まず, 「中心となる話題」から考えよう。

I can cook well. 〔私はじょうずに料理することができます。〕←中心となる話題③

    I cook lunch on weekends. 〔私は毎週末に昼食を料理します。〕

    I sometimes cook dinner too. 〔私はときどき夕食も料理します。〕

・**まとめ**：あいさつでしめくくる。

Thank you. 〔ありがとうございました。〕

ナルホド!

Words & Phrases	次の日本語は英語に，英語は日本語にしなさい。

☐(1) her （   ）　　☐(2) コンサート _____

1 日本語に合うように，＿＿＿に入る適切な語を書きなさい。

注目！

theyとtheir

(1)(2)theyは「彼らは，彼女らは，それらは」という意味。theirは「彼らの，彼女らの，それらの」という意味で，うしろに名詞が続く。

□(1) 彼らは私の親友です。

＿＿＿＿＿＿＿ ＿＿＿＿＿＿＿ my best friends.

□(2) 彼らの名前はボブ，エミリー，そして健です。

＿＿＿＿＿＿＿ ＿＿＿＿＿＿＿ are Bob, Emily, and Ken.

□(3) 私たちはときどきショーに行きます。

We sometimes ＿＿＿＿＿＿＿ to a ＿＿＿＿＿＿＿.

2 次のメモは，カオルさんが「自己紹介」というテーマでスピーチをするために作ったものです。メモの内容に合うように，＿＿＿に適切な語を入れて，スピーチ原稿を完成させなさい。

PROGRAM 3 ~ Power-Up 1

〈メモ〉

(1) 親友が2人いる。

(2) 彼女らの名前はエミリーとシェリー。

(3) いっしょに音楽ショーを開きたい。

(4) ギターをひくことができる。

(5) 毎日ギターを練習する。

Hello, everyone.

I'm Kaoru.

□(1) I ＿＿＿＿＿＿＿ ＿＿＿＿＿＿＿ best friends.

□(2) ＿＿＿＿＿＿＿ names ＿＿＿＿＿＿＿ Emily and Sherry.

□(3) We want to ＿＿＿＿＿＿＿ a music show ＿＿＿＿＿＿＿.

□(4) I ＿＿＿＿＿＿＿ ＿＿＿＿＿＿＿ the guitar.

□(5) I ＿＿＿＿＿＿＿ the guitar every day.

Thank you.

3 日本語に合うように，（ ）内の語を並べかえなさい。

テストによく出る！

数を表す語の位置

「数」を表す語と「様子・状態」を表す語では，〈数＋様子・状態＋名詞〉の順番になる。

例：two big dogs
「2匹の大きいイヌ」

□(1) 私は3冊のおもしろい本を持っています。

(interesting / have / books / three / I).

＿＿＿＿＿＿＿＿＿＿＿＿＿＿＿＿＿＿＿.

□(2) 私は私の妹といっしょに踊ります。

(my / with / I / sister / dance).

＿＿＿＿＿＿＿＿＿＿＿＿＿＿＿＿＿＿＿.

□(3) 彼女のコンサートに行きましょう。

(to / go / her / let's / concert).

＿＿＿＿＿＿＿＿＿＿＿＿＿＿＿＿＿＿＿.

49

1 正しいものを4つの選択肢の中から選びなさい。

文を見て，抜けているものは何かを考えよう。

☐(1) I (　　) speak English.

　　ア like　　イ am　　ウ can　　エ are

☐(2) You (　　) play basketball today.

　　ア not　　イ are　　ウ can't　　エ aren't

☐(3) (　　) can you make?

　　ア Do　　イ Are　　ウ Am　　エ What

2 日本語に合うように，＿＿に入る適切な語を書きなさい。

☐(1) (ご注文は)何になさいますか。

　　＿＿＿＿＿＿＿＿＿ ＿＿＿＿＿＿＿＿＿ I get for you?

☐(2) こちらでめしあがりますか，お持ち帰りになりますか。

　　For ＿＿＿＿＿＿＿ or to ＿＿＿＿＿＿＿ ?

☐(3) 彼らは月曜日から金曜日まで学校へ行きます。

　　They go to school ＿＿＿＿＿＿＿ Monday ＿＿＿＿＿＿＿ Friday.

3 日本語に合うように，(　　)内の語句を並べかえなさい。

☐(1) 私たちはすばらしい時を過ごすことができます。

　　(can / time / we / a great / have).

　　＿＿＿＿＿＿＿＿＿＿＿＿＿＿＿＿＿＿＿ .

☐(2) このロボットは何ができますか。

　　(can / this / what / do / robot)?

　　＿＿＿＿＿＿＿＿＿ ＿＿＿＿＿＿＿＿＿ ?

4 (　　)内の指示に従って，英文を書きかえなさい。

☐(1) I can use this computer. (否定文に)

　　＿＿＿＿＿＿＿＿＿＿＿＿＿＿＿＿＿＿＿

☐(2) You can cook curry and rice. (疑問文にして，Yesで答える)

　　＿＿＿＿＿＿＿＿＿＿＿＿＿＿＿＿＿＿＿

　　― ＿＿＿＿＿＿＿＿＿＿＿＿

ヒント　**2** (1)(2)ハンバーガーショップなどでの注文で使う表現。
　　　　3 (2)このdoは「する」という意味の動詞。

50

定期テスト
予報

●助動詞のcanを使いこなせるかが問われるでしょう。
⇒助動詞canの肯定文・疑問文・否定文の使い方を覚えましょう。
⇒「何を〜することができますか」という疑問詞whatと助動詞canを使った文の構造を，質問への
　答え方とともに覚えましょう。
⇒許可を求める〈Can I 〜?〉の使い方を確認しておきましょう。

5 読む📖 **次の会話文を読んで，あとの問いに答えなさい。**

> **Ken :** Let's have a talent show.
>
> **Emily :** I (①) play the guitar well.
>
> **Ken :** ②(私はギターをひくことができません。) But I can sing well.
>
> **Ms. Miller :** That's great. You can perform together.

☐(1) ①の(　)に「〜できる」という意味の語を書きなさい。

☐(2) 下線部②の(　)内の日本語を英語にしなさい。

☐(3) 本文の内容に合うものを1つ選び，記号を○で囲みなさい。

　ア　エミリーはじょうずにギターをひくことができない。

　イ　健はギターをひくことができる。

　ウ　健はじょうずに歌うことができる。

6 話す🗣 **次の文を声に出して読み，問題に答え，答えを声に出して読んでみましょう。**

> **Aoi :** Oh, you have a guitar. Can you play it?
>
> **Emily :** Yes, I can. How about you, Aoi?
>
> **Aoi :** I can't play the guitar, but I can play the sax.
>
> **Emily :** Great. Let's play music together.

(注)sax　サックス

☐(1) Can Aoi play the guitar? （sheを使って答える）

　—

☐(2) Can you play music?

　—

ヒント　**5** (2)助動詞canを使った否定文を作る。

ぴたトレ
3
確認テスト

PROGRAM 3
~ Power-Up 1

時間 30分 ／100点　合格 70点　解答 p.9

教科書 pp.40 ～ 52

❶ 下線部の発音が同じものには○を，そうでないものには×を，解答欄に書きなさい。 　6点

(1) l<u>o</u>ve
<u>u</u>ncle

(2) ch<u>a</u>nge
t<u>a</u>lent

(3) sh<u>o</u>w
r<u>o</u>bot

❷ 最も強く発音する部分の記号を解答欄に書きなさい。 　6点

(1) oc – to – pus
　ア　イ　ウ

(2) ev – ery – one
　ア　　イ　　ウ

(3) ki – lo – me – ter
　ア　イ　ウ　エ

❸ 日本語に合うように，＿＿＿に入る適切な語を書きなさい。 　24点

(1) 私たちは今この部屋を使うことはできません。

We ＿＿＿＿ ＿＿＿＿ this room now.

よく出る (2) パイを1ついただいてよいですか。（注文で）

＿＿＿＿ ＿＿＿＿ have a pie, please?

(3) あなたはショーで何をすることができますか。

＿＿＿＿ ＿＿＿＿ you do at the show?

(4) 私はフルートを吹くことができます。（(3)の答え）

I ＿＿＿＿ ＿＿＿＿ the flute.

❹ 次の対話が成り立つように，＿＿＿に適切な語を書きなさい。 　18点

(1) **A :** Can Bob and Ken dance?

B : ＿＿＿＿, they ＿＿＿＿. They are good dancers.

(2) **A :** ＿＿＿＿ ＿＿＿＿ use your pen?

B : Sure. Here you are.

(3) **A :** ＿＿＿＿ ＿＿＿＿ read this book, Emily?

B : No, I can't. I can't read Japanese.

❺ 次の会話文を読んで，あとの問いに答えなさい。 　22点

Kenta : Do you play sports?

Bob : Yes, I do. ①(play / I / tennis / can / well).

Kenta : That's great. When do you play tennis?

Bob : On Saturdays.

Kenta : ②Do you play tennis (　　　) your friends?

Bob :　Yes, I do. Do you like tennis?

Kenta :　Yes. It is fun.

Bob :　(　③　) let's play tennis together. It's Friday today. Let's meet in Higashi Park tomorrow.

Kenta :　Sure.

(1) 下線部①の(　)内の語を正しく並べかえなさい。

(2) 下線部②の意味が「あなたは友だちといっしょにテニスをしますか。」となるように，(　)に適切な語を書きなさい。

(3) (　③　)に入る最も適切なものを１つ選び，記号を書きなさい。

　ア　Because　　イ　But　　ウ　Then

(4) 次の文が本文の内容に合っていれば○，異なっていれば×を書きなさい。

　1．ボブは毎週金曜日にテニスをします。

　2．ケンタとボブがこの会話をしているのは金曜日です。

　3．ケンタとボブはヒガシ公園で会う約束をしました。

❻ 書く✎ 次のようなとき英語で何と言うか，canを使って書きなさい。表　　24点

(1) 相手に魚を食べることができるかどうかをたずねるとき。

(2) 自分がコンピュータを使うことができないと伝えるとき。

(3) 自分の作ることができる料理について，主語と動詞のある４語程度の英文で伝えるとき。

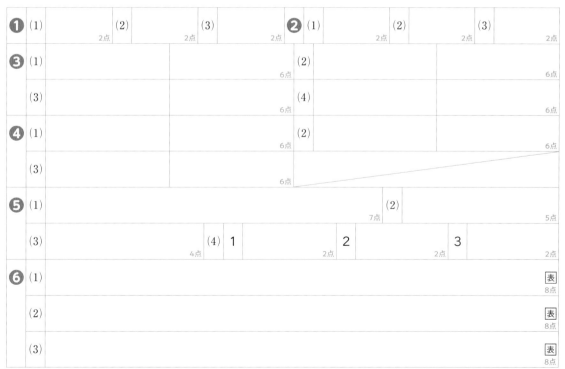

▶ 表 の印がない問題は全て 技 の観点です。

PROGRAM 4
Let's Enjoy Japanese Culture. (Part 1)

教科書の重要ポイント 「これは〜です。／あれは〜です。」の文 〔教科書 pp.54〜56・59〕

This[That] is a drone. 〔これは[あれは]ドローンです。〕

This[That] is not a drone. 〔これは[あれは]ドローンではありません。〕

Is this[that] a drone? 〔これは[あれは]ドローンですか。〕

— Yes, it is. / No, it isn't. 〔はい，そうです。／いいえ，そうではありません。〕

近くのものをさして，「これは〜です。」と言うときはThis is〜.
遠くのものをさして，「あれは〜です。」と言うときはThat is〜.で表す。
isはbe動詞。疑問文・否定文の作り方はam・areの文と同じ。
thisやthatを主語にした疑問文に答えるときは，主語にitを使う。

|肯定文| This is a drone.　←be動詞にisを使う。

　　　　　isを主語thisの前に出す。

|疑問文| Is this a drone?　←文の終わりに?をつける。

　　　　　　　　　　　答えの文ではthis[that]の代わりにitを使う。

— Yes, it is. / No, it isn't

|肯定文| This is 　　 a drone.

　　　　　isの後ろにnotを置く。

|否定文| This is not a drone.

　　　　短縮形のisn'tを使ってもよい。

> is, am, areをまとめてbe動詞と言うよ。それぞれ主語と動詞のちがいに注意しよう。

Words & Phrases 次の日本語は英語に，英語は日本語にしなさい。

☐(1) hold （　　　　　　）　　☐(5) 鳥 _____

☐(2) useful （　　　　　　）　　☐(6) 押す _____

☐(3) save （　　　　　　）　　☐(7) 〜の中へ[に] _____

☐(4) stick （　　　　　　）　　☐(8) 仕事 _____

1 日本語に合うように，（ ）内から適切なものを選び，記号を〇で囲みなさい。

テストによく出る!

This[That] is～.
「これは[あれは]～です。」はThis[That] is ～.で表す。疑問文はisをthis[that]の前に出し，否定文はisのあとにnotを置く。

☐(1) これは私のぼうしです。

（ ア This　イ That) is my cap.

☐(2) あれはあなたのネコですか。

（ ア Are　イ Is) that your cat?

☐(3) あれはイヌではありません。

That (ア not　イ isn't) a dog.

2 絵を見て， 例 にならい，「これは[あれは]あなたの～ですか。」の文とその答えの文を書きなさい。

注目!

this と that
近くのものをさすときはthis，遠くのものをさすときはthatを使う。疑問文に答えるときはどちらもitで答える。

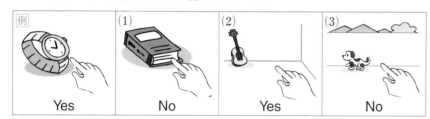

例	(1)	(2)	(3)
Yes	No	Yes	No

例 **Is this your watch? — Yes, it is.**

☐(1) ＿＿＿＿＿＿ ＿＿＿＿＿＿ your book?

— No, ＿＿＿＿＿ is ＿＿＿＿＿.

☐(2) ＿＿＿＿＿＿ ＿＿＿＿＿＿ your guitar?

— Yes, ＿＿＿＿＿ ＿＿＿＿＿.

☐(3) ＿＿＿＿＿＿＿＿＿ your dog?

— No, ＿＿＿＿＿＿＿＿＿＿.

3 日本語に合うように，（ ）内の語を並べかえなさい。

☐(1) これは私の自転車です。

(this / bike / is / my).

＿＿＿＿＿＿＿＿＿＿＿＿＿＿＿＿＿.

☐(2) あれはあなたの学校ですか。

(is / school / that / your)?

＿＿＿＿＿＿＿＿＿＿＿＿＿＿＿?

☐(3) これはあなたのかさではありません。

(umbrella / not / your / is / this).

＿＿＿＿＿＿＿＿＿＿＿＿＿＿＿.

⚠ミスに注意

notはbe動詞のうしろに，myやyourは名詞の前に置くよ。

PROGRAM 4 ~ Power-Up 2

ぴたトレ
1
要点チェック

PROGRAM 4
Let's Enjoy Japanese Culture.（Part 2）

時間
15分

解答
p.10

〈新出語・熟語 別冊p.9〉

教科書の
重要ポイント

代名詞（he, she, it）の使い方

教科書 pp.54～55・57・59

This is my uncle. He is a teacher. 〔こちらは私のおじです。彼は先生です。〕

This is my sister. She is a high school student. 〔こちらは私の姉［妹］です。彼女は高校生です。〕

Look at this picture. It is really beautiful. 〔この写真を見てください。それはほんとうに美しいです。〕

すでに話題にのぼった人について，「彼は［彼女は，それは］～です。」と言うときは
〈He[She, It] is＋～（名詞など）.〉の形で表す。
このように名詞の代わりをする語を代名詞と呼ぶ。

This is my uncle.

「私のおじ」は男性。「彼は」＝heとなる。

He is a teacher.

前に出てきた名
詞の代わりとし
て使うよ。

This is my sister.

「私の姉［妹］」は女性。「彼女は」＝sheとなる。

She is a high school student.

Look at this picture.

「この写真」は人以外。「それは」＝itとなる。

It is really beautiful.

Words & Phrases 次の日本語は英語に，英語は日本語にしなさい。

☐(1) person （   ）

☐(2) smile （   ）

☐(3) type （   ）

☐(4) poet （   ）

☐(5) 女性，女の人 ＿＿＿＿＿＿＿＿

☐(6) 男性，男の人 ＿＿＿＿＿＿＿＿

☐(7) タオル ＿＿＿＿＿＿＿＿

☐(8) 本物の ＿＿＿＿＿＿＿＿

1 日本語に合うように，（　）内から適切なものを選び，記号を〇で囲みなさい。

テストによく出る！

He is, She is, It is の短縮形をおぼえよう。
He is = He's
She is = She's
It is = It's

☐(1) こちらはエミリーです。彼女は私の友だちです。

This is Emily. （ ア She　イ She's) is my friend.

☐(2) こちらはボブです。彼は私のクラスメートです。

This is Bob. （ ア He　イ He's) my classmate.

☐(3) これは私の自転車です。それは新しいです。

This is my bike. （ ア It　イ They) is new.

☐(4) それは私のぼうしです。

（ ア It　イ It's) my cap.

2 絵を見て，例にならい，「こちらは[これは]〜です。彼[彼女，それ]は…です。」の文を書きなさい。

⚠ミスに注意

短縮形が入るかどうか，空所の数に注意しよう。

例	(1)	(2)	(3)
he / my friend	she / from Canada	he / my classmate	it / old

例 **This is Ben. He is my friend.**

☐(1) This is Sherry. ＿＿＿＿＿＿ is from Canada.

☐(2) This is Kenta. ＿＿＿＿＿＿ my classmate.

☐(3) This is my bag. ＿＿＿＿＿＿＿＿＿＿ .

3 日本語に合うように，（　）内の語を並べかえなさい。

注目！

疑問文と否定文
He[She, It] is 〜.の疑問文 は is を 主 語(he, she, it)の前に出す。否定文はisのあとにnotを置く。

☐(1) 彼女は私の母です。

(mother / is / my / she).

＿＿＿＿＿＿＿＿＿＿＿＿＿＿＿＿ .

☐(2) 彼はあなたの兄ですか。

(he / brother / is / your)?

＿＿＿＿＿＿＿＿＿＿＿＿＿＿＿＿ ?

☐(3) これはコンピュータです。それは時間を省くことができます。

This is a computer. (can / it / time / save).

＿＿＿＿＿＿＿＿＿＿＿＿＿＿＿＿ .

ぴたトレ
1
要点チェック

PROGRAM 4
Let's Enjoy Japanese Culture. (Part 3)

時 間
15分

解答
p.11

〈新出語・熟語 別冊p.9〉

教科書の重要ポイント 「だれ」とたずねる文

教科書 pp.54〜55・57〜59

Who is that woman?

〔あの女性はだれですか。〕

― She is Ms. Green.

〔彼女はグリーン先生です。〕

答えるときは代名詞を使うよ。

「〜はだれですか」とたずねるときは，whoを文頭に置き，そのあとに
be動詞の疑問文の語順を続けて〈Who is＋名詞？〉で表す。
答えるときは代名詞を使った〈He[She] is＋名詞（名前や職業など）.〉の形。

ナルホド！

疑問文 　　　　Is that woman Ms. Green?

たずねる部分をwhoに置きかえ，文頭に置く。

whoの疑問文　Who is that woman?　←whoのあとは疑問文の語順。

疑問文に答えるときは，名詞を代名詞に変える。

答えの文　― She is Ms. Green.
　　　　　　She's

名前以外のことを答えることもできる。
例　She is my teacher. 〔彼女は私の先生です。〕

Words & Phrases 次の日本語は英語に，英語は日本語にしなさい。

☐(1) android 　（　　　　　　　　）　　☐(5) ライオン　＿＿＿＿＿＿＿

☐(2) elephant 　（　　　　　　　　）　　☐(6) 答え　　　＿＿＿＿＿＿＿

☐(3) runner 　　（　　　　　　　　）　　☐(7) コート，中庭　＿＿＿＿＿

☐(4) vegetable （　　　　　　　　）　　☐(8) そのとおりです。　That's ＿＿＿＿＿

1 日本語に合うように，（　）内から適切なものを選び，記号を〇で囲みなさい。

テストによく出る！

人をたずねる who

疑問詞 who は「〜はだれですか」とたずねるときなどに使う。

☐(1) この男性はだれですか。

（ ア What　イ Who ）is this man?

☐(2) 彼は私の弟です。((1)の答え)

（ ア He　イ She ）is my brother.

☐(3) 彼女はエミリーです。

（ ア She　イ She's ）Emily.

☐(4) わかった！

I（ ア get　イ got ）it!

2 絵を見て，例にならい，「〜はだれですか。」の文と，その答えの文を書きなさい。

例	(1)	(2)	(3)
Ben	Sherry	Kenta	Kaoru

注目！

Who is 〜? の答え方

Who is 〜? の疑問文には，名前や職業，相手との関係などを答える。答えの主語は疑問文に合わせて男性なら he，女性なら she を使い分ける。

例 **Who is this boy ? —— He is Ben.**

☐(1) ＿＿＿＿＿＿ is this girl?

—— ＿＿＿＿＿＿ is Sherry.

☐(2) ＿＿＿＿＿ ＿＿＿＿＿ this boy?

—— ＿＿＿＿＿ ＿＿＿＿＿ Kenta.

☐(3) ＿＿＿＿＿＿＿＿ this girl?

—— ＿＿＿＿＿＿＿＿ Kaoru.

3 日本語に合うように，（　）内の語句を並べかえなさい。

☐(1) あの少年はだれですか。

(that / who / boy / is)?

＿＿＿＿＿＿＿＿＿＿＿＿＿＿＿＿ ?

☐(2) 彼は私のクラスメートです。((1)の答え)

(my / is / classmate / he).

＿＿＿＿＿＿＿＿＿＿＿＿＿＿＿＿ .

☐(3) 彼女はバレーボールファンです。

(a volleyball / she / fan / is).

＿＿＿＿＿＿＿＿＿＿＿＿＿＿＿＿ .

Power-Up 2 持ち主をたずねよう

教科書の重要ポイント ｜ **「どちらの」「だれの」とたずねる文** ｜ 教科書p.60

Which cap is yours? 〔どちらのぼうしがあなたのものですか。〕

— The yellow one is. 〔その黄色のものです。〕

Whose bag is this? 〔これはだれのかばんですか。〕

— It's mine. 〔それは私のものです。〕

「名前＋'s」で「〜のもの」という意味を表すよ。

「どちらの〔どの〕〜が…ですか。」は，〈Which＋名詞＋be動詞＋主語?〉で表す。

〈Which＋名詞＋be動詞＋主語，A or B?〉の形なら，「どちらの〔どの〕〜が…ですか，Aですか，それともBですか。」という意味になる。

答えるときは，答えとなる語句のあとにbe動詞を置いて答える。

「〜はだれの…ですか。」は〈Whose＋名詞＋be動詞＋主語?〉の形で表す。

答えるときは「〜のもの」という意味を表す語mine, yoursなどを使う。

ナルホド！

which＋名詞の文 ｜ **Which cap is yours?** —— **The yellow one is.**
〈which＋名詞〉　　　　　　答えとなる語句＋be動詞

whose＋名詞の文 ｜ **Whose bag is this?** —— **It's mine.**
〈whose＋名詞〉　　　　　　「〜のもの」という意味の語。

Words & Phrases ｜ 次の日本語は英語に，英語は日本語にしなさい。

☐(1) whose （　　　　　　　　）　　☐(5) 私のもの ＿＿＿＿＿＿＿

☐(2) these （　　　　　　　　）　　☐(6) あなたのもの ＿＿＿＿＿＿＿

☐(3) which （　　　　　　　　）　　☐(7) 明るい ＿＿＿＿＿＿＿

☐(4) both （　　　　　　　　）　　☐(8) ほかの ＿＿＿＿＿＿＿

1 日本語に合うように，（ ）内から適切なものを選び，記号を〇で囲みなさい。

テストによく出る!

前に出た名詞を指す
one

oneは「1（の）」という意味だが，すでに話題に出た名詞を指すはたらきもする。

☐(1) どちらのかばんがあなたのものですか。

（ ア What　イ Which) bag is yours?

☐(2) その青色のものです。（(1)の答え）

The (ア blue　イ blue one) is.

☐(3) あれはだれの家ですか。

（ ア Whose　イ Which) house is that?

☐(4) それは私のものです。

It's (ア my　イ mine).

2 絵を見て，例にならい，「これ[これら]はだれの〜ですか。」の文と，「それ[それら]は私のものです。」と答える文を書きなさい。

注目!

whoseは文頭

whoseの疑問文で，whoseは文頭に置く。

PROGRAM 4 ~ Power-Up 2

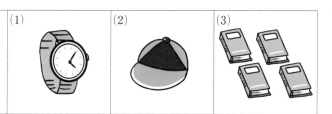

| 例 | (1) | (2) | (3) |

例 **Whose cat is this? —— It's mine.**

☐(1) _____ watch is this?

— It is _____.

☐(2) _____ _____ is this?

— _____ is _____.

☐(3) _____ are these?

— _____.

3 日本語に合うように，（ ）内の語を並べかえなさい。

注目!

複数形のthese

these「これらは[が]」はthis「これは[が]」の複数形。

☐(1) どちらのイヌがあなたのものですか。

(yours / dog / is / which)?

_____ ?

☐(2) あれはだれのコンピュータですか。

(computer / that / is / whose)?

_____ ?

☐(3) これらはあなたのペンですか。

(pens / these / your / are)?

_____ ?

① **正しいものを4つの選択肢の中から選びなさい。**

(1) This is my watch. (　　) is new.

　ア He　イ She　ウ It　エ I

(2) That woman is my mother. (　　) is busy.

　ア He　イ She　ウ It　エ You

(3) That man is my brother. (　　) is a student.

　ア He　イ She　ウ It　エ They

1つ目の文を見て，2つ目の文に必要なものは何か考えよう。

② **日本語に合うように，＿＿＿に入る適切な語を書きなさい。**

(1) あの少女はだれですか。

＿＿＿＿＿＿＿＿＿＿＿＿＿＿＿＿＿＿＿ that girl?

(2) 彼女は私のクラスメートです。

＿＿＿＿＿＿＿＿＿＿＿＿＿＿＿＿＿＿＿ my classmate.

(3) 彼は歌うことと踊ることができます。

＿＿＿＿＿＿＿＿＿＿ can ＿＿＿＿＿＿＿ and ＿＿＿＿＿＿＿＿＿.

③ **日本語に合うように，(　　)内の語を並べかえなさい。**

(1) どちらのカップがあなたのものですか。

(is / cup / yours / which)?

＿＿＿＿＿＿＿＿＿＿＿＿＿＿＿＿＿＿＿＿＿＿＿＿＿＿＿＿＿ ?

(2) これはあなたのかさではありません。

(your / is / not / umbrella / this).

＿＿＿＿＿＿＿＿＿＿＿＿＿＿＿＿＿＿＿＿＿＿＿＿＿ .

④ **(　　)内の指示に従って，英文を書きかえなさい。**

(1) I am a baseball fan. （主語をheに変えて）

(2) That is your school. （疑問文にして，Yesで答える）

―

(3) This is <u>my</u> bag. （下線部をたずねる疑問文に）

ヒント　② (1)「だれ」という意味を表す疑問詞が入る。
　　　　③ (1)疑問詞を文頭に置く。

5 読む 次の会話文を読んで，あとの問いに答えなさい。

Mao : *Karuta* cards have two types.

Daniel : ①Two types?

Mao : Yes, reading cards and grabbing cards.

Daniel : (②) is this woman in *kimono*?

Mao : She is Ono no Komachi.

Daniel : Is she a princess?

Mao : (③). She is a famous poet.

(1) 下線部①の具体的な内容を日本語で書きなさい。

(　　　　　　　　　　　　) と (　　　　　　　　　　　　)

(2) ②の (　　　) に入る適切な語を書きなさい。

(3) 下線部③には「いいえ，そうではありません」という意味の文が入ります。(　　　) に入る適切な文を3語で書きなさい。

6 話す 次の文を声に出して読み，問題に答え，答えを声に出して読んでみましょう。 アプリ

Chen : Look at this picture. This is chicken rice. It's a popular food in Singapore.

Sora : Oh, I like chicken very much.

Chen : Let's make it together someday.

Sora : But I'm not good at cooking.

Chen : Don't worry. I'm a good cook.

(注)chicken　とり肉　　Singapore　シンガポール　　someday　いつか

(1) What is chicken rice?

—

(2) Is Sora good at cooking?　（he を使って答える）

—

(3) Is Chen good at cooking?　（he を使って答える）

—

ヒント **5** (1)真央の2つ目の発言に注目。

63

ぴたトレ
3
確認テスト

PROGRAM 4 〜
Power-Up 2

時間 30分 ／100点
合格 70点
解答 p.12

教科書 pp.53 〜 60

① 下線部の発音が同じものには〇を，そうでないものには×を，解答欄に書きなさい。 6点

(1) b<u>i</u>rd
p<u>er</u>son

(2) t<u>owe</u>l
r<u>ou</u>nd

(3) m<u>a</u>n
s<u>a</u>ve

② 最も強く発音する部分の記号を解答欄に書きなさい。 6点

(1) an - swer
　ア　　イ

(2) use - ful
　ア　　イ

(3) kan - ga - roo
　ア　　イ　　ウ

③ 日本語に合うように，＿＿に入る適切な語を書きなさい。 20点

(1) どちらの自転車があなたのものですか，その新しいものですか，それともその古いものですか。

＿＿＿＿ ＿＿＿＿ is yours, the new one or the old one?

よく出る (2) あの男性はだれですか。

＿＿＿＿ ＿＿＿＿ that man?

(3) 彼は私のおじです。（(2)の答え）

＿＿＿＿ ＿＿＿＿ my uncle.

(4) 彼女は日本語を話すことができます。

＿＿＿＿ can ＿＿＿＿ Japanese.

④ 次の対話が成り立つように，＿＿に適切な語を入れなさい。 15点

(1) *A :* Is this your umbrella?

B : Yes, it's ＿＿＿＿.

点UP (2) *A :* ＿＿＿＿ bag is that?

B : It's Mao's.

(3) *A :* Look at that girl in *yukata*.

B : Oh, ＿＿＿＿ is my classmate Kaoru.

⑤ 次の会話文を読んで，あとの問いに答えなさい。 29点

Mina : This is an animal. We can see it in the zoo. It is brown. ①(＿＿＿＿) this?

Mary : Is it big?

Mina : No, it isn't.

Mary : ②(well / can / jump / it)?

成績評価の観点　技…言語や文化についての知識・技能　表…外国語表現の能力

Mina : Yes, it can.

Mary : ③<u>Is it from Australia?</u>

Mina : Yes, it is.

Mary : I got it! (④) is a kangaroo!

Mina : ⑤<u>（そのとおりです。）</u>

(1) 下線部①の意味が「これは何ですか。」となるように，（　）に適切な語を入れなさい。

(2) 下線部②の意味が「それはじょうずにジャンプすることができますか。」となるように，（　）内の語を並べかえなさい。

(3) 下線部③を日本語にしなさい。

(4) （　④　）に入る最も適切なものを１つ選び，記号を書きなさい。

　　ア This　　イ That　　ウ It

(5) ⑤の（　）内の日本語を２語の英文にしなさい。

6 書く✍ **次のようなとき英語で何と言うか，（　）内の語数で書きなさい。** 表　　24点

差がつく (1) 目の前にある１本の鉛筆がだれのものかたずねるとき。（４語）

(2) 赤色のかばんと黒色のかばんがあり，どちらのかばんが相手のものかたずねるとき。(11語)

(3) (2)の質問に対して，赤色のものが自分のものだと答えるとき。（４語）

❶	(1)		(2)		(3)		❷	(1)		(2)		(3)	
		2点		2点		2点					2点		2点		2点

❸	(1)			(2)	
		5点			5点
	(3)			(4)	
		5点			5点

❹	(1)		(2)	
		5点		5点
	(3)			
		5点		

❺	(1)		(2)		?
		5点			7点
	(3)				
					6点
	(4)		(5)		
		5点			6点

❻	(1)	表 8点
	(2)	表 8点
	(3)	表 8点

▶ 表 の印がない問題は全て 技 の観点です。

ぴたトレ 1
要点チェック

PROGRAM 5
The Junior Safety Patrol（Part 1）

時間 15分

解答 p.12

〈新出語・熟語 別冊p.10〉

教科書の重要ポイント | 三人称・単数・現在の文（肯定文） | 教科書 pp.62 ～ 64・67

Momo plays tennis. 〔モモはテニスをします。〕

主語が三人称（I, you以外）で単数のときは，
一般動詞に‐(e)sをつける。
動詞の意味は変わらない。
‐(e)sのつけ方は，動詞の語尾によって決まる。

主語がI, you | I　play　tennis.

主語が三人称・単数 | Momo plays　tennis.

動詞の語尾にsをつける。

動詞の語尾によって
‐(e)sの
つけ方が違うよ。

●‐(e)sのつけ方

ふつうの語 → ‐sをつける	（例）play — plays, like — likes, work — works
‐s, ‐sh, ‐ch, ‐oで終わる語 → ‐esをつける	（例）watch — watches,　wash — washes
〈子音字＋y〉で終わる語 → yをiに変えて‐esをつける	（例）study — studies

※子音字とは母音字（ア・イ・ウ・エ・オの音）以外の音。

●例外の動詞：haveに‐(es)はつけない。have — has となる。

●‐(e)sの発音

| ・play — plays [z]　　　・like — likes [s]　　　・watch — watches [iz] |

Words & Phrases　次の日本語は英語に，英語は日本語にしなさい。

☐(1) ～, right?　（　　　　　　　　）

☐(2) grandpa　（　　　　　　　　）

☐(3) 料理　_____

☐(4) they areの短縮形　_____

1 日本語に合うように，＿＿＿に入る適切な語を書きなさい。

□(1) エミリーは朝食を食べます。

Emily ＿＿＿＿＿＿＿＿ breakfast.

□(2) ダニエルはテレビを見ます。

Daniel ＿＿＿＿＿＿＿＿ TV.

□(3) ケンは英語を勉強します。

Ken ＿＿＿＿＿＿＿＿ English.

□(4) マオとケンはバスケットボールをします。

Mao and Ken ＿＿＿＿＿＿＿＿ basketball.

□(5) あなたはアメリカ合衆国の出身でよろしいですね。

You are from the U.S., ＿＿＿＿＿＿＿＿?

2 絵を見て，例にならい，「～は…します。」の文を書きなさい。

例 Emily	(1) Maki	(2) Yuji	(3) Mike
live in Tokyo	listen to music	like soccer	study Japanese

例 **Emily lives in Tokyo.**

□(1) Maki ＿＿＿＿＿＿＿＿ to music.

□(2) Yuji ＿＿＿＿＿＿＿＿ ＿＿＿＿＿＿＿＿.

□(3) ＿＿＿＿＿＿＿＿＿＿＿＿＿＿＿＿＿＿＿＿＿.

3 （　　）内の指示に従って英文を書きかえなさい。

□(1) You watch TV at night.（下線部をBobに変えて）

＿＿＿＿＿＿＿＿＿＿＿＿＿＿＿＿＿＿＿＿＿＿＿＿＿

□(2) I go to the library on Fridays.（下線部をHeに変えて）

＿＿＿＿＿＿＿＿＿＿＿＿＿＿＿＿＿＿＿＿＿＿＿＿＿

□(3) I usually run in the park.（下線部をMy dogに変えて）

＿＿＿＿＿＿＿＿＿＿＿＿＿＿＿＿＿＿＿＿＿＿＿＿＿

□(4) You wash the dishes on Sundays.（下線部をSheに変えて）

＿＿＿＿＿＿＿＿＿＿＿＿＿＿＿＿＿＿＿＿＿＿＿＿＿

□(5) You cook every day.（下線部をHeに変えて）

＿＿＿＿＿＿＿＿＿＿＿＿＿＿＿＿＿＿＿＿＿＿＿＿＿

ぴたトレ
1
要点チェック

PROGRAM 5
The Junior Safety Patrol 〔Part 2〕

時間
15分

解答
p.13

〈新出語・熟語 別冊p.10〉

教科書の
重要ポイント | 三人称・単数・現在の文（否定文） | 教科書 pp.62 ～ 64・67

Momo does not play soccer. 〔モモはサッカーをしません。〕

主語が三人称・単数のときは，〈主語＋does not＋一般動詞（-(e)sのつかない形）～.〉
の形で「～は…しません。」と表す。

ナルホド!

Momo　　　　　plays soccer.

　　　　動詞の前にdoes notを置き，-(e)sのつかない形にする。

Momo does not play soccer.

　　　　does notの短縮形はdoesn't。

●主語が三人称・単数の否定文の違い

三人称・単数ではない文（主語がI・you）
I　　　　like tennis. ←動詞に-(e)sはつかない。
I　don't　like tennis. ←動詞の前にdon't[do not]を置く。

三人称・単数の文
He　　　　likes tennis. ←動詞に-(e)sがつく。
He　doesn't　like tennis. ←動詞の前にdoesn't[does not]を置き，動詞を-(e)sのつかない形にする。

Words & Phrases 次の日本語は英語に，英語は日本語にしなさい。

☐(1) same　（　　　　　　　　　）　　☐(3) does notの短縮形 _____

☐(2) job　（　　　　　　　　　）　　☐(4) ああ　　_____

1 日本語に合うように，（　）内から適切なものを選び，記号を〇で囲みなさい。

注目!

三人称・単数の否定文
主語が三人称・単数の否定文では，動詞に-(e)sはつけない。

(1) メグは日本語を話しません。

Meg（ ア don't　イ doesn't ）speak Japanese.

(2) ケンはコーヒーを飲みません。

Ken does not（ ア drink　イ drinks ）coffee.

(3) ミナは料理をしません。

Mina（ ア is not　イ does not ）cook.

2 絵を見て，例にならい，「～は…しません。」の文を書きなさい。

テストによく出る!

否定文の語順

主語が三人称・単数で一般動詞の否定文は，〈主語＋doesn't[does not]＋一般動詞(-(e)sのつかない形)～.〉の語順になる。

例 Daniel　(1) Emily　(2) Bill　(3) Meg

eat *natto*　make *sushi*　study *kanji*　like *shamisen*

例　**Daniel doesn't eat *natto*.**

(1) Emily ＿＿＿＿＿＿ ＿＿＿＿＿＿ *sushi*.

(2) Bill ＿＿＿＿＿＿ ＿＿＿＿＿＿ study *kanji*.

(3) Meg ＿＿＿＿＿＿＿＿＿＿＿＿＿ *shamisen*.

3 日本語に合うように，（　）内の語を並べかえなさい。

(1) 私の妹はテニスをしません。

(sister / doesn't / my / play / tennis).

＿＿＿＿＿＿＿＿＿＿＿＿＿＿＿＿＿＿＿＿.

(2) そのロボットは歩きません。

(robot / not / the / does / walk).

＿＿＿＿＿＿＿＿＿＿＿＿＿＿＿＿＿＿＿＿.

4 （　）内の指示に従って，英文を書きかえなさい。

⚠ミスに注意

書きかえの文で主語を変えたときは，動詞の形を変え忘れないように注意！

(1) Mao eats breakfast.　（否定文に）

＿＿＿＿＿＿＿＿＿＿＿＿＿＿＿＿＿＿＿＿

(2) Daniel watches TV after dinner.　（否定文に）

＿＿＿＿＿＿＿＿＿＿＿＿＿＿＿＿＿＿＿＿

(3) I don't have a computer.　（下線部をMy brotherに変えて）

＿＿＿＿＿＿＿＿＿＿＿＿＿＿＿＿＿＿＿＿

PROGRAM 5 ～ Word Web 3

ぴたトレ
1
要点チェック

PROGRAM 5
The Junior Safety Patrol (Part 3)

時間 **15分**

解答 p.13

〈新出語・熟語 別冊p.10〉

教科書の
重要ポイント | 三人称・単数・現在の文（疑問文） 教科書 pp.62〜63・65・67

Does Momo play tennis? 〔モモはテニスをしますか。〕
— Yes, she does. / No, she doesn't. 〔はい，します。／いいえ，しません。〕

一般動詞の疑問文で，主語が三人称・単数のときは，主語の前にDoesを置く。
文中の一般動詞は，－(e)sのつかない形にする。答えるときもdoesを使う。

| 肯定文 | Momo plays tennis. |

Doesを文頭に置き，動詞は-(e)sのつかない形にする。

| 疑問文 | Does Momo play tennis? |

主語を代名詞に置きかえる。

答えるときは
主語に代名詞
を使うよ。

| 答えの文 | — Yes, she does. ／No, she doesn't. |

does notの短縮形

● 三人称・単数の疑問文の違い

三人称ではない文（主語がI・you）…たずねるときも答えるときもdoを使う
　　Do you play tennis? —Yes, I do. / No, I don't[do not].

三人称・単数の文…たずねるときも答えるときもdoesを使う
　　Does she play tennis? — Yes, she does. / No, she doesn't[does not].

Words & Phrases 次の日本語は英語に，英語は日本語にしなさい。

☐(1) shoe (s) （　　　　　）　　☐(5) 家族 ＿＿＿＿＿＿＿＿＿

☐(2) wear （　　　　　）　　☐(6) 選手 ＿＿＿＿＿＿＿＿＿

☐(3) important （　　　　　）　　☐(7) 一員，メンバー ＿＿＿＿＿＿＿＿＿

☐(4) be proud of 〜 （　　　　　）　　☐(8) 毎朝 ＿＿＿＿＿＿＿＿＿

1 日本語に合うように，（　）内から適切なものを選び，記号を〇で囲みなさい。

⚠ミスに注意

主語が三人称・単数の一般動詞の疑問文は，答えるときもdoesを使うよ。

☐(1) エミリーはギターをひきますか。

（ ア Does　イ Do ）Emily play the guitar?

☐(2) はい，彼女はひきます。((1)の答え)

Yes, she (ア does　イ do).

☐(3) いいえ，彼女はひきません。((1)の答え)

No, she (ア doesn't　イ don't).

☐(4) ケンは踊りますか。

Does Ken (ア dances　イ dance) ?

2 絵を見て，例にならい，「彼[彼女]は～しますか。」の文と，その答えの文を書きなさい。

注目!

疑問文の動詞の形

主語が三人称・単数の疑問文では，動詞に‐(e)sをつけない。

例 Yes	(1) No	(2) Yes	(3) No
like soccer	play the flute	 cook	study English

例 **Does he like soccer ? — Yes, he does.**

☐(1) ＿＿＿＿＿＿ she ＿＿＿＿＿＿ the flute?

—No, ＿＿＿＿＿＿ ＿＿＿＿＿＿.

☐(2) ＿＿＿＿＿＿ she ＿＿＿＿＿＿?

—Yes, ＿＿＿＿＿＿＿＿＿＿＿＿＿＿＿.

☐(3) ＿＿＿＿＿＿ he ＿＿＿＿＿＿＿＿＿＿?

— ＿＿＿＿＿＿＿＿＿＿＿＿＿＿＿.

3 日本語に合うように，（　）内の語句を並べかえなさい。

テストによく出る!

疑問文の語順

主語が三人称・単数の一般動詞の疑問文は，〈Does＋主語＋一般動詞(‐(e)sのつかない形)～?〉の語順になる。

☐(1) 彼女は毎日勉強しますか。

(study / does / day / she / every)?

＿＿＿＿＿＿＿＿＿＿＿＿＿＿＿ ?

☐(2) あなたはあなたの弟のために何をしますか。

(do / what / do / for / you) your brother?

＿＿＿＿＿＿＿＿＿＿＿＿＿ your brother?

☐(3) あなたの姉はイヌがほしいですか。

(does / your sister / a dog / want)?

＿＿＿＿＿＿＿＿＿＿＿＿＿＿＿ ?

Word Web 3 季節・月の名前

教科書の重要ポイント	季節・月の名前	教科書p.68

季節の言い方

季節	春	夏	秋	冬
season	spring	summer	fall / autumn	winter

●季節を使った表現

Do you like summer? — Yes, I do.
〔あなたは夏が好きですか。 — はい，好きです。〕

I ski in winter.
〔私は冬にスキーをします。〕

「秋」は2つの言い方があるよ。

月の言い方

月 month	1月 January	2月 February	3月 March	4月 April
	5月 May	6月 June	7月 July	8月 August
	9月 September	10月 October	11月 November	12月 December

●月を使った表現

When is your birthday? — My birthday is May 5.
〔あなたの誕生日はいつですか。 — 私の誕生日は5月5日です。〕

Words & Phrases 次の日本語は英語に，英語は日本語にしなさい。

☐(1) January （　　　　　　　）　　☐(5) 2月 _____

☐(2) April （　　　　　　　）　　☐(6) 5月 _____

☐(3) spring （　　　　　　　）　　☐(7) 冬 _____

☐(4) autumn （　　　　　　　）　　☐(8) 夏 _____

1 月の順番になるように，____に適切な語を書きなさい。

January — ☐_____ —☐_____

—☐_____ —☐_____

—☐_____ —☐_____

—☐_____ —☐_____

—☐_____ —☐_____

— December

テストによく出る!

月の名前

月名の最初の文字は大文字。文の途中でも必ず大文字で書き始める。

2 日本語に合うように，____に入る適切な語を書きなさい。

☐(1) 私の誕生日は9月9日です。

My birthday is _____ 9.

☐(2) あなたは夏にスイカを食べますか。

Do you eat watermelons in _____?

☐(3) 私は冬がとても好きです。

I like _____ very much.

3 絵を見て，例にならい，「…は(季節)に~します。」の文を書きなさい。

例 spring	(1) summer	(2) fall	(3) winter
enjoy *hanami*	swim in the sea	enjoy hiking	skate

注目!

〈in + 季節〉

「春に」「夏に」のように季節を言うときは〈in + 季節〉の形で表す。

例 **We enjoy *hanami* in spring.**

☐(1) I _____ in the sea in _____.

☐(2) We _____ hiking _____.

☐(3) I _____.

4 日本語に合うように，(　　)内の語を並べかえなさい。

☐(1) 日本には四季があります。

(seasons / we / four / have) in Japan.

_____ in Japan.

☐(2) 私は秋にスポーツを楽しみます。

(in / I / sports / enjoy / autumn).

_____.

注目!

秋の言い方

秋は fall，autumn のどちらでも表せる。
autumn は語尾の n を発音しない。

PROGRAM 5 ~ Word Web 3

1 正しいものを４つの選択肢の中から選びなさい。

(1) Ken usually (　　) basketball after school.

　　ア play　イ plays　ウ do　エ is play

(2) My mother (　　) a new bag.

　　ア don't have　イ have　ウ doesn't has　エ has

日本語から主語と
動詞を読みとろう。

2 日本語に合うように，＿＿＿に入る適切な語を書きなさい。

(1) ここであなたのくつをぬいでください。

　　Please ＿＿＿＿＿＿＿＿ ＿＿＿＿＿＿＿＿ your shoes here.

(2) 私は週末に家で本を読みます。

　　I read books ＿＿＿＿＿＿＿＿ ＿＿＿＿＿＿＿＿ on weekends.

(3) あなたはカナダの出身でよろしいですね。

　　You are from Canada, ＿＿＿＿＿＿＿＿?

3 日本語に合うように，（　　）内の語を並べかえなさい。

(1) 私はあなたたちのことを誇りに思います。

　　(proud / I / you / of / am).

　　＿＿＿＿＿＿＿＿＿＿＿＿＿＿＿＿＿＿＿＿＿＿＿.

(2) 彼女はこのチームの一員です。

　　(member / is / a / of / team / she / this).

　　＿＿＿＿＿＿＿＿＿＿＿＿＿＿＿＿＿＿＿＿＿＿＿.

4 （　　）内の指示に従って，英文を書きかえなさい。

(1) I watch TV before dinner. （下線部をHeに変えて）

　　＿＿＿＿＿＿＿＿＿＿＿＿＿＿＿＿＿＿＿＿＿＿＿＿

(2) Becky likes dogs. （疑問文にして，Yesで答える）

　　＿＿＿＿＿＿＿＿＿＿＿＿＿＿＿＿＿＿＿＿＿＿＿＿

　　― ＿＿＿＿＿＿＿＿＿＿＿＿＿＿＿＿＿＿＿＿＿＿

(3) My brother has a computer. （否定文に）

　　＿＿＿＿＿＿＿＿＿＿＿＿＿＿＿＿＿＿＿＿＿＿＿＿

(4) I make a cake for my friends. （下線部をたずねる疑問文に）

　　＿＿＿＿＿＿＿＿＿＿＿＿＿＿＿＿＿＿＿＿＿＿＿＿

ヒント
2 (3)「〜でよろしいですね。」と相手に確認する表現を答える。
3 (2)「一員」= a member

74

5 読む📖 次の会話文を読んで，あとの問いに答えなさい。

Daniel :　This is my cousin Jenny.

Mao :　(　①　)cool.

Daniel :　(　①　)a member of the Junior Safety Patrol.

Ken :　②彼女は彼女の仕事を楽しんでいますか。

Daniel :　Yes, she　(　③　).　She's proud of it too.

☐(1) ①の(　　)にはShe isの短縮形が入ります。(　　)に適切な1語を書きなさい。

☐(2) 下線部②の日本語を英語にしなさい。

☐(3) ③の(　　)に適切な1語を書きなさい。

☐(4) 本文の内容に合うように，次の問いに英語で答えなさい。

Whose cousin is Jenny?

6 話す🔊 次の文を声に出して読み，問題に答え，答えを声に出して読んでみましょう。 [アプリ]

Emily :　Does your grandfather grow other fruits?

Sora :　No.　He doesn't grow other fruits.　But he grows rice.

Emily :　Do you help your grandfather?

Sora :　No, I don't.　But I want to grow cherries with him someday.

(注)rice　米　　help　助ける，手伝う

☐(1) Does Sora help his grandfather?　(heを使って答える)

　—

☐(2) What does Sora's grandfather grow?

　—

PROGRAM 5 〜 Word Web 3

ぴたトレ
3

確認テスト

PROGRAM 5 ～
Word Web 3

時間 30分 ／100点

合格 70点

解答 p.14

教科書 pp.61 ～ 68

① 下線部の発音が同じものには〇を，そうでないものには×を，解答欄に書きなさい。 6点

(1) f<u>a</u>mily
tr<u>a</u>vel

(2) abr<u>oa</u>d
g<u>oa</u>l

(3) j<u>o</u>b
b<u>o</u>th

② 最も強く発音する部分の記号を解答欄に書きなさい。 6点

(1) Oc - to - ber
　ア　イ　ウ

(2) im - por - tant
　ア　イ　　ウ

(3) now - a - days
　ア　イ　　ウ

③ 次の文の（　）内の語を適切な形に変えなさい。　変えなくてよいものはそのまま書きなさい。

(1) Ken (study) Japanese every day. 20点

(2) Ken and Daniel (play) tennis after school.

(3) Mr. Miller doesn't (speak) English.

(4) Becky usually (watch) TV after dinner.

④ 日本語に合うように，＿＿＿に入る適切な語を書きなさい。 24点

(1) あなたはあなたの友だちのために何をしますか。

　＿＿＿＿ ＿＿＿＿ you do for your friends?

(2) これは重要な仕事です。

　This is ＿＿＿＿ ＿＿＿＿ job.

よく出る (3) 私たちは夏に海で泳ぎます。

　We swim in the sea in ＿＿＿＿.

(4) 私の誕生日は8月8日です。

　My birthday is ＿＿＿＿ 8.

⑤ 次の会話文を読んで，あとの問いに答えなさい。 32点

Miki : Who is that boy?

Tom : He is my brother John.　He is fifteen.

Miki : He ①(have) a bat and a ball.　②(member / is / a / of / he) the baseball team?

Tom : Yes, he is.　③He practices baseball after school.

Miki : Do you play baseball too?

Tom : No, I don't.　I play soccer.

　成績評価の観点　技…言語や文化についての知識・技能　表…外国語表現の能力

Miki :   When do you play soccer?

Tom :   I play it on Sundays. Do you like sports?

Miki :   Yes. I like volleyball very much.

(1) 下線部①の(   )内の語を適切な形にしなさい。

(2) 下線部②の(   )内の語を,「彼は野球チームの一員ですか。」という意味になるように並べかえなさい。

(3) 下線部③を日本語にしなさい。

(4) 本文の内容に合うように,(   )に適切な日本語を書きなさい。

　　　1. トムは日曜日に(   )をします。

　　　2. ミキが好きなスポーツは(   )です。

6 書く！ あなたの友だちについて紹介する文を,次の表現を使って2文以上で書きなさい。 表 12点

・ 友だちの名前　→　This is my friend....

・ 友だちの好きなこと　→　He[She] likes....

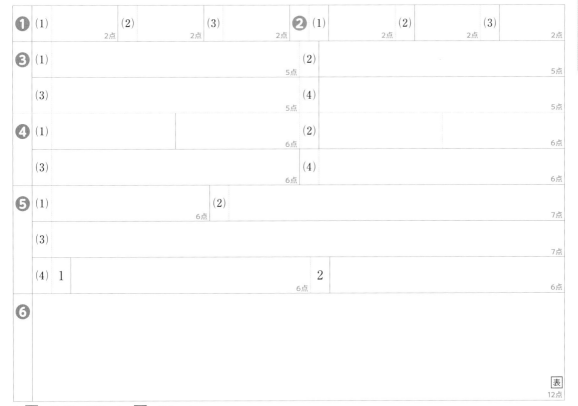

▶ 表 の印がない問題は全て 技 の観点です。

PROGRAM 6
The Way to School (Part 1)

時間 **15**分 ｜ 解答 p.15

〈新出語・熟語 別冊p.11〉

教科書の
重要ポイント ｜ **代名詞（単数）** ｜ 教科書 pp.70 〜 72・75

主語になる代名詞 ｜ 前に出てきた単数の名詞の代わりに，「〜は［が］」と言うときに使う。

This is my uncle. He is a teacher. 〔こちらは私のおじです。彼は先生です。〕

This is my sister. She is a high school student. 〔こちらは私の姉[妹]です。彼女は高校生です。〕

所有を表す代名詞 ｜ 前に出てきた単数の名詞の代わりに，「〜の」と言うときに使う。

This is my uncle. This is his bag. 〔こちらは私のおじです。これは彼のかばんです。〕

This is my sister. That is her umbrella. 〔こちらは私の姉[妹]です。あれは彼女のかさです。〕

目的語になる代名詞 ｜ 前に出てきた単数の名詞の代わりに，「〜を［に / が］」と言うときに使う。

This is my uncle. I like him very much. 〔こちらは私のおじです。私は彼がとても好きです。〕

This is my sister. I love her. 〔こちらは私の姉[妹]です。私は彼女が大好きです。〕

「〜のもの」と言う代名詞 ｜ 前に出てきた単数の名詞の代わりに，「〜のもの」と言うときに使う。

This is my uncle. This bag is his. 〔こちらは私のおじです。このかばんは彼のものです。〕

This is my sister. That umbrella is hers. 〔こちらは私の姉[妹]です。あのかさは彼女のものです。〕

「ケンのもの」と言うときは
Ken'sのように -'sをつけるよ。

●代名詞（単数）の区別

	主語のとき 〜は［が］	所有を表すとき 〜の	目的語のとき 〜を［に / が］	所有を表すとき 〜のもの
一人称	I	my	me	mine
二人称	you	your	you	yours
三人称	he	his	him	his
	she	her	her	hers
	it	its	it	—

ナルホド!

Words & Phrases ｜ 次の日本語は英語に，英語は日本語にしなさい。

(1) him （　　　　　　　　　　　）

(2) tell （　　　　　　　　　　　）

(3) 彼の

(4) 〜を横切って

1 日本語に合うように，（　）内から適切なものを選び，記号を〇で囲みなさい。

テストによく出る!

目的語になる代名詞

目的語になる代名詞は，「～を[に/が]の形の代名詞を使う。
・he　→him
・she　→her
・I　　→me
・you　→you

(1) こちらはケンジです。彼は私の兄です。

This is Kenji. (ア He　イ She) is my brother.

(2) こちらはマリです。私は彼女が好きです。

This is Mari. I like (ア him　イ her).

(3) あの腕時計は私のものです。

That watch is (ア my　イ mine).

(4) この本はあなたのものですか。

Is this book (ア yours　イ your)?

(5) あの自転車は彼のものです。

That bike is (ア his　イ hers).

(6) 私は彼女といっしょに学校へ行きます。

I go to school (ア about　イ with) her.

2 絵を見て，例にならい，「こちらは～です。私は彼が[彼女が]好きです。」の文を書きなさい。

注目!

himとherの使い分け

男性を表す語句を受けるときはhim，女性を表す語句を受けるときはherを使う。

例	(1)	(2)
Meg	Ken's brother	Yuji's mother

例 **This is Meg. I like her.**

(1) This is Ken's brother. I like ＿＿＿＿＿＿＿.

(2) This is Yuji's mother. ＿＿＿＿＿＿＿＿＿＿＿＿.

3 日本語に合うように，（　）内の語句を並べかえなさい。

注目!

ほかの使われ方

目的語になる代名詞は，withやaboutのうしろに来る代名詞としても使われる。

(1) 私は私の友だちといっしょにテニスをします。

(tennis / I / with / play / my friend).

＿＿＿＿＿＿＿＿＿＿＿＿＿＿＿＿＿＿.

(2) マイクは彼のイヌについて教えたいです。

(his dog / tell / Mike / wants to / about).

＿＿＿＿＿＿＿＿＿＿＿＿＿＿＿＿＿＿.

(3) このネコはスーのものです。

(cat / this / Sue's / is).

＿＿＿＿＿＿＿＿＿＿＿＿＿＿＿＿＿＿.

PROGRAM 6 ～ Word Web 4

ぴたトレ
1
要点チェック

PROGRAM 6
The Way to School (Part 2)

時間
15分

解答
p.16

〈新出語・熟語 別冊p.11〉

教科書の
重要ポイント 代名詞（複数） 教科書 pp.70～72・75

主語になる代名詞 前に出てきた複数の名詞の代わりに，「～は［が］」と言うときに使う。

Emily and I are in the park. We play tennis. 〔エミリーと私はその公園にいます。私たちはテニスをします。〕

Ken and Rin are friends. They study together. 〔ケンとリンは友だちです。彼らはいっしょに勉強します。〕

所有を表す代名詞 前に出てきた複数の名詞の代わりに，「～の」と言うときに使う。

Emily and I are in the park. These are our bikes.

〔エミリーと私はその公園にいます。これらは私たちの自転車です。〕

Ken and Rin study together. These are their books.

〔ケンとリンはいっしょに勉強します。これらは彼らの本です。〕

目的語になる代名詞 前に出てきた複数の名詞の代わりに，「～を［に／が］」と言うときに使う。

Emily and I are in the park. Her sister plays tennis with us too.

〔エミリーと私はその公園にいます。彼女の姉[妹]も私たちといっしょにテニスをします。〕

Ken and Rin are friends. Their classmates like them.

〔ケンとリンは友だちです。彼らのクラスメートは彼らが好きです。〕

「～のもの」と言う代名詞 前に出てきた複数の名詞の代わりに，「～のもの」と言うときに使う。

Emily and I are in the park. These bikes are ours.

〔エミリーと私はその公園にいます。これらの自転車は私たちのものです。〕

Ken and Rin study together. These books are theirs.

〔ケンとリンはいっしょに勉強します。これらの本は彼らのものです。〕

●代名詞（複数）の区別

	主語のとき ～は［が］	所有を表すとき ～の	目的語のとき ～を［に／が］	所有を表すとき ～のもの
一人称	we	our	us	ours
二人称	you	your	you	yours
三人称	they	their	them	theirs

ナルホド!

Words & Phrases 次の日本語は英語に，英語は日本語にしなさい。

□(1) them （ ） □(2) 1時間，時間 _____

1 次の文の下線部を，適切な代名詞に変えなさい。

注目!

you, your, yours
「あなた」と「あなたたち」
を表す代名詞は同じ。語
の前後や文の内容からど
ちらか判断する。

☐(1) <u>Tom and I</u> are classmates.　　　　　_____

☐(2) <u>Ken and Daniel</u> are students.　　　　_____

☐(3) <u>Jenny and you</u> are cousins.　　　　　_____

2 日本語に合うように，____に入る適切な語を書きなさい。

☐(1) 彼は私たちを知っていますか。

　　Does he know _____ ?

☐(2) これらはあなたたちの本ですか。

　　Are these _____ books?

☐(3) あれは彼らの家です。

　　That is _____ house.

☐(4) このネコはだれのものですか。―私たちのネコです。

　　Whose cat is this? — It's _____ cat.

3 日本語に合うように，（　　）内の語句を並べかえなさい。

テストによく出る!

所有を表す代名詞
「〜の」を表す代名詞の後
には，必ず名詞が来る。
「〜のもの」は１語で名詞
の代わりをする。

☐(1) これらのカードは私たちのものです。

　　(cards / ours / these / are).

　　_____.

☐(2) どちらの部屋が彼らのものですか。

　　(which / theirs / room / is)?

　　_____?

☐(3) 私の兄たちは彼らの友だちといっしょに野球をします。

　　(friends / my brothers / baseball / with / play / their).

　　_____.

4 （　　）内の指示に従って，英文を書きかえなさい。

⚠ミスに注意

書きかえは一か所だけと
は限らないので文全体を
見直そう！

☐(1) I often visit <u>Emily and Daniel</u>. （下線部を代名詞に変えて）

　　_____

☐(2) <u>My mother and I</u> cook together. （下線部を代名詞に変えて）

　　_____

☐(3) She goes fishing with <u>me</u>. （下線部を複数形に）

　　_____

☐(4) I love <u>my teacher</u>. （下線部を複数形に）

　　_____

PROGRAM 6 〜 Word Web 4

ぴたトレ
1
要点チェック

PROGRAM 6
The Way to School (Part 3)

時間
15分

解答
p.16

〈新出語・熟語 別冊p.11〉

教科書の
重要ポイント ┃ 「理由」をたずねる文 ┃ 教科書 pp.70 ~ 71・73・75

Why do you like baseball? 〔なぜあなたは野球が好きですか。〕

— Because it's exciting. 〔なぜなら，それはわくわくするからです。〕

「なぜ〜」と理由をたずねるときは，〈Why＋do[does]＋主語＋一般動詞〜?〉の形で
表す。答えるときは「なぜなら〜だから」という意味のbecauseを使って，
〈Because＋主語＋動詞〜.〉の形で答える。

ナルホド!

疑問文 　　　　　　Do you like baseball?

　　　　　　　　　文頭にWhyを置く。

whyの疑問文 　　Why do you like baseball?

　　　　　　　　　Whyの後は疑問文の語順。

Becauseのうしろには
主語と動詞が続くよ。

答えの文 　　　　— Because it's exciting.

三人称・単数の疑問文 　　Does he study English? 〔彼は英語を勉強しますか。〕

　　　　　　　　　文頭にWhyを置く。

whyの疑問文 　　Why does he study English? 〔なぜ彼は英語を勉強しますか。〕

　　　　　　　　　Whyの後は疑問文の語順。

答えの文 　　　　— Because it's useful. 〔なぜなら，それは役に立つからです。〕

Words & Phrases 次の日本語は英語に，英語は日本語にしなさい。

☐(1) parent 　　　　（　　　　　　　　）　　☐(5) (時間が)早く _____

☐(2) child 　　　　　（　　　　　　　　）　　☐(6) そこで[に，へ] _____

☐(3) No way! 　　　　（　　　　　　　　）　　☐(7) 映画 _____

☐(4) ~, you know. 　（　　　　　　　　）　　☐(8) 起きる _____

1 日本語に合うように，（　　）内から適切なものを選び，記号を〇で囲みなさい。

テスト によく出る!

Why～?に答える動詞
Why～?の文で一般動詞を使っていても，Because～.の文では一般動詞を使わないこともある。

☐(1) なぜあなたはオーストラリアに行きますか。

（ ア What　イ Why ）do you go to Australia?

☐(2) なぜなら，私は英語を勉強するからです。((1)の答え)

（ ア And　イ Because ）I study English.

☐(3) なぜメグはタイチが好きですか。

Why（ ア do　イ does ）Meg like Taichi?

☐(4) なぜなら，彼はかっこいいからです。((3)の答え)

Because he（ ア is　イ does）cool.

2 絵を見て，例 にならい「なぜ…は～しますか。」の文と，その答えの文を完成させなさい。

注目!

理由を答える文
Why～?に対しては，Because～.を使って理由を答える。Becauseのあとには〈主語＋動詞〉の文が続く。

例	(1)	(2)	(3)
meet	want to walk	practice	like English

例 **Why do you go to the park? — Because I meet my friend.**

☐(1) ＿＿＿＿＿＿＿ do you get up early?

— ＿＿＿＿＿＿＿ I want to ＿＿＿＿＿＿＿ in the morning.

☐(2) ＿＿＿＿＿＿＿ ＿＿＿＿＿＿＿ Kota play tennis well?

— ＿＿＿＿＿＿＿ he ＿＿＿＿＿＿＿ it every day.

☐(3) ＿＿＿＿＿＿＿ ＿＿＿＿＿＿＿ Rin study English?

— ＿＿＿＿＿＿＿＿＿＿＿＿＿＿＿＿＿＿＿＿.

3 日本語に合うように，（　　）内の語を並べかえなさい。

⚠ミスに注意

Whyのうしろは疑問文の語順が続くよ。

☐(1) なぜクミはネコが好きなのですか。

(does / Kumi / cats / why / like)?

＿＿＿＿＿＿＿＿＿＿＿＿＿＿＿＿＿＿＿＿＿?

☐(2) なぜなら，それらはかわいいからです。((1)の答え)

(they / because / cute / are).

＿＿＿＿＿＿＿＿＿＿＿＿＿＿＿＿＿＿＿＿＿.

☐(3) なぜあなたはコーヒーを飲むのですか。

(why / you / drink / coffee / do)?

＿＿＿＿＿＿＿＿＿＿＿＿＿＿＿＿＿＿＿＿＿?

PROGRAM 6 ~ Word Web 4

Power-Up 3
道案内をしよう①（駅ビル）

| 教科書の重要ポイント | 道案内（駅ビル） | 教科書p.76 |

道案内の表現（駅ビル）

●店の場所をたずねる

Where is the flower shop?　〔花屋はどこですか。〕

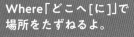

Where「どこへ[に]」で場所をたずねるよ。

●店の場所を案内する

Take the escalator and go up to the second floor.
〔エスカレーターに乗って，2階へ上がってください。〕

Turn left, and you can see the bookstore.
〔左へ曲がってください。そうするとあなたは書店が見えます。〕

The flower shop is next to the bookstore.
〔花屋は書店の隣です。〕

ナルホド!

Words & Phrases　次の日本語は英語に，英語は日本語にしなさい。

☐(1) floor　　（　　　　　　　　）

☐(2) next to ～　（　　　　　　　　）

☐(3) すみませんが，～。

　　　＿＿＿＿＿ ＿＿＿＿＿, but ～.

☐(4) どういたしまして。　＿＿＿＿＿＿＿＿＿.

1 日本語に合うように，（　　）内から適切なものを選び，記号を○で囲みなさい。

☐(1) エレベーターに乗って，3階へ上がってください。

　　Take the elevator and go up to the（ ア three　イ third ）floor.

☐(2) 左に曲がってください。そうするとあなたはスポーツ店が見えます。

　　Turn（ ア right　イ left ）, and you can see the sports shop.

2 日本語に合うように，＿＿＿＿に入る適切な語を書きなさい。

☐(1) すみませんが，あなたは学生ですか。

　　＿＿＿＿＿＿＿ me, but are you a student?

☐(2) その公園は書店の隣です。

　　The park is ＿＿＿＿＿ ＿＿＿＿＿ the bookstore.

テストによく出る!

階の表し方

「1階，2階...」と言うときは，順番を表すfirst, second...を使って表す。

Power-Up 4
店内放送を聞こう

| 教科書の 重要ポイント | **店内放送** | 教科書p.77 |

店内放送の表現

●商品の大きな特徴を紹介する

Color5 is a beautiful and useful pen. 〔カラー5は美しくて役に立つペンです。〕

Cubechair is a soft and strong chair. 〔キューブチェアはやわらかくて強いいすです。〕

●商品を使ってどんなことができるか説明する

You can draw a nice picture easily. 〔あなたは手軽によい絵を描くことができます。〕

You can use it on the beach too. 〔あなたはそれを浜辺でも使うことができます。〕

●商品を強くアピールする

Today, Color5 is just one dollar! 〔今日は，カラー5が，ほんの1ドルです！〕

Don't miss it! 〔それを逃してはいけません！〕

ナルホド！

Words & Phrases 次の日本語は英語に，英語は日本語にしなさい。

☐(1) easily （　　　　　　　　　）　☐(3) 今(は),現在(では) _____

☐(2) share （　　　　　　　　　）　☐(4) 壁 _____

1 日本語に合うように，____に入る適切な語を書きなさい。

☐(1) これは新しいカメラです。

This is a new _____.

☐(2) 20秒で，あなたは食べ物を料理することができます。

_____ 20 _____, you can cook foods.

テストによく出る!

on「～(の上)に」
onは「～(の上)に［で，の］」という意味で，「床(の上)に」や「壁(の上)に」と言うときなどに使う。

2 日本語に合うように，（　　）内の語を並べかえなさい。

☐(1) あなたは手軽に写真をとることができます。

(can / you / easily / shoot).

_____.

☐(2) 私は壁にいくつかの写真をはります。

(pictures / I / some / the / post / wall / on).

_____.

Word Web 4
順番・日付の言い方

| 教科書の重要ポイント | 順番・日付 | 教科書p.78 |

順番・日付の言い方

1日 first (1st)	2日 second (2nd)	3日 third (3rd)	4日 fourth (4th)	5日 fifth (5th)
6日 sixth (6th)	7日 seventh (7th)	8日 eighth (8th)	9日 ninth (9th)	10日 tenth (10th)
11日 eleventh (11th)	12日 twelfth (12th)	13日 thirteenth (13th)	14日 fourteenth (14th)	15日 fifteenth (15th)
16日 sixteenth (16th)	17日 seventeenth (17th)	18日 eighteenth (18th)	19日 nineteenth (19th)	20日 twentieth (20th)
21日 twenty-first (21st)	22日 twenty-second (22nd)	23日 twenty-third (23rd)	30日 thirtieth (30th)	31日 thirty-first (31st)

●日付をたずねる表現

What's the date today? — It's September 25.
〔今日の日付は何ですか。— 9月25日です。〕

\ナルホド!/

| Words & Phrases | 次の日本語は英語に，英語は日本語にしなさい。

☐(1) first 　（　　　　　　　　）　　☐(5) 11番目の　＿＿＿＿＿＿＿＿＿

☐(2) second （　　　　　　　　）　　☐(6) 12番目の　＿＿＿＿＿＿＿＿＿

☐(3) third 　（　　　　　　　　）　　☐(7) 20番目の　＿＿＿＿＿＿＿＿＿

☐(4) fourth （　　　　　　　　）　　☐(8) 30番目の　＿＿＿＿＿＿＿＿＿

1 日付の順番になるように，＿＿＿に適切な語を書きなさい。

(1) tenth — □＿＿＿＿＿＿＿ — □＿＿＿＿＿＿＿

　　 — □＿＿＿＿＿＿＿ — □＿＿＿＿＿＿＿

(2) first — □＿＿＿＿＿＿＿ — □＿＿＿＿＿＿＿

　　 — □＿＿＿＿＿＿＿ — □＿＿＿＿＿＿＿

(3) nineteenth — □＿＿＿＿＿＿＿ — □＿＿＿＿＿＿＿

　　 — □＿＿＿＿＿＿＿

注目!

順番を表す数

順番を表す数には，語尾にそのまま -th がつく数と，そうでない数がある。書くときはつづりに気をつけよう。

2 絵を見て，例にならい絵が表す日付を書きなさい。

例	(1)	(2)	(3)
1月1日	3月3日	5月5日	12月25日

テストによく出る!

日付の表し方

日付は〈月名＋日にち〉の形で表す。日にちは，順番を表す語を使う。

例 **It's January first.**

□(1) It's ＿＿＿＿＿＿＿ ＿＿＿＿＿＿＿ .

□(2) It's ＿＿＿＿＿＿＿ ＿＿＿＿＿＿＿ .

□(3) It's ＿＿＿＿＿＿＿ ＿＿＿＿＿＿＿ .

3 日本語に合うように，＿＿＿に入る適切な語を書きなさい。ただし，数字は使わないこと。

□(1) 今日の日付は何ですか。

　　 ＿＿＿＿＿＿＿ the ＿＿＿＿＿＿＿ today?

□(2) 7月18日です。((1)の答え)

　　 It's ＿＿＿＿＿＿＿ ＿＿＿＿＿＿＿ .

□(3) 私の誕生日は10月10日です。

　　 My birthday is ＿＿＿＿＿＿＿ ＿＿＿＿＿＿＿ .

□(4) あなたはどうですか。

　　 ＿＿＿＿＿＿＿ ＿＿＿＿＿＿＿ you?

□(5) あなたの誕生日は8月12日ですか。

　　 ＿＿＿＿＿＿＿ your birthday ＿＿＿＿＿＿＿ twelfth?

□(6) いいえ，違います。私の誕生日は4月20日です。((5)の答え)

　　 No, it isn't.　My birthday is ＿＿＿＿＿＿＿ ＿＿＿＿＿＿＿ .

⚠ミスに注意

日付をたずねるときは，day ではなく date を使うよ。

①　正しいものを 4 つの選択肢の中から選びなさい。

(1) My brother knows (　　).

　　ア she　イ she's　ウ her　エ he

(2) Ken has a dog. (　　) name is Kuro.

　　ア It　イ It's　ウ Is　エ Its

②　日本語に合うように，＿＿＿に入る適切な語を書きなさい。

(1) あなたは毎朝，早く起きますか。

　　Do you ＿＿＿＿＿＿＿＿＿ ＿＿＿＿＿＿＿＿＿ early every morning?

(2) この少女はだれですか。

　　＿＿＿＿＿＿＿＿＿ this girl?

(3) 彼はアメリカ合衆国の出身だよね。

　　He's from the U.S., ＿＿＿＿＿＿＿＿＿ ＿＿＿＿＿＿＿＿＿.

日本語文をよく読んで，どの語から始まるか考えよう。

③　日本語に合うように，（　　）内の語を並べかえなさい。

(1) その書店はどこですか。

　　(bookstore / the / where / is)?

　　＿＿＿＿＿＿＿＿＿＿＿＿＿＿＿＿＿＿＿＿＿?

(2) なぜあなたはカナダへ行きますか。

　　(to / you / go / why / Canada / do)?

　　＿＿＿＿＿＿＿＿＿＿＿＿＿＿＿＿＿＿＿＿＿?

(3) なぜなら英語を勉強したいからです。((2)の答え)

　　(to / I / want / because / English / study).

　　＿＿＿＿＿＿＿＿＿＿＿＿＿＿＿＿＿＿＿＿＿.

④　（　　）内の指示に従って，英文を書きかえなさい。

(1) Do you know <u>those boys</u>?　（下線部を代名詞に変えて）

　　＿＿＿＿＿＿＿＿＿＿＿＿＿＿＿＿＿＿＿＿＿

(2) <u>My family and I</u> eat breakfast together.　（下線部を代名詞に変えて）

　　＿＿＿＿＿＿＿＿＿＿＿＿＿＿＿＿＿＿＿＿＿

(3) That is our cat.　（That catを主語にして，ほぼ同じ内容の文に）

　　＿＿＿＿＿＿＿＿＿＿＿＿＿＿＿＿＿＿＿＿＿

ヒント　② (2)空所の数に合わせて短縮形を使う。
　　　　③ (2)「なぜ」＝ why

5 読む 次の会話文を読んで，あとの問いに答えなさい。

Emily :　He's Jackson. We can see him in a movie.

Ken :　Tell me (　①　) him.

Emily :　Every morning he runs and walks 15 kilometers to school. It takes two hours.

Ken :　Wow!

Emily :　He goes to school with his sister.

Ken :　I can see giraffes beyond ②them.

Emily :　He walks across the savanna with her.

☐(1) ①の(　)にあてはまる適切な語を書きなさい。

☐(2) 下線部②がさしているのはだれですか。英語4語で具体的に書きなさい。

☐(3) 本文の内容に合うように，次の(　)に適切な日本語を書きなさい。

　　ジャクソンは，毎朝(　　　　)まで15キロメートルの道を2時間かけて走り，(　　　　)ます。

6 話す 次の文を声に出して読み，問題に答え，答えを声に出して読んでみましょう。

Ms. Bell :　Why do you like *kotatsu*?

Aoi :　Because I can relax in it. I often sleep in a *kotatsu*.

Ms. Bell :　Oh, really.

Aoi :　Also a *kotatsu* is eco-friendly because it warms a small space and doesn't use a lot of power.

Ms. Bell :　That's great!

(注)relax　くつろぐ　　a lot of ～　たくさんの～　　power　力

☐(1) Why does Aoi like *kotatsu*?　(sheを使って答える)

　　—

☐(2) Does *kotatsu* use a lot of power?

　　—

---

　④(1)三人称・複数の代名詞。

　　⑤(2)直前のエミリーの発言参照。

ぴたトレ
3
確認テスト

PROGRAM 6 〜
Word Web 4

時間30分 ／100点 合格70点 解答p.18

教科書 pp.69 〜 78

❶ 下線部の発音が同じものには〇を，そうでないものには×を，解答欄に書きなさい。 6点

(1) m__o__vie
a__c__ross

(2) h__ou__r
__ou__r

(3) th__ere__
sh__are__

❷ 最も強く発音する部分の記号を解答欄に書きなさい。 6点

(1) ev - ery - bod - y
　ア　イ　ウ　エ

(2) mu - si - cian
　ア　イ　ウ

(3) dan - ger - ous
　ア　イ　ウ

❸ CとDの関係がAとBの関係と同じになるように，＿＿＿に適切な語を答えなさい。 20点

	A	B	C	D
(1)	you	yours	we	_____
(2)	I	my	they	_____
(3)	I	we	it	_____
(4)	he	him	she	_____

❹ 日本語に合うように，＿＿＿に入る適切な語を書きなさい。 20点

(1) 右に曲がってください。そうするとあなたはその駅が見えます。

_____ _____ , and you can see the station.

(2) エミリーの家はその花屋の隣です。

Emily's house is _____ _____ the flower shop.

(3) すみませんが，私はこの机を使ってもよいですか。

_____ _____ , but can I use this desk?

(4) そのコンピュータのスイッチを入れてください。

_____ _____ the computer.

❺ 次の会話文を読んで，あとの問いに答えなさい。 24点

Ken : Tom, can you play basketball today?

Tom : Today? Sorry, I can't.

Ken : Why?

Tom : (　①　) I cook dinner for my brother.

Ken : Oh, it's important. What do you cook for ②(he)?

Tom : I want to cook curry. ③He likes it very much.

Ken : It's good! I want to cook it too.

Tom : Really? Then let's cook together!

(1) ①の（　）に適切な語を，〔　〕内から選んで書きなさい。

〔　And　　But　　Because　　It　　〕

(2) 下線部②の（　）内の語を適切な形にしなさい。

(3) 下線部③をitの内容を具体的にして日本語にしなさい。

(4) 次の文が本文の内容に合っていれば○，異なっていれば×を書きなさい。

1. ケンは今日，トムといっしょにバスケットボールをします。

2. トムはカレーがとても好きです。

6 書く✍ **次のようなとき英語で何と言うか，（　）内の語数で書きなさい。**　　24点

(1) すでに話題に出た女の子のことを，好きだと言うとき。　（3語）

(2) 相手に，なぜ本を読むのかたずねるとき。　（5語）

(3) 図書館にいる理由を聞かれて，勉強するからと答えるとき。　（3語）

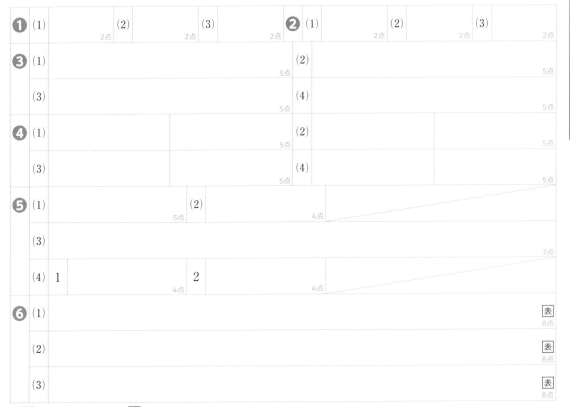

❶	(1)		(2)		(3)		❷	(1)		(2)		(3)	
		2点		2点		2点			2点		2点		2点

❸	(1)			(2)	
			5点		5点
	(3)			(4)	
			5点		5点

❹	(1)			(2)	
			5点		5点
	(3)			(4)	
			5点		5点

❺	(1)		(2)	
		5点		4点
	(3)			
				7点
	(4)	1	2	
		4点	4点	

❻	(1)	表 8点
	(2)	表 8点
	(3)	表 8点

▶ 表 の印がない問題は全て 技 の観点です。

91

PROGRAM 7
Research on Australia (Part 1)

教科書の
重要ポイント　**There is 〜. / There are〜.の文**　教科書 pp.80〜82・85

There is a park in my town.　〔私の町には公園があります。〕

There are three parks in my town.　〔私の町には3つの公園があります。〕

「〜があります[います]。」は〈There is [are] 〜.〉の形で表す。初めて話題に出てくるものや，人が存在していることについて言うときに使う表現。

●名詞が単数のとき…〈There is 〜.〉

肯定文　There is　a park　in my town.
　　　　　　　　単数の名詞　場所を表す語句

名詞が単数か複数かで
be動詞を使い分けるよ。

●名詞が複数のとき…〈There are 〜.〉

肯定文　There are　three parks　in my town.
　　　　　　　　　複数の名詞　　場所を表す語句

否定文　There are not any department stores in my town.　〔私の町にデパートは1つもありません。〕
　　　　　　　　notをbe動詞のあとに置く。

疑問文　Are there any parks in your town?　〔あなたの町に公園はありますか。〕

　　　— Yes, there are. / No, there aren't.　〔はい，あります。／いいえ，ありません。〕
　　　　　there を使って，Yes/Noで答える。

●There is [are] 〜.は相手がすでに知っているものや人について言うときには使わない。

○My bag is on the desk.　　　　○There is a bag on the desk.
×There is my bag on the desk.　←「私のかばん」はすでにだれのものか知られている。

Words & Phrases　次の日本語は英語に，英語は日本語にしなさい。

(1) near　（　　　　　　　　　　）　(4) 博物館　＿＿＿＿＿＿＿＿＿

(2) college　（　　　　　　　　　　）　(5) ショッピングモール　＿＿＿＿＿＿＿＿＿

(3) over　（　　　　　　　　　　）　(6) あそこに　＿＿＿＿＿＿＿＿＿

1 日本語に合うように，（　　）内から適切なものを選び，記号を〇で囲みなさい。

注目!
There is [are] 〜.
名詞が単数か複数かをよく見よう。

☐(1) テーブルの上にケーキがあります。

There （ ア is　イ are ）a cake on the table.

☐(2) 机の上に何冊かの本があります。

There （ ア is　イ are ）some books on the desk.

☐(3) 木の下にネコがいますか。

（ ア Is　イ Are ）there a cat under the tree?

☐(4) 私の家の中に定規は１つもありません。

There （ ア isn't　イ aren't ）any rulers in my house.

2 絵を見て，例にならい「…に〜があります［います］。」の文を書きなさい。

テストによく出る!
名詞の複数形
複数あるものは，名詞の語尾が複数形になっている。

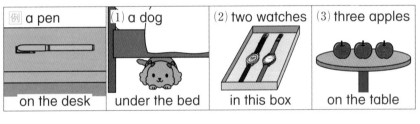

例 a pen	(1) a dog	(2) two watches	(3) three apples
on the desk	under the bed	in this box	on the table

例 **There is a pen on the desk.**

☐(1) _____ _____ a dog under the bed.

☐(2) _____ _____ two watches in this box.

☐(3) _____

on the table.

3 日本語に合うように，（　　）内の語句を並べかえなさい。

注目!
否定文の any
any は否定文で「１つも（〜ない）」の意味を表す。

☐(1) 私の机の上に鉛筆があります。

(my / there / on / desk / a pencil / is).

_____.

☐(2) この駅の近くに自転車は１台もありません。

(are / any / not / bikes / there / near / station / this).

_____.

☐(3) 公園に何人かの子どもたちがいますか。

(the park / are / children / there / in / any)?

_____?

PROGRAM 7
Research on Australia (Part 2)

教科書の重要ポイント 「手段・方法」をたずねる文　教科書 pp.80 ～ 81・83・85

How do you come to school?　〔あなたはどのように学校へ来ますか。〕

― By bike.　〔自転車でです。〕

「どのように」と「手段・方法」をたずねるときは，Howで文を始め，〈How＋do[does] ＋主語
＋一般動詞～?〉の形で表す。答えるときはby「～で」で具体的に手段・方法を答える。

一般動詞の疑問文	Do you come to school by bike?　〔あなたは自転車で学校に来ますか。〕

Howは文頭に置く。

howの疑問文	How do you come to school?
答えの文	―By bike.

「～で」

※主語と動詞を使った文で答えることもできる。

I come to school by bike.　〔私は自転車で学校へ来ます。〕

●〈by＋手段・方法〉の例

・by bus…バスで　　・by bike…自転車で　　・by car…自動車で
・by train…電車で

Words & Phrases　次の日本語は英語に，英語は日本語にしなさい。

(1) full　（　　　　　　　　）　　(5) 来る　＿＿＿＿＿＿＿＿

(2) something　（　　　　　　　　）　　(6) パーティー　＿＿＿＿＿＿＿＿

(3) a little　（　　　　　　　　）　　(7) いつか　＿＿＿＿＿＿＿＿

(4) sound　（　　　　　　　　）　　(8) 遠くに　＿＿＿＿＿＿＿＿

1 日本語に合うように，（　　）内から適切なものを選び，記号を○で囲みなさい。

テストによく出る!
How～?の文
「どのように」と「手段・方法」をたずねるときは，Howのうしろに疑問文の語順を続ける。

☐(1) あなたは自転車でここに来ますか。

（ ア Do　イ How) you come here by bike?

☐(2) あなたはどのように東京に行きますか。

（ ア How　イ What) do you go to Tokyo?

☐(3) 電車でです。((2)の答え)

（ ア On　イ By) train.

☐(4) 私はバスでその町に行きます。

I go to the town (ア with　イ by) bus.

2 絵を見て，例にならい「…は，どのように～しますか。」の文とその答えの文を書きなさい。

⚠️ミスに注意
(2)主語が三人称・単数なので疑問文に使う語に注意しよう。

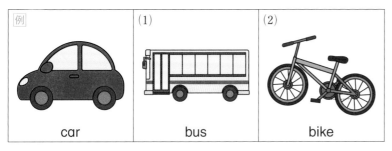

例	(1)	(2)
car	bus	bike

例 **How do you go to the museum? — By car.**

☐(1) ＿＿＿＿＿＿ ＿＿＿＿＿＿ you go to the zoo?

— ＿＿＿＿＿＿ bus.

☐(2) ＿＿＿＿＿＿ ＿＿＿＿＿＿ Ken go to Mao's house?

— ＿＿＿＿＿＿＿＿＿＿＿＿.

3 日本語に合うように，（　　）内の語句を並べかえなさい。

注目!
by＋手段・方法
手段・方法を文の形で答えるときは，by＋手段・方法を文の最後に置く。

☐(1) あなたはどのように図書館に行きますか。

(to / do / go / you / the library / how)?

＿＿＿＿＿＿＿＿＿＿＿＿＿＿＿＿＿＿＿＿?

☐(2) 私はバスで図書館に行きます。((1)の答え)

(by / the library / I / to / bus / go).

＿＿＿＿＿＿＿＿＿＿＿＿＿＿＿＿＿＿＿＿.

☐(3) あなたのお兄さんはどのように大学へ行きますか。

(the college / go / how / your brother / does / to)?

＿＿＿＿＿＿＿＿＿＿＿＿＿＿＿＿＿＿＿＿?

ぴたトレ
1
要点チェック

PROGRAM 7
Research on Australia (Part 3)

時間
15分

解答
p.20

〈新出語・熟語 別冊p.12〉

教科書の 重要ポイント	場所や交通手段	教科書p.84

There is an egg in the box. 〔箱の中にたまごがあります。〕

There are two grapes on the table. 〔テーブルの上に2つのブドウがあります。〕

There is an apple on the desk. 〔机の上にリンゴがあります。〕

〈There is [are] ～.〉は「～があります [います]。」という意味を表す。

There is [are] ～.の文に場所を表す語句をつけて，もののある場所を説明できる。

A: My grandmother lives in Osaka. 〔私の祖母は大阪に住んでいます。〕

B: How do you go to her house? 〔あなたはどのように彼女の家に行きますか。〕

A: By plane. 〔飛行機でです。〕

How「どのように」は手段・方法をたずねるときに使います。

手段・方法は，by「～で」を使って答えることができます。

●場所を伝えるときに使える語

・in「～の中に」 ・on「～の上に」 ・under「～の下に」
・near「～の近くに」 ・next to「～の隣に」

●手段・方法を伝えるときに使える語

・by「～で」

単語の役割で区別しよう。

Words & Phrases	次の日本語は英語に，英語は日本語にしなさい。

☐(1) ballpoint pen （　　　　　）　　☐(4) 確かめる _____

☐(2) mechanical pencil（　　　　　）　☐(5) 飛行機 _____

☐(3) highlighter （　　　　　）　　☐(6) (大型の)船 _____

1 日本語に合うように, (　　)内から適切なものを選び, 記号を〇で囲みなさい。

テストによく出る!
場所を表す語句
There is[are] ～.の文で, 場所を表す語句は文末にくる。

☐(1) 私の自動車の中に芸術家がいます。

There (ア is　イ are) an artist in my car.

☐(2) あなたはどのように郵便局に行きますか。

(ア How　イ Which) do you go to the post office?

☐(3) 船でです。((2)の答え)

(ア Under　イ By) ship.

☐(4) あなたの町には2つの神社があります。

There are two shrines (ア in　イ by) your town.

2 絵を見て, 例にならい「…に～があります[います]。」の文を書きなさい。

テストによく出る!
名詞の複数形
複数あるものは, 名詞の語尾が複数形になっている。

例 a pencil	(1) a giraffe	(2) three girls	(3) two stations
on the notebook	next to the car	in the park	near my house

例 **There is a pencil on the notebook.**

☐(1) _____ _____ a giraffe next to the car.

☐(2) _____ _____ three girls in the park.

☐(3) _____

near my house.

3 日本語に合うように, (　　)内の語を並べかえなさい。

注目!
to「～に」
toは目的地の前につける。go to ～やcome to ～の形でよく用いる。

☐(1) あなたの自動車の上にサルがいます。

(your / monkey / a / on / car / there / is).

_____ .

☐(2) あなたはどのように私の家に来ますか。

(how / my / house / to / come / do / you)?

_____ ?

☐(3) 私は自転車であなたの家に行きます。((2)の答え)

(to / go / house / your / bike / by / I).

_____ .

ぴたトレ
1
要点チェック

PROGRAM 7 Steps 3
話の組み立て方を考えよう

時間
15分

解答
p.20

〈新出語・熟語 別冊p.12〉

教科書の
重要ポイント   **話の組み立て方**   教科書p.86

導入   テーマや考えを伝える

Do you like mountains? I like mountains.   〔あなたは山が好きですか。私は山が好きです。〕

展開   理由や具体的を示す

I have two reasons.   〔私には2つの理由があります。〕

First, I can see birds.   〔1番目に，私は鳥を見ることができます。〕

They are cute. They can sing.   〔それらはかわいいです。それらは歌うことができます。〕

Second, I like green. Trees are beautiful.   〔2番目に，私は緑色が好きです。木は美しいです。〕

まとめ   自分の考えをまとめる

So I like mountains.   〔それで私は山が好きです。〕

Thank you for listening.   〔お聞きいただいてありがとうございます。〕

自分の考えは，導入→展開→まとめの順で構成すると，言いたいことが伝わりやすい。
First「1番目に」やSecond「2番目に」を使うと，理由や具体例などを並べる
ことができる。

ナルホド!

Words & Phrases   次の日本語は英語に，英語は日本語にしなさい。

☐(1) life   (   )   ☐(3) 外は[で，に]   _____

☐(2) country   (   )   ☐(4) 話題，トピック   _____

1 日本語に合うように，(   )内の語を並べかえなさい。

☐(1) 私には3つの理由があります。

(have / three / I / reasons).

_____ .

☐(2) お聞きいただいてありがとうございます。

(you / for / listening / thank).

_____ .

注目!

スピーチのしめくくり
スピーチの最後はThank
you for listening.など
を使って，聞き手にお礼
を言うことが多い。

ぴたトレ
1
要点チェック

PROGRAM 7 Steps 4
英語でやりとりしよう②

時間 **15分**

解答 p.20

〈新出語・熟語 別冊p.12〉

教科書の重要ポイント **英語のやりとり**　教科書p.87

これまでに学習した表現の例

Can you swim?— Yes, I can. / No, I can't.
〔あなたは泳ぐことができますか。—はい，できます。／いいえ，できません。〕

Is this [that] a lemon?— Yes, it is. / No, it isn't.
〔これ[あれ]はレモンですか。—はい，そうです。／いいえ，そうではありません。〕

Is he [she] your father [mother]?— Yes, he [she] is. / No, he [she] isn't.
〔彼[彼女]はあなたのおとうさん[おかあさん]ですか。—はい，そうです。／いいえ，そうではありません。〕

Who is this girl [boy]?— She [He] is my student.
〔この少女[少年]はだれですか。—彼女[彼]は私の生徒です。〕

Does he [she] dance?— Yes, he [she] does. / No, he [she] doesn't.
〔彼[彼女]は踊りますか。—はい，踊ります。／いいえ，踊りません。〕

Why do you like cats?— Because they are friendly.
〔なぜあなたはネコが好きなのですか。—なぜならそれらは親しみやすいからです。〕

Is there a zoo in your town?— Yes, there is. / No, there isn't.
〔あなたの町に動物園はありますか。—はい，あります。／いいえ，ありません。〕

How do you go to the shrine?— By bike. / I walk to the shrine.
〔あなたはどのようにその神社に行きますか。—自転車でです。／私はその神社へ歩きます。〕

ナルホド!

1 日本語に合うように，（　　）内の語句を並べかえなさい。

□(1) あなたはじょうずに料理することができますか。

(you / can / well / cook)?

_____?

□(2) それはジャンプしますか。

(it / jump / does)?

_____?

□(3) あなたはどのように病院に来ますか。

(do / you / the hospital / come / how / to)?

_____?

注目!

疑問文の役割

疑問文の表現は様々で，意味によって使う主語や動詞が異なるので，区別する。

PROGRAM 7 ～ Power-Up 5

99

Word Web 5　疑問詞のまとめ

教科書の重要ポイント	疑問詞	教科書 p.88

もの・こと	What can you play?　〔あなたは何をすることができますか。〕
	I can play soccer.　〔私はサッカーをすることができます。〕
時刻	What time is it?　〔何時ですか。〕
	It's one twenty.　〔1時20分です。〕
人	Who is this boy?　〔この少年はだれですか。〕
	He is Toshi.　〔彼はトシです。〕
	Who plays the piano?　〔だれがピアノをひきますか。〕
	Tom does.　〔トムがひきます。〕
選択	Which banana is mine?　〔どちらのバナナが私のものですか。〕
	Which is my banana?　〔どちらが私のバナナですか。〕
	The small one is.　〔その小さいものです。〕
場所	Where do you live?　〔あなたはどこに住んでいますか。〕
	I live in Italy.　〔私はイタリアに住んでいます。〕
時	When do you sing?　〔あなたはいつ歌いますか。〕
	On Sundays.　〔日曜日にです。〕
持ち主	Whose umbrella is this?　〔これはだれのかさですか。〕
	Whose is this umbrella?　〔このかさはだれのものですか。〕
	It is mine.　〔それは私のものです。〕
理由	Why do you like peaches?　〔あなたはなぜモモが好きなのですか。〕
	Because they are sweet.　〔なぜならそれらはあまいからです。〕
手段	How do you go to the bookstore?　〔あなたはどのようにその書店に行きますか。〕
	By bike.　〔自転車でです。〕
数	How many watches do you have?　〔あなたはいくつの腕時計を持っていますか。〕
	I have two watches.　〔私は2つの腕時計を持っています。〕

疑問詞はwhかhで始まっているね！

whenやhowなどは疑問詞と呼ばれる。

疑問詞は文の初めに置かれ，様々なことをたずねることができる。

疑問詞を使った文への答え方にも様々なものがある。

ナルホド!

1 日本語に合うように, (　　)内から適切なものを選び, 記号を〇で囲みなさい。

テストによく出る!
疑問詞の形
疑問詞はそれぞれ形が似ているので, 区別して覚える。

☐(1) あなたはどこでバスケットボールをしますか。

(ア Where　イ When) do you play basketball?

☐(2) あなたはどのように中学校に行きますか。

(ア Who　イ How) do you go to junior high school?

☐(3) あの生徒はだれですか。

(ア Who　イ Whose) is that student?

☐(4) あなたはいつテレビを見ますか。

(ア When　イ Which) do you watch TV?

2 日本語に合うように, ＿＿＿に適切な語を書きなさい。

テストによく出る!
how many
how many の直後には複数形の名詞を置く。

☐(1) これはだれのピザですか。

＿＿＿＿＿＿ ＿＿＿＿＿＿ is this?

☐(2) あなたはなぜ数学を勉強するのですか。

＿＿＿＿＿＿ do you study math?

☐(3) あなたはいくつの皿を持っていますか。

＿＿＿＿＿＿ ＿＿＿＿＿＿ dishes do you have?

☐(4) どちらのいすがあなたのものですか。

＿＿＿＿＿＿ ＿＿＿＿＿＿ is yours?

3 日本語に合うように, (　　)内の語句を並べかえなさい。

⚠ミスに注意
疑問詞のあとには, 疑問文の語順が続くことに注意する。

☐(1) あなたはいつ走りますか。

(do / when / run / you)?

＿＿＿＿＿＿＿＿＿＿＿＿＿＿＿＿＿＿＿＿＿＿ ?

☐(2) あなたはどのように郵便局へ行きますか。

(how / the post office / go / to / do / you)?

＿＿＿＿＿＿＿＿＿＿＿＿＿＿＿＿＿＿＿＿＿＿ ?

☐(3) あなたはなぜ泳ぐのですか。

(why / do / swim / you)?

＿＿＿＿＿＿＿＿＿＿＿＿＿＿＿＿＿＿＿＿＿＿ ?

☐(4) なぜならそれはわくわくするからです。((3)の答え)

(is / it / exciting / because).

＿＿＿＿＿＿＿＿＿＿＿＿＿＿＿＿＿＿＿＿＿＿ .

PROGRAM 7 ～ Power-Up 5

Our Project 2
この人を知っていますか

教科書の重要ポイント | **スピーチ** | 教科書 pp.89〜93

導入　　Hello. Look at this picture.

展開　　This is my favorite person. He is Mr. Morita.

　　　　I have three reasons.

　　　　First, he is a great doctor. His hospital is very famous.

　　　　Second, he plays rugby too. He is a cool rugby player.

　　　　Third, he is kind and friendly.

まとめ　I like him.

　　　　I want to be a person like him.

> 話す順番を整理するとわかりやすいスピーチになるね。

スピーチ原稿は，導入→展開→まとめの順に構成すると，考えが伝わりやすい。

導入では，言いたいことを話すための準備をする。

展開では，言いたいことを具体的に話す。事柄をいくつか並べるときは，First「1番目に」，

Second「2番目に」，Third「3番目に」などの単語を使ってもよい。

まとめでは，言いたいことをもう一度まとめる。

ナルホド！

Words & Phrases　次の日本語は英語に，英語は日本語にしなさい。

☐(1) learn　　（　　　　　　　　　）　　☐(4) もの，こと　＿＿＿＿＿＿＿

☐(2) lot　　　（　　　　　　　　　）　　☐(5) 教える　　　＿＿＿＿＿＿＿

☐(3) speech　（　　　　　　　　　）　　☐(6) 意見，コメント＿＿＿＿＿＿＿

1 日本語に合うように，（　　）内から適切なものを選び，記号を○で囲みなさい。

テストによく出る！

順番を表す単語

順番を表す単語は，スピーチでよく使うので覚えておく。

- □(1) 1番目に，私はその色が好きです。

　　（ ア First　イ Second ），I like the color.
- □(2) 私の大好きな人は鈴木さんです。

　　My (ア favorite　イ fun) person is Ms. Suzuki.
- □(3) 私には2つの理由があります。

　　I have two (ア reasons　イ real).
- □(4) 私は彼女のように料理したいです。

　　I (ア watch　イ want) to cook like her.

2 日本語に合うように，＿＿に適切な語を書きなさい。

テストによく出る！

like の意味

(2) like には「〜のような」という意味もある。

- □(1) 2番目に，彼女はよい芸術家です。

　　＿＿＿＿＿＿＿＿ , she is a good artist.
- □(2) 私は彼のような先生になりたいです。

　　I ＿＿＿＿＿＿ ＿＿＿＿＿＿ be a teacher like him.
- □(3) 3番目に，私は野球をします。

　　＿＿＿＿＿＿＿ , I ＿＿＿＿＿＿ baseball.
- □(4) 私には4つの理由があります。

　　I have ＿＿＿＿＿＿ ＿＿＿＿＿＿ .

3 日本語に合うように，（　　）内の語句を並べかえなさい。

⚠ミスに注意

(1)(4) favorite や famous など，名詞の状態や様子を表す単語は名詞の直前につける。

- □(1) 私の大好きな人はスミス先生です。

　　(favorite / my / Ms. Smith / is / person).

　　＿＿＿＿＿＿＿＿＿＿＿＿＿＿＿＿＿＿＿＿ .
- □(2) 私は彼のような看護師になりたいです。

　　(want / nurse / like / him / to / I / be / a).

　　＿＿＿＿＿＿＿＿＿＿＿＿＿＿＿＿＿＿＿＿ .
- □(3) 彼の写真は美しいです。

　　(pictures / his / beautiful / are).

　　＿＿＿＿＿＿＿＿＿＿＿＿＿＿＿＿＿＿＿＿ .
- □(4) 彼は有名なバスケットボール選手です。

　　(is / famous / player / a / basketball / he).

　　＿＿＿＿＿＿＿＿＿＿＿＿＿＿＿＿＿＿＿＿ .

PROGRAM 7 ～ Power-Up 5

① 正しいものを4つの選択肢の中から選びなさい。

☐(1) There (　　) two libraries in this town.

　　ア is　イ are　ウ a　エ am

☐(2) I go to the park (　　) bike.

　　ア by　イ in　ウ on　エ under

② 日本語に合うように，＿＿＿に入る適切な語を書きなさい。

日本語文を
よく読んで，
どの語から
始まるか考
えよう。

☐(1) いすの下にペンがあります。

＿＿＿＿＿＿＿＿＿＿＿＿＿＿＿＿＿ a pen under the chair.

☐(2) あなたはどのようにここへ来ますか。

＿＿＿＿＿＿＿＿＿＿＿＿＿＿＿ you come here?

☐(3) あなたの家にいくつかのグローブはありますか。

Are ＿＿＿＿＿＿＿ any gloves ＿＿＿＿＿＿＿ your house?

③ 日本語に合うように，（　　）内の語を並べかえなさい。

☐(1) 箱の中に2つのバナナがあります。

(there / two / box / bananas / in / are / the).

＿＿＿＿＿＿＿＿＿＿＿＿＿＿＿＿＿＿＿＿＿＿.

☐(2) 私の机の上には3つの定規があります。

(are / rulers / three / my / there / on / desk).

＿＿＿＿＿＿＿＿＿＿＿＿＿＿＿＿＿＿＿＿＿＿.

☐(3) あなたはなぜケーキを作るのですか。

(do / you / a / cake / why / make)?

＿＿＿＿＿＿＿＿＿＿＿＿＿＿＿＿＿＿＿＿＿＿?

④ (　　)内の指示に従って，英文を書きかえなさい。

☐(1) There is a flower shop. （否定文に）

＿＿＿＿＿＿＿＿＿＿＿＿＿＿＿＿＿＿＿＿＿＿

☐(2) You go to the station by car. （下線部をたずねる疑問文に）

＿＿＿＿＿＿＿＿＿＿＿＿＿＿＿＿＿＿＿＿＿＿

☐(3) There is a hospital near my house. （下線部をtwoに変えて）

＿＿＿＿＿＿＿＿＿＿＿＿＿＿＿＿＿＿＿＿＿＿

ヒント

② (2)手段をたずねる疑問詞を使う。
④ (3)hospitalが複数になる。

定期テスト
予報

●there is / there areの文やhowの疑問文の使い方が問われるでしょう。
⇒名詞の数によって，there といっしょに使うbe動詞を区別しましょう。
⇒手段・方法は，howでたずねることを覚えておきましょう。

5 読む📖 次の会話文を読んで，あとの問いに答えなさい。

Mao : It's summer （ ① ） Australia now.

Ken : What do you do in summer, Emily?

Emily : I go to the beach and have a barbecue.

Ken : Sounds fun.

Emily : I also have a Christmas party on the beach.

Mao : How ②(do) Santa Claus come?

Emily : By jet ski or on a surfboard.

□(1) ①の（ ）に適切な語を書きなさい。

□(2) 下線部②の（ ）内の語を適切な形にしなさい。

□(3) 本文の内容に合うように，次の質問に英語で答えなさい。

Where does Emily go in summer?

6 話す🗣 次の文を声に出して読み，問題に答え，答えを声に出して読んでみましょう。アプリ

Traveler : Where's the library?

Aoi : It's near here.

Go straight on this street.

Turn right at the park.

It's on your left.

You can't miss it.

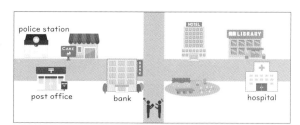

Traveler : OK. I see. Thanks.

Aoi : You're welcome.

（注）traveler　旅行者

□(1) Where does the traveler go?

—He goes to

□(2) Please tell the way to the police station.

—

ヒント　**5**(1)「～（の中）に［で］」という意味の語。

ぴたトレ
3
確認テスト

**PROGRAM 7 ～
Power-Up 5**

時間 30分　／100点　合格 70点　解答 p.22

教科書 p.79 ～ 94

❶ 下線部の発音が同じものには〇を，そうでないものには×を，解答欄に書きなさい。

6点

(1) <u>th</u>ere
　　<u>th</u>ank

(2) c<u>o</u>me
　　s<u>o</u>mething

(3) c<u>ar</u>
　　p<u>ar</u>ty

❷ 最も強く発音する部分の記号を解答欄に書きなさい。

6点

(1) o - ve - r
　　ア　イ　ウ

(2) mu - se - um
　　ア　　イ　　ウ

(3) ex - am - ple
　　ア　　イ　　ウ

❸ 日本語に合うように，＿＿＿に入る適切な語を書きなさい。

20点

(1) 1番目に，私の兄は書道が好きです。

＿＿＿＿＿ , my brother likes calligraphy.

(2) あなたはどのようにレストランへ行きますか。

＿＿＿＿＿ ＿＿＿＿＿ you go to the restaurant?

(3) あなたの家にいくつかのリコーダーはありますか。

＿＿＿＿＿ ＿＿＿＿＿ any recorders in your house?

よく出る (4) 私は船で神戸に行きます。

I go to Kobe ＿＿＿＿＿ ＿＿＿＿＿.

❹ （　　）内の指示に従って，英文を書きかえなさい。

21点

(1) There is a giraffe in the zoo. （疑問文に）

(2) She goes to school <u>by train</u>. （下線部をたずねる疑問文に）

(3) There are <u>three</u> tables in my house. （下線部を a に変えて）

❺ 次の会話文を読んで，あとの問いに答えなさい。

23点

Miki :　Are there any famous places in your town, Tom?

Tom :　Yes. There are many famous places. (　①　) example, there is a very old library.

Miki :　Really?

Tom :　There ②(be) many books in the library. So I often go there.

Miki :　It is great! ③<u>There is a library in my town too.</u>

Tom :　Do you go to the library?

Miki :　Sometimes. There is a big park next to the library. I often go to the park.

I play tennis in the park.

Tom : Nice! I want to go to your town.

(1) ①の(　　)に適切な1語を書きなさい。

(2) 下線部②の(　　)内の語を適切な形にしなさい。

(3) 下線部③を日本語にしなさい。

(4) 次の文が本文の内容に合っていれば○，異なっていれば×を書きなさい。

　　1. トムはしばしば，自分の町にある図書館に行く。

　　2. ミキの町では，図書館の隣に駅がある。

6 **書く！** 次のようなとき英語で何と言うか，(　　)内の語数で書きなさい。表　24点

(1) 自分の家にはたくさんのカップがあると言うとき。　（7語）

(2) 相手がどのようにスーパーマーケットへ行くのかをたずねるとき。　（7語）

(3) 相手の家の近くには，いくつかの花屋があるかをたずねるとき。（8語）

❶	(1)		(2)		(3)		❷	(1)		(2)		(3)	
		2点		2点		2点			2点		2点		2点

❸	(1)		(2)	
		5点		5点
	(3)		(4)	
		5点		5点

❹	(1)	
		7点
	(2)	
		7点
	(3)	
		7点

❺	(1)		(2)	
		5点		5点
	(3)	
		5点
	(4)	1	2	
		4点	4点	

❻	(1)	表 8点
	(2)	表 8点
	(3)	表

▶ 表 の印がない問題は全て 技 の観点です。

107

ぴたトレ
1
要点チェック

PROGRAM 8
The Year-End Events (Part 1)

時間 **15**分 ┃ 解答 p.23

〈新出語・熟語 別冊p.13〉

教科書の重要ポイント ┃ **現在進行形（肯定文・否定文）** ┃ 教科書 pp.96〜98・101

1. 現在進行形の肯定文

現在の文 ┃ **My father runs every morning.** 〔私の父は毎朝，走ります。〕

現在進行形の文 ┃ **My father is running now.** 〔私の父は今，走っています。〕
主語 〈be動詞＋動詞の-ing形〉

2. 現在進行形の否定文

肯定文 ┃ **They are watching TV now.** 〔彼らは今，テレビを見ています。〕

否定文 ┃ **They are not watching TV now.** 〔彼らは今，テレビを見ていません。〕
主語 aren't 〈be動詞＋not＋動詞の-ing形〉

「（今）〜しています」と，進行中の動作を表すときは〈be動詞（am, are, is）＋動詞の-ing形〉で表す。また，「（今）〜していません」と否定するときは，be動詞のうしろにnotを置く。

\ナルホド!/

●-ingのつけ方

そのまま-ingをつける	play→playing drink→drinking
eをとって-ingをつける	write→writing ride→riding
最後の子音字を重ねて-ingをつける	swim→swimming get→getting

Words & Phrases ┃ 次の日本語は英語に，英語は日本語にしなさい。

☐(1) air （   ）

☐(2) need （   ）

☐(3) wipe （   ）

☐(4) 助ける，手伝う ＿＿＿＿＿＿＿＿

☐(5) 浴室，ふろ場 ＿＿＿＿＿＿＿＿

☐(6) 全部,全員,すべて ＿＿＿＿＿＿＿＿

1 日本語に合うように，（　）内から適切なものを選び，記号を○で囲みなさい。

テストによく出る!

be動詞の使い分け
be動詞は主語に合わせて変わるので，am, are, isのどれを使うかよく考えよう。

☐(1) 私たちは今，理科を勉強しています。

We're（ ア studying　イ study ）science now.

☐(2) 私はその公園でテニスをしていません。

I（ ア not am playing　イ am not playing ）tennis in the park.

☐(3) 1人の少女がその通りを歩いています。

A girl（ ア is walking　イ is walk ）on the street.

☐(4) 彼は今，昼食を食べています。

He（ ア is eating　イ are eating ）lunch now.

☐(5) あなたは絵を描いていません。

You（ ア are drawing　イ aren't drawing ）a picture.

2 絵を見て，例 にならい「…は今，～しています。」の文を書きなさい。

⚠ミスに注意

be動詞も，動詞の-ing形も両方必要だよ。

例 Mike	(1) Sue	(2) Rin	(3) Paul

drink milk	clean her room	read a book	play the piano

例 **Mike is drinking milk now.**

☐(1) Sue is ＿＿＿＿＿＿＿＿ her room now.

☐(2) Rin ＿＿＿＿＿＿＿＿＿＿＿＿＿＿＿＿ a book now.

☐(3) ＿＿＿＿＿＿＿＿＿＿＿＿＿＿＿＿＿＿ .

3 日本語に合うように，（　）内の語句を並べかえなさい。

注目!

現在進行形の否定文
(1)現在進行形の否定文は，be動詞のうしろにnotを置き，そのあとに動詞の-ing形が続くよ。

☐(1) 私の妹は今，ケーキを作っていません。

(not / a cake / making / sister / is / my) now.

＿＿＿＿＿＿＿＿＿＿＿＿＿＿＿＿ now.

☐(2) その窓を開けてもらえますか。

(open / you / can / window / the)?

＿＿＿＿＿＿＿＿＿＿＿＿＿＿＿＿ ?

☐(3) テレビを消してください。

(the TV / off / turn / please).

＿＿＿＿＿＿＿＿＿＿＿＿＿＿＿＿ .

PROGRAM 8
The Year-End Events (Part 2)

〈新出語・熟語 別冊p.13〉

教科書の重要ポイント | **現在進行形（疑問文と答え方）** | 教科書 pp.96 ～ 97・99・101

肯定文 | **She is studying math now.** 〔彼女は今，数学を勉強しています。〕

be動詞を主語の前に出す

疑問文 | **Is she studying math now?** 〔彼女は今，数学を勉強していますか。〕

〈be動詞＋主語＋動詞の-ing形〉

答えの文 | **Yes, she is.** 〔はい，しています。〕　　**No, she is not.** 〔いいえ，していません。〕

be動詞を使って答える　　　　　　be動詞を使って答える　短縮形＝isn't

「（今）〜していますか」とたずねるときは〈be動詞＋主語＋動詞の-ing形〜?〉で表す。答えるときも，be動詞を使って答える。

ナルホド！

答えるときの主語には代名詞を
使うので気をつけよう。

Words & Phrases　次の日本語は英語に，英語は日本語にしなさい。

(1) mom （　　　　　　　　）　　(4) 感じる _____

(2) New Year （　　　　　　　　）　　(5) 伝統的な _____

(3) mash （　　　　　　　　）　　(6) もちろん _____

1 日本語に合うように，（　）内から適切なものを選び，記号を○で囲みなさい。

テストによく出る!
現在進行形の疑問文への答え方
(3)(5)答えるときは疑問文の主語に合わせた代名詞を使って答えるよ。

☐(1) あなたはテニスをしていますか。

（ ア Are　イ Do) you playing tennis?

☐(2) 彼はリコーダーを吹いていますか。

Is he (ア playing　イ play) the recorder?

☐(3) はい，吹いています。((2)の答え)

Yes, he (ア is　イ does).

☐(4) マイとアヤは英語を勉強していますか。

Are Mai and Aya (ア studying　イ study) English?

☐(5) いいえ，していません。((4)の答え)

No, (ア she isn't　イ they aren't).

2 絵を見て，例にならい「…は〜していますか。」の文と，その答えの文を書きなさい。

⚠ミスに注意
動詞に-ingをつけるときは，そのままingをつける動詞，語尾のeをとってingをつける動詞，最後の文字を重ねてingをつける動詞があるよ。

例 Tsubasa	(1)Miku	(2)your sister	(3)your brother
eat pizza	listen to music	make dinner	run

例 **Is Tsubasa eating pizza? — No, he isn't.**

☐(1) Is Miku ＿＿＿＿＿＿＿ to music?

　—Yes, she ＿＿＿＿＿＿.

☐(2) Is ＿＿＿＿＿ ＿＿＿＿＿ ＿＿＿＿＿ dinner?

　—Yes, ＿＿＿＿＿＿＿＿.

☐(3) ＿＿＿＿＿＿＿＿＿＿＿＿＿＿＿＿

　—＿＿＿＿＿＿＿＿＿＿＿＿＿＿＿

3 日本語に合うように，（　）内の語句を並べかえなさい。

注目!
現在進行形の疑問文
(1)現在進行形の疑問文は，be動詞を文の先頭に出すよ。

☐(1) あなたの父は湖で泳いでいますか。

(swimming / father / is / the lake / your / in)?

＿＿＿＿＿＿＿＿＿＿＿＿＿＿＿＿ ?

☐(2) マークはあなたの助けを必要としています。

(needs / Mark / help / your).

＿＿＿＿＿＿＿＿＿＿＿＿＿＿＿ .

PROGRAM 8 ~ Steps 5

ぴたトレ
1
要点チェック

PROGRAM 8
The Year-End Events (Part 3)

時間
15分

解答
p.24

〈新出語・熟語 別冊p.13〉

教科書の
重要ポイント　「何をしていますか」とたずねる文　教科書 pp.96〜97・99・101

現在進行形の疑問文　**Are you watching TV?** 〔あなたはテレビを見ていますか。〕

whatの疑問文　**What are you doing?** 〔あなたは何をしていますか。〕

「何を」とたずねるwhatを文頭に置く

「する」という意味の動詞doの-ing形

答えの文　**I'm watching TV.** 〔私はテレビを見ています。〕

現在進行形を使って答える

「(今)何をしていますか」とたずねるときは〈What＋be動詞＋主語＋doing?〉で表す。

whatから始まる疑問文に答えるとき
はYes/Noではなく具体的に答えるよ。

●「何を〜していますか」の文
doingの部分を他の動詞に変えてたずねることもできる。意味の違いに注意する。
What are you washing? 〔あなたは何を洗っていますか。〕
What are you eating? 〔あなたは何を食べていますか。〕

Words & Phrases　次の日本語は英語に，英語は日本語にしなさい。

☐(1) of course 　(　　　　　　　　)　☐(3) 待つ 　＿＿＿＿＿＿＿

☐(2) Why don't we 〜? (　　　　　　　)　☐(4) 重要な 　＿＿＿＿＿＿＿

1 日本語に合うように，（　　）内から適切なものを選び，記号を〇で囲みなさい。

テストによく出る!

現在進行形のwhat
の疑問文
〈What＋be動詞＋主語
＋動詞の-ing形〜?〉と
いう語順になる。

(1) 彼らは何をしていますか。

（ ア What　イ Do) are they doing?

(2) 彼は何を書いていますか。

What (ア does he　イ is he) writing?

(3) マイクは何を見ていますか。

（ ア What Mike is　イ What is Mike) watching?

(4) メアリーは何を勉強していますか。—彼女は日本語を勉強しています。

What is Mary studying?

—（ ア She is studying　イ She studies) Japanese.

2 絵を見て，例にならい「〜は何をしていますか。」の文と，その答えの文を書きなさい。

⚠ミスに注意

whatから始まる現在進行形の疑問文に答えるときは，現在進行形で答えよう。

例 Susan	(1) Mike	(2) Ken and David	(3) Saki

make a cake	play the piano	clean the room	drink coffee

例 **What is Susan doing? — She is making a cake.**

(1) What is Mike _____? — He is _____ the piano.

(2) What are Ken and David _____?

— _____ _____ cleaning the room.

(3) _____?

—She _____.

3 日本語に合うように，（　　）内の語を並べかえなさい。

注目!

doing
(1)doingは「する，行う」
を意味する一般動詞
doの-ing形。

(1) あなたのおとうさんは何をしていますか。

(doing / what / is / father / your)?

_____?

(2) これはクリスマスのためのアメリカの伝統的な料理です。

(American / traditional / is / dish / this / a / for) Christmas.

_____ Christmas.

(3) あなたの友だちはどこですか。

(where / friend / is / your)?

_____?

ぴたトレ 1
要点チェック

PROGRAM 8 Steps 5
絵や写真を英語で表現しよう

時間 **15分**　解答 p.24

〈新出語・熟語 別冊p.13〉

教科書の重要ポイント	絵や写真を説明する表現	教科書 p.100・102

絵や写真をことばで説明するときに使う表現

1. There is / There are を使う表現

「(絵や写真に)～があります」と言うときは There is ～. / There are ～. で表すことができる。

There is a temple on this card. 〔このカードにはお寺があります。〕

うしろに続く名詞が単数のときは There is を使う

There are three books on this card. 〔このカードには3冊の本があります。〕

うしろに続く名詞が複数のときは There are を使う

2. 現在進行形を使う表現

「(絵や写真で)…が～しています」と言うときは現在進行形
〈主語＋be動詞＋動詞の-ing形〉の形で表すことができる。

A boy is running. 〔1人の少年が走っています。〕

〈主語＋be動詞＋動詞の-ing形〉　be動詞は主語に合わせる

Two girls are playing soccer. 〔2人の少女たちがサッカーをしています。〕

〈be動詞＋動詞の-ing形〉　be動詞は主語に合わせる

Words & Phrases	次の日本語は英語に，英語は日本語にしなさい。

☐(1) crane 　(　　　　　　　)　　☐(3) バイオリン ＿＿＿＿＿＿＿

☐(2) magazine 　(　　　　　　　)　　☐(4) つりに行く ＿＿＿＿＿＿＿

1 日本語に合うように，（　　）内から適切なものを選び，記号を○で囲みなさい。

テストによく出る!

「～があります，
　～がいます」

〈There is[are]＋名詞〉
という形で表すことがで
きる。

□(1) この写真には1つのテーブルがあります。

There (ア is　イ are) a table in this picture.

□(2) その少女はアイスクリームを食べています。

The girl (ア is eating　イ is eat) ice cream.

□(3) このカードには3台の自転車があります。

(ア There is　イ There are) three bicycles on this card.

□(4) 彼らは机のそばに立っています。

(ア He is standing　イ They are standing) by the desk.

□(5) あれらの少年たちはサッカーをしています。

Those boys (ア are playing soccer　イ play soccer).

2 日本語に合うように，＿＿＿に適切な語を書きなさい。

⚠ミスに注意

There is[are] ～の文で
は，そのうしろに続く名
詞によってbe動詞を変
えるよ。

□(1) 彼はコンピュータを使っています。

He ＿＿＿＿＿＿ ＿＿＿＿＿＿ a computer.

□(2) 私のカードには王様がいます。

＿＿＿＿＿＿ ＿＿＿＿＿＿ a king on my card.

□(3) その男性は絵を描いています。

The man ＿＿＿＿＿＿ ＿＿＿＿＿＿ a picture.

□(4) この絵には2匹のネコがいます。

＿＿＿＿＿＿ ＿＿＿＿＿＿ two ＿＿＿＿＿＿ in this picture.

□(5) その生徒たちは図書館で勉強しています。

The students ＿＿＿＿＿＿ ＿＿＿＿＿＿ ＿＿＿＿＿＿ the library.

3 日本語に合うように，（　　）内の語句を並べかえなさい。

注目!

現在進行形
(2)(3)「～しています」と言
うときは〈be動詞＋動詞
の-ing形〉を使う。

□(1) このカードには1人の警察官がいます。

(is / this / on / a / officer / there / police / card).

＿＿＿＿＿＿＿＿＿＿＿＿＿＿＿＿＿＿＿.

□(2) 私の父はおふろに入っています。

(a bath / father / taking / my / is).

＿＿＿＿＿＿＿＿＿＿＿＿＿＿＿＿＿＿＿.

□(3) その少年は黒色のジャケットを着ています。

(black / a / the / is / boy / wearing / jacket).

＿＿＿＿＿＿＿＿＿＿＿＿＿＿＿＿＿＿＿.

1 正しいものを4つの選択肢の中から選びなさい。

(1) Andy (　　) near the door.

　ア stand　イ standing　ウ is standing　エ are standing

(2) My sister (　　) a song.

　ア don't sing　イ not is singing　ウ doesn't singing　エ is not singing

(3) My uncle (　　) in London.

　ア live　イ lives　ウ is live　エ are living

2 日本語に合うように，＿＿＿に入る適切な語を書きなさい。

現在進行形の
正しい形を確
認しよう！

(1) 私は私の部屋を掃除していません。

　I ＿＿＿＿＿＿＿＿＿＿ ＿＿＿＿＿＿＿＿＿＿ cleaning my room.

(2) あなたの先生は何をしていますか。

　＿＿＿＿＿＿＿＿＿＿ ＿＿＿＿＿＿＿＿＿＿ your teacher doing?

(3) あなたたちはバドミントンを練習していますか。

　＿＿＿＿＿＿＿＿＿＿ ＿＿＿＿＿＿＿＿＿＿ badminton?

3 日本語に合うように，（　）内の語句を並べかえなさい。

(1) 私の父はその公園で歩いています。

　(the park / my / is / in / father / walking).

　＿＿＿＿＿＿＿＿＿＿＿＿＿＿＿＿＿＿＿＿＿＿＿＿＿＿＿＿ .

(2) あなたの弟はそのいすにすわっていますか。

　(brother / the chair / is / your / on / sitting)?

　＿＿＿＿＿＿＿＿＿＿＿＿＿＿＿＿＿＿＿＿＿＿＿＿＿＿＿＿ ?

(3) エミリーは彼女の部屋で何を勉強していますか。

　(her / studying / Emily / in / what / is / room)?

　＿＿＿＿＿＿＿＿＿＿＿＿＿＿＿＿＿＿＿＿＿＿＿＿＿＿＿＿ ?

4 （　　）内の指示に従って，英文を書きかえなさい。

(1) Ms. Wood listens to music. （現在進行形の文に）

　＿＿＿＿＿＿＿＿＿＿＿＿＿＿＿＿＿＿＿＿＿＿＿＿＿＿＿＿

(2) His cousin is playing the piano. （下線部をたずねる疑問文に）

　＿＿＿＿＿＿＿＿＿＿＿＿＿＿＿＿＿＿＿＿＿＿＿＿＿＿＿＿

ヒント　**2** (1)「掃除していません」と否定文を作る。be動詞の位置に注意。
　　　　4 (2)「ピアノ」をたずねる文なので，whatから始まる文に変える。

5 読む 次の会話文を読んで，あとの問いに答えなさい。

Helen :　Daniel! ①(　　　) are you?

　　　　　I need your help.

Daniel :　I'm coming.

　　　　　②(あなたは何をしていますか), Mom?

Helen :　I'm mashing sweet potatoes.

　　　　　It's very hard.

Daniel :　OK. I can do it for you.

　　　　　Are you making potato salad?

Helen :　No, I'm not. I'm making *kurikinton*.

(1) 下線部①でヘレンはダニエルに，どこにいるのかをたずねています。(　　　)に入る適切な語を書きなさい。

(2) 下線部②の(　　　)内の日本語を英語にしなさい。

(3) 次の質問に英語で答えなさい。

　　What is Helen making?

6 話す 次の文を声に出して読み，問題に答え，答えを声に出して読んでみましょう。

Chen :　Look at this picture. This is an event in France.

Aoi :　What are they doing?

Chen :　They're posing in costumes.

Aoi :　Wow! This woman is wearing a costume from "Sailor Moon." These men are

　　　　wearing costumes from "Naruto."

Chen :　Anime and manga are popular around the world.

(注)costume　服装　Sailor Moon　セーラームーン(日本の人気アニメ)　around　～じゅう

(1) What is the woman wearing?

　—

(2) Are anime and manga popular around the world?

　—

ヒント　**5** (1)「どこ」と場所をたずねる疑問詞を入れる。

PROGRAM 8 ～
Steps 5

ぴたトレ
3
確認テスト

時間 30分 ／100点　合格 70点　解答 p.25

教科書 pp.95 ～ 102

❶ 下線部の発音が同じものには〇を，そうでないものには×を，解答欄に書きなさい。 6点

(1) w<u>i</u>pe　　　　　(2) h<u>e</u>lp　　　　　(3) <u>a</u>ll
　ai<u>r</u>　　　　　　　　　s<u>e</u>t　　　　　　　　w<u>ai</u>t

❷ 最も強く発音する部分の記号を解答欄に書きなさい。 6点

(1) an - y - thing　　　(2) straw - ber - ry　　　(3) mag - a - zine
　ア　イ　ウ　　　　　　　ア　イ　ウ　　　　　　　ア　イ　ウ

❸ 日本語に合うように，＿＿に入る適切な語を書きなさい。 20点

(1) ジョンは彼の自動車を洗っています。

　John is ＿＿＿＿＿ his ＿＿＿＿＿.

(2) 私の姉は今，何もしていません。

　My sister is not ＿＿＿＿＿ ＿＿＿＿＿ now.

(3) あなたは何を作っていますか。

　＿＿＿＿＿ are you ＿＿＿＿＿?

よく出る (4) この写真には4匹のクマがいます。

　＿＿＿＿＿ ＿＿＿＿＿ four bears in this picture.

❹ （　）内の指示に従って，英文を書きかえなさい。 24点

(1) Kenta is using a computer. （否定文に）

(2) The dog is eating <u>some snack</u>. （下線部をたずねる疑問文に）

(3) Sue looks at the beautiful stars. （現在進行形の文に）

(4) <u>Miku</u> is riding a bike. （下線部をたずねる疑問文に）

❺ 次の会話文を読んで，あとの問いに答えなさい。 20点

Bob :　Hi, Paul, ①<u>what are you reading</u>?

Paul :　Hi, Bob, I am reading a magazine.

Bob :　Oh, what is it about?

Paul :　It's about robots. It's very interesting.

Bob :　Do you like robots?

Paul :　Yes! How （ ② ） you?

Bob :　I like robots too! And our friend Sam likes robots too.

成績評価の観点　技…言語や文化についての知識・技能　表…外国語表現の能力

Paul : Really? That's great. Oh, (③) is he now?

Bob : He is in the gym.

Paul : What is he doing there?

Bob : ④(basketball / practicing / is / he).

(1) 下線部①を日本語にしなさい。

(2) ②の(　　)に入る英語1語を答えなさい。

(3) ③の(　　)に入る最も適切な語を次の中から選び，記号で答えなさい。

　　ア what　イ when　ウ where　エ why

(4) 下線部④の(　　)内の語を，「彼はバスケットボールを練習しています」という意味になるように並べかえなさい。

❻ 書く✐ 次のようなとき英語で何と言うか，（　）内の指示に従って書きなさい。表 24点

(1) 相手が，ジュースを飲んでいるかたずねたいとき。（現在進行形を使って4語で）

(2) 自分が，今英語は勉強していないと伝えたいとき。（nowを使って5語で）

(3) 相手の妹が，何をしているかたずねたいとき。（現在進行形を使って）

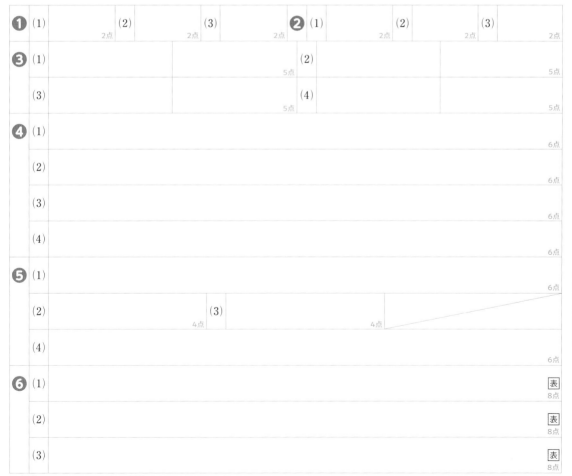

▶ 表 の印がない問題は全て 技 の観点です。

教科書の重要ポイント　「～しました」と過去を表す文（規則動詞）　教科書 pp.104～106・111

現在の文　I play tennis on Mondays.　〔私は月曜日にテニスをします。〕

習慣的な動作を表す

過去の文　I played tennis last Monday.　〔私はこの前の月曜日にテニスをしました。〕

過去形　　　　　過去を表す語句
過去の一時的な動作を表す

「～しました」と過去のことを言うときは，動詞の語尾に-(e)dをつけて過去形で表す。
語尾に-(e)dをつけて過去形にする一般動詞を「規則動詞」と呼ぶ。

ナルホド!

-(e)dのつけ方

-edをつける	visited, wanted
-dをつける	liked, danced
yをiに変えて-edをつける	studied, tried
最後の文字を重ねて-edをつける	stopped

-(e)dの発音

play – played [d]　/　cook – cooked [t]　/　want – wanted [id]

Words & Phrases　次の日本語は英語に，英語は日本語にしなさい。

☐(1) stay （　　　　　　　　　）　　☐(4) 発明する ＿＿＿＿＿＿＿

☐(2) last （　　　　　　　　　）　　☐(5) 人々 ＿＿＿＿＿＿＿

☐(3) beat （　　　　　　　　　）　　☐(6) くつろぐ ＿＿＿＿＿＿＿

1 日本語に合うように，（　　）内から適切なものを選び，記号を○で囲みなさい。

テストによく出る!

過去を表す語句
last ～「この前の～」,
last week「先週」など,
過去を表す語句がある場合は過去形にしよう。

- ☐(1) 私のおじは大阪に住んでいました。

  My uncle (ア lives　イ lived) in Osaka.

- ☐(2) 彼女の友だちは野球の試合を見ました。

  Her friend (ア watches　イ watched) a baseball game.

- ☐(3) 私の兄は毎週日曜日に彼の部屋を掃除します。

  My brother (ア cleans　イ cleaned) his room every Sunday.

- ☐(4) 私は先週，英語を勉強しました。

  I (ア study English　イ studied English) last week.

- ☐(5) マイクはときどき音楽を聞きます。

  Mike sometimes (ア listens to music　イ listened to music).

2 絵を見て，例にならい「…は先週，～しました。」の文を書きなさい。

⚠ミスに注意

過去形の-(e)dのつけ方は語尾によって変わるので注意しよう。

例 Sam	(1) Mika	(2) we	(3) John
visit Tokyo	use this computer	practice soccer	enjoy the party

例 **Sam visited Tokyo last week.**

- ☐(1) Mika ＿＿＿＿＿＿ this computer ＿＿＿＿＿＿ week.
- ☐(2) We ＿＿＿＿＿＿＿＿＿＿＿＿＿ last ＿＿＿＿＿.
- ☐(3) ＿＿＿＿＿＿＿＿＿＿＿＿＿＿＿＿＿＿＿＿＿

3 日本語に合うように，（　　）内の語句を並べかえなさい。

注目!

動詞の形
現在形では主語によって動詞の形が変わることがあるが，過去形では主語によって動詞の形が変わることはない。

- ☐(1) 私の妹はこの前の土曜日に夕食を料理しました。

  (last / dinner / sister / Saturday / cooked / my).

  ＿＿＿＿＿＿＿＿＿＿＿＿＿＿＿＿＿＿＿＿＿.

- ☐(2) あの車をちょっと見てください。

  (that / look / car / a / take / at).

  ＿＿＿＿＿＿＿＿＿＿＿＿＿＿＿＿＿＿＿＿＿.

- ☐(3) 私の父はふつう午前中に働きます。

  (in / works / father / usually / my / the morning).

  ＿＿＿＿＿＿＿＿＿＿＿＿＿＿＿＿＿＿＿＿＿.

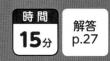

PROGRAM 9
A Trip to Finland (Part 2)

〈新出語・熟語 別冊p.14〉

| 教科書の重要ポイント | 「〜しました」と過去を表す文（不規則動詞） 教科書 pp.104〜105・107・111 |

現在の文　**Yoko gets up at seven every day.**　〔ヨウコは毎日7時に起きます。〕

習慣的な動作を表す

過去の文　**Yoko got up at six yesterday.**　〔ヨウコは昨日6時に起きました。〕

get（不規則動詞）の過去形　　過去を表す語句
過去の一時的な動作を表す

ひとつひとつ不規則動詞の過去形をしっかり覚えよう。

　「〜しました」と過去形を表す一般動詞には，語尾に-(e)dをつけて表す「規則動詞」のほかに，まったく違った形で過去形に変化する「不規則動詞」がある。

ナルホド!

不規則動詞の一例
いくつかの型はあるが，基本的には不規則に過去形に変化する。

原形	eat	see	go	buy	take
過去形	ate	saw	went	bought	took
意味	食べる	見る，見える	行く	買う	とる，行う

| Words & Phrases | 次の日本語は英語に，英語は日本語にしなさい。 |

☐ (1) another （　　　　　　　　　）　　☐ (4) 医療の，内科の ＿＿＿＿＿＿＿

☐ (2) tasty （　　　　　　　　　）　　☐ (5) たった〜だけ, ほんの〜 ＿＿＿＿＿

☐ (3) once （　　　　　　　　　）　　☐ (6) 苦い ＿＿＿＿＿＿＿

1 日本語に合うように，（　　）内から適切なものを選び，記号を◯で囲みなさい。

テストによく出る!

形が同じ不規則動詞

(5)不規則動詞の中には，readのように，過去形になってもつづりが同じものもあるよ。readの過去形は発音が[red]となる。

☐(1) 私はその公園でこのネコを見つけました。

I（ア finded　イ found）this cat in the park.

☐(2) ケンタは毎日，学校に行きます。

Kenta（ア goes　イ went）to school every day.

☐(3) 私の母はこの前の日曜日，３つのリンゴを買いました。

My mother（ア bought　イ buys）three apples last Sunday.

☐(4) 彼女はふつう朝食にくだものを食べます。

She usually（ア eats fruit　イ ate fruit）for breakfast.

☐(5) カレンは昨日その本を読みました。

Karen（ア read the book　イ reads the book）yesterday.

2 絵を見て，例にならい「…は昨日，～しました。」の文を書きなさい。

⚠ミスに注意

過去のことを言うときは，主語の人称や単数・複数に関係なく動詞の形は同じだよ。

| 例 my father | (1) Miki | (2) Jack | (3) Carol |
| see Tom | buy a new bag | eat curry and rice | take pictures |

例 **My father saw Tom yesterday.**

☐(1) Miki ＿＿＿＿＿＿＿ a new ＿＿＿＿＿＿＿ yesterday.

☐(2) Jack ＿＿＿＿＿＿＿＿＿＿＿＿＿＿＿＿＿ yesterday.

☐(3) ＿＿＿＿＿＿＿＿＿＿＿＿＿＿＿＿＿＿＿＿＿＿

3 日本語に合うように，（　　）内の語句を並べかえなさい。

注目!

現在形・過去形
時を表す語句や文の形，動詞の形から現在形か過去形かを判断しよう。

☐(1) 私たちのチームはこの前の金曜日にそのゲームに勝ちました。

(last / the game / team / won / Friday / our).

＿＿＿＿＿＿＿＿＿＿＿＿＿＿＿＿＿＿＿＿＿＿＿＿．

☐(2) 私はたった一度だけそのスーパーに行きました。

(went / only / the supermarket / I / once / to).

＿＿＿＿＿＿＿＿＿＿＿＿＿＿＿＿＿＿＿＿＿＿＿＿．

☐(3) その町は古いお寺で有名です。

(old / the town / for / is / the / famous / temple).

＿＿＿＿＿＿＿＿＿＿＿＿＿＿＿＿＿＿＿＿＿＿＿＿．

PROGRAM 9 ～ Steps 6

ぴたトレ
1
要点チェック

PROGRAM 9
A Trip to Finland〔Part 3〕

時間 **15**分

解答 p.27

〈新出語・熟語 別冊p.14〉

| 教科書の重要ポイント | 「〜しましたか」「〜しませんでした」と表す文 教科書pp.104〜105・108・111 |

肯定文　**You cooked lunch yesterday.** 〔あなたは昨日，昼食を料理しました。〕

　　　　　　　　　原形(-edがつかない形)にする

疑問文　**Did you cook lunch yesterday?** 〔あなたは昨日，昼食を料理しましたか。〕

　　　主語の前にdidを置く　　　動詞の原形

答えの文　**Yes, I did.** 〔はい，料理しました。〕

　　　　　　　　didを使って答える

　　　　　No, I did not. 〔いいえ，料理しませんでした。〕

　　　　　didn'tと短縮形にすることができる

疑問文や否定文では動詞は原形にするよ。

「〜しましたか」と過去のことについてたずねるときは，
〈Did＋主語＋動詞の原形〜?〉を使う。

ナルホド!

肯定文　**We　　　had *sushi* last night.** 〔私たちは昨夜，すしを食べました。〕

　　　　　　　原形にする

否定文　**We didn't have *sushi* last night.** 〔私たちは昨夜，すしを食べませんでした。〕

　　　　　　　　動詞の原形

　　　　　　→ 主語のうしろにdidn'tを置く。didn'tはdid notの短縮形

「〜しませんでした」というときは〈主語＋did not[didn't]＋動詞の原形〜〉を使う。

ナルホド!

Words & Phrases　次の日本語は英語に，英語は日本語にしなさい。

☐(1) stadium （　　　　　　　　）

☐(2) rise （　　　　　　　　）

☐(3) reindeer （　　　　　　　　）

☐(4) a.m. （　　　　　　　　）

☐(5)（今から）〜前に ＿＿＿＿＿＿＿＿

☐(6) 〜まで ＿＿＿＿＿＿＿＿

☐(7) 道路，道 ＿＿＿＿＿＿＿＿

☐(8)（ラテン語の略で）午後 ＿＿＿＿＿＿＿＿

1 日本語に合うように，（　　）内から適切なものを選び，記号を〇で囲みなさい。

テストによく出る!
過去形の疑問文
・否定文
規則動詞でも不規則動詞でも疑問文や否定文の作り方は同じだよ。

☐(1) 彼女は赤色の自転車をほしくありませんでした。

She （ ア didn't　イ doesn't ） want a red bike.

☐(2) ポールは昨日，数学を勉強しませんでした。

Paul （ ア didn't studied　イ didn't study ） math yesterday.

☐(3) あなたは昨夜，本を読みましたか。

（ ア Did you　イ Do you ） read a book last night?

☐(4) はい，私は読みました。((3)の答え)

Yes, （ ア I did　イ I didn't ）.

☐(5) アヤとマキは図書館に行きましたか。―いいえ，行きませんでした。

Did Aya and Maki go to the library?

― No, （ ア she didn't　イ they didn't ）.

2 絵を見て，例にならい「…は～しましたか。」の文と，その答えの文を書きなさい。

⚠ミスに注意
過去形の疑問文に答えるときは，did を使って答えるよ。

例 Takeshi	(1) David	(2) your mother	(3) she

cook dinner	play tennis	buy milk	watch TV

例 **Did Takeshi cook dinner? ―Yes, he did.**

☐(1) Did David ＿＿＿＿＿＿ tennis? ―Yes, he ＿＿＿＿＿.

☐(2) Did ＿＿＿＿＿＿＿＿＿? ―No, she ＿＿＿＿＿.

☐(3) ＿＿＿＿＿＿＿＿＿＿＿＿＿＿＿

　　― ＿＿＿＿＿＿＿＿＿＿＿＿＿

3 日本語に合うように，（　　）内の語を並べかえなさい。

注目!
原形を使おう
(1)過去形の否定文や疑問文では動詞は原形を使うよ。

☐(1) 彼は2日前，彼の父を手伝いませんでした。

(two / father / didn't / ago / he / his / help / days).

＿＿＿＿＿＿＿＿＿＿＿＿＿＿＿＿＿＿＿.

☐(2) あなたは何時にあなたのおばを訪ねましたか。

(time / visit / you / did / what) your aunt?

＿＿＿＿＿＿＿＿＿＿＿＿＿＿ your aunt?

☐(3) あなたは日本についてたくさんのことを知っています。

(about / know / you / a / Japan / lot / things / of).

＿＿＿＿＿＿＿＿＿＿＿＿＿＿＿＿＿＿＿.

ぴたトレ
1
要点チェック

PROGRAM 9 Steps 6
文の内容を整理し，表現しよう

時間
15分

解答
p.28

〈新出語・熟語 別冊p.14〉

教科書の 重要ポイント	文の内容を整理・表現しよう	教科書 p.112

〈マイ(Mai)の1日〉

　Yesterday, I went shopping with my mother. We went to our favorite shopping center. In the morning, I bought a blue bag. My mother bought a white hat. We ate spaghetti for lunch. I liked it very much. In the afternoon, we went to the bookstore. I bought a book about animals. Then, we ate some ice cream. I enjoyed all day.

整理　図や表を作って，聞いたり読んだりした情報を整理する。

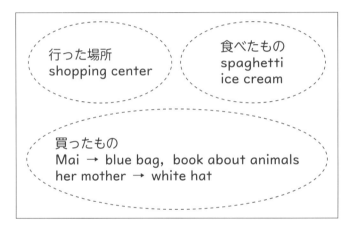

行った場所
shopping center

食べたもの
spaghetti
ice cream

買ったもの
Mai → blue bag, book about animals
her mother → white hat

表現　作った図や表をもとに，内容について具体的に説明する。

1．Mai and her mother went to their favorite <u>shopping center</u>.
2．Mai bought a <u>blue bag</u> and a <u>book about animals</u>.
　　Her mother bought a <u>white hat</u>.
3．They ate <u>spaghetti</u> and some <u>ice cream</u>.

Words & Phrases　次の日本語は英語に，英語は日本語にしなさい。

☐ (1) yesterday （　　　　　　　　　　）　　☐ (3) buyの過去形　＿＿＿＿＿＿

☐ (2) all day （　　　　　　　　　　）　　☐ (4) goの過去形　＿＿＿＿＿＿

1 日本語に合うように，（　　）内から適切なものを選び，記号を○で囲みなさい。

テストによく出る!

情報を説明する文
人やものを説明するときは「いつ・どこで・だれが・何を」などの詳しい情報を文中に入れよう。

- (1) 私は昨年カナダを訪ねました。

  I（ ア visit　イ visited ）Canada last year.

- (2) 私たちはその公園で1匹のサルを見ました 。

  We（ ア seed　イ saw ）a monkey in the park.

- (3) 私の父は昨夜，サウナに入りました。

  My father（ ア took a sauna　イ invented a sauna ）last night.

- (4) それはあまくてすっぱい食べ物です。

  It's a（ ア sweet and sour　イ salty and bitter ）food.

- (5) その都市は大きな湖で有名です。

  The city（ ア is famous for　イ are famous in ）the big lake.

2 日本語に合うように，＿＿＿＿に適切な語を書きなさい。

⚠ ミスに注意

過去形，特に不規則動詞の過去形を正しく覚えて文の意味を理解しよう。

- (1) 私の妹はそのスーパーでいくつかの野菜を買いました。

  My sister ＿＿＿＿＿＿ some ＿＿＿＿＿＿ at the supermarket.

- (2) 多くのアメリカの人々はそのあめが好きです。

  ＿＿＿＿＿＿ American ＿＿＿＿＿＿ like the candy.

- (3) あなたは昨日，何時に図書館に行きましたか。

  What ＿＿＿＿＿＿ ＿＿＿＿＿＿ you ＿＿＿＿＿＿ to the library yesterday?

- (4) 彼は湖の中に跳び込みませんでした。

  He ＿＿＿＿＿＿ ＿＿＿＿＿＿ into the lake.

- (5) 浜辺でくつろぐ人もいます。

  ＿＿＿＿＿＿ people ＿＿＿＿＿＿ on the beach.

3 日本語に合うように，（　　）内の語句を並べかえなさい。

注目!

印象的な語句
文の内容などを人に説明するとき，印象に残っているキーワードを使うと伝えやすいよ。

- (1) ジャックは午後8時までパーティーに来ませんでした。

  (Jack / 8 / the party / didn't / until / to / come) p.m.

  ＿＿＿＿＿＿＿＿＿＿＿＿＿＿＿＿ p.m.

- (2) それは美しい山の国です。

  (beautiful / of / a / is / mountains / it / country).

  ＿＿＿＿＿＿＿＿＿＿＿＿＿＿＿＿ .

- (3) 私は今日たくさんの公園を訪ねました。

  (many / today / parks / visited / I).

  ＿＿＿＿＿＿＿＿＿＿＿＿＿＿＿＿ .

PROGRAM 9 ~ Steps 6

1 正しいものを4つの選択肢の中から選びなさい。

　(1) Rin didn't (　　) to the park last Wednesday.

　　 ア go　イ goes　ウ went　エ going

　(2) My friend (　　) the piano every day.

　　 ア play　イ plays　ウ played　エ playing

　(3) Did he (　　) this umbrella yesterday?

　　 ア use　イ using　ウ uses　エ used

> 動詞の形に注意して問題を解こう。

2 日本語に合うように，＿＿＿に入る適切な語を書きなさい。

　(1) シェリーはこの前の火曜日にバスケットボールを練習しました。

　　 Sherry ＿＿＿＿＿＿＿＿ basketball ＿＿＿＿＿＿＿＿ Tuesday.

　(2) 私の母はその博物館を訪ねませんでした。

　　 My mother ＿＿＿＿＿＿＿＿ ＿＿＿＿＿＿＿＿ the museum.

　(3) あなたはいつあなたの部屋を掃除しましたか。

　　 When ＿＿＿＿＿＿＿＿ ＿＿＿＿＿＿＿＿ ＿＿＿＿＿＿＿＿ your room?

3 日本語に合うように，(　　)内の語句を並べかえなさい。

　(1) マイは動物園でトラを見ましたか。

　　 (a tiger / the zoo / Mai / did / in / see)?

　　 ＿＿＿＿＿＿＿＿＿＿＿＿＿＿＿＿＿＿＿＿＿＿＿＿＿＿＿＿＿＿＿＿ ?

　(2) その学生は2日前にその雑誌を読みました。

　　 (the magazine / two / the student / ago / read / days).

　　 ＿＿＿＿＿＿＿＿＿＿＿＿＿＿＿＿＿＿＿＿＿＿＿＿＿＿＿＿＿＿＿＿ .

　(3) 私の父はよいレストランを見つけました。

　　 (a / father / found / my / good / restaurant).

　　 ＿＿＿＿＿＿＿＿＿＿＿＿＿＿＿＿＿＿＿＿＿＿＿＿＿＿＿＿＿＿＿＿ .

4 (　　)内の指示に従って，英文を書きかえなさい。

　(1) The baseball team won last Sunday. （疑問文に）

　　 ＿＿＿＿＿＿＿＿＿＿＿＿＿＿＿＿＿＿＿＿＿＿＿＿＿＿＿＿＿＿＿＿

　(2) Kenta eats breakfast <u>every day</u>. （下線部をyesterdayに変えて）

　　 ＿＿＿＿＿＿＿＿＿＿＿＿＿＿＿＿＿＿＿＿＿＿＿＿＿＿＿＿＿＿＿＿

ヒント　2 (3)whenのうしろを疑問文の語順にする。
　　　　 4 (2)yesterdayは過去を表す語なので過去形にする。

定期テスト
予報

●一般動詞の過去形の作り方と過去の文の構造がわかるかが問われるでしょう。
⇒一般動詞の過去の肯定文，否定文，疑問文と答え方の文の構造を覚えましょう。
⇒規則動詞の過去形の作り方を確認しておきましょう。
⇒不規則動詞の過去形を正確に覚えておきましょう。
⇒過去を表す語句を確認しておきましょう。

⑤ 読む 次の会話文を読んで，あとの問いに答えなさい。

Daniel : Did you have any other experience?

Miki : Yes. I ①(see) a reindeer on the road.

Daniel : On the road? Amazing!

Miki : And I enjoyed the long nights.

Daniel : What do you mean?

Miki : ②(太陽は昇りませんでした) until 11 a.m.

Daniel : What time (③) the sun set then?

Miki : About 2 p.m.

(1) 下線部①の(   )内の動詞を過去形にしなさい。

(2) 下線部②の(   )内の日本語を英語にしなさい。

(3) ③の(   )内に入る適切な語を書きなさい。

⑥ 話す 次の文を声に出して読み，問題に答え，答えを声に出して読んでみましょう。

Sora : Did you visit the 21st Century Museum?

Emily : No, we didn't. We didn't have much time. But we enjoyed shopping at Kanazawa Station. It's a beautiful station.

Sora : I want to go to Kanazawa.

(1) Did Emily visit the 21st Century Museum? （sheを使って答える）

— _____

(2) Where is the 21st Century Museum?

— _____

(3) Did Emily have much time?

— _____

ヒント ⑤(3)What time ～?は「何時に」とたずねるときに使われる。

❶ 下線部の発音が同じものには○を，そうでないものには×を，解答欄に書きなさい。 6点

(1) r<u>i</u>se　　　　　　　(2) f<u>ou</u>nd　　　　　　(3) m<u>e</u>dical

　 f<u>i</u>nd　　　　　　　　 b<u>ou</u>ght　　　　　　 r<u>e</u>lax

❷ 最も強く発音する部分の記号を解答欄に書きなさい。 6点

(1) yes - ter - day　　　　(2) an - oth - er　　　　(3) sta - di - um
　 ア 　イ 　ウ　　　　　　 ア 　イ 　ウ　　　　　　 ア 　イ 　ウ

❸ 次の文の（　）内の語を適切な形に変えなさい。変えなくてよいものはそのまま書きなさい。 24点

(1) Mika (watch) TV last night.

^{よく出る}(2) My teacher (talk) to me yesterday.

(3) The students (read) those books three days ago.

(4) My uncle didn't (wash) his car last week.

(5) Sue (practice) the piano every Saturday.

(6) Ken and Ryo (play) soccer last Wednesday.

❹ 日本語に合うように，（　）内の語句を並べかえなさい。 18点

(1) 私のクラスメートは先週，写真をとりませんでした。

　(week / pictures / didn't / classmate / take / my / last).

(2) あなたは昨夜，その美しい星を見ましたか。

　(night / the / you / stars / see / beautiful / did / last)?

(3) 彼は 2 日前，昼食にチーズバーガーを食べました。

　(a cheeseburger / lunch / ago / he / two / ate / for / days).

❺ 次の学校での会話文を読んで，あとの問いに答えなさい。 22点

　　Ms. Smith :　Did you enjoy the weekend, Ben?

　　　　 Ben :　Yes, I did, Ms. Smith.

　　Ms. Smith :　_①<u>What did you do?</u>

　　　　 Ben :　I went to my best friend's house and stayed there.

　　Ms. Smith :　Wow! Sounds fun.

　　　　 Ben :　_②<u>We talk and cook dinner together.</u> We really enjoyed.
　　　　　　　 How about you, Ms. Smith?

Ms. Smith : I enjoyed the weekend too.

Ben : That's great. Did you (③) outside?

Ms. Smith : No, I didn't. I stayed home all day. I cleaned my room, watched TV, and ④(eat) a delicious lunch.

差がつく (1) 下線部①の英語を日本語にしなさい。

(2) 下線部②を過去形の文に書きかえなさい。

(3) (③)に入る最も適切なものを1つ選び，記号を書きなさい。

　ア go　イ going　ウ went　エ goes

点UP (4) 下線部④の(　)内の語を適切な形に変えなさい。

❻ 書く！ 次のようなとき英語で何と言うか，（　）内の語数で書きなさい。　表　24点

(1) この前の月曜日に数学を勉強したと伝えたいとき。（5語）

(2) 相手に昨日コーヒーを飲んだかたずねたいとき。（5語）

(3) 私の弟は新しいコンピュータをほしくなかったことを伝えたいとき。（7語）

❶	(1)		(2)		(3)		❷	(1)		(2)		(3)	
		2点		2点		2点			2点		2点		2点

❸	(1)		(2)		(3)	
		4点		4点		4点
	(4)		(5)		(6)	
		4点		4点		4点

❹	(1)	・ 6点
	(2)	？ 6点
	(3)	・ 6点

❺	(1)	6点
	(2)	6点
	(3)	(4)
	5点	5点

❻	(1)	表 8点
	(2)	表 8点
	(3)	表 8点

▶ 表 の印がない問題は全て 技 の観点です。

PROGRAM 9 ～ Steps 6

131

PROGRAM 10
Grandma Baba's Warming Ideas!
(Part 1)

時間 **15分**

解答 p.31

〈新出語・熟語 別冊p.15〉

教科書の重要ポイント 「～でした」「～がありました[いました]」を表す文 教科書 pp.114～117・123

I **am** at home today. 〔私は今日，家にいます。〕

I **was** at home yesterday. 〔私は昨日，家にいました。〕

be動詞の過去形
主語がIのときはwasを使う

「～でした」「～がありました」「～がいました」と過去の状態・存在を表すときは，be動詞の過去形was，もしくはwereを使う。主語によってbe動詞の過去形を使い分ける。 ＼ナルホド！／

be動詞の使い分け

主語	現在形	過去形
一人称 （ I ）	am	was
三人称・単数 （ she, he, itなど ）	is	was
二人称・単数／三人称・複数 （ you, we, they ）	are	were

wasはam ／ isの過去形，wereはareの過去形だね。

Words & Phrases 次の日本語は英語に，英語は日本語にしなさい。

(1) sleepy （ 　　　　　　 ）

(2) say （ 　　　　　　 ）

(3) finish （ 　　　　　　 ）

(4) young （ 　　　　　　 ）

(5) comeの過去形

(6) まだ，今でも

(7) プログラム，番組

(8) 従う

1 日本語に合うように，（　　）内から適切なものを選び，記号を○で囲みなさい。

(1) 私の祖父は若かったです。

My grandfather（ ア was　イ were ）young.

(2) その生徒たちは学校にいました。

The students（ ア was　イ were ）at school.

(3) その映画はおもしろかったです。

The movie（ ア was interesting　イ is exciting ）.

(4) 昨日はくもりでした。

（ ア They were　イ It was ）cloudy yesterday.

(5) あれらのモモはたいへんあまかったです。

（ ア Those peaches are　イ Those peaches were ）very sweet.

2 絵を見て， 例 にならい「～は昨日，…でした［いました］。」の文を書きなさい。

| 例 my friend happy | (1) my mother sad | (2) Kumi and Hana at the restaurant | (3) the stars beautiful |

例 **My friend was happy yesterday.**

(1) My mother _____ sad _____ .

(2) Kumi and Hana _____ the restaurant _____ .

(3) _____

3 日本語に合うように，（　　）内の語句を並べかえなさい。

(1) 私のクラスメートはこの前の日曜日，その図書館にいました。

(the library / my / last / classmate / in / Sunday / was).

(2) 彼女の妹は彼女の寝室の中に入ってきました。

(her bedroom / her sister / into / came).

(3) あなたはまだ元気です。

(fine / still / are / you).

PROGRAM 10
Grandma Baba's Warming Ideas!
(Part 2)

時間 **15分** 解答 p.31

〈新出語・熟語 別冊p.15〉

| 教科書の重要ポイント | be動詞の過去形の疑問文・否定文　教科書pp.114〜115・118〜119・123 |

You   were   in Tokyo last week.　〔あなたは先週, 東京にいました。〕

Were   you   in Tokyo last week?　〔あなたは先週, 東京にいましたか。〕

be動詞の過去形wereを主語の前に置く。主語がyouのときはwereを使う。

Yes, I was.　〔はい, いました。〕

No, I was not.　〔いいえ, いませんでした。〕

was notの短縮形はwasn't

主語に合ったbe動詞の過去形を使うよ。

「〜でしたか」「〜がありましたか」「〜がいましたか」と過去の状態・存在についてたずねるときは,〈be動詞の過去形(was / were)＋主語〜?〉の形で表す。答えるときも, be動詞の過去形was / wereを使う。

ナルホド!

We were   hungry then.　〔私たちはそのとき, おなかがすいていました。〕

We were not hungry then.　〔私たちはそのとき, おなかがすいていませんでした。〕

be動詞のうしろにnotを置く。were notの短縮形はweren't

「〜ではありませんでした」「〜がありませんでした」「〜がいませんでした」と過去の状態・存在について否定するときは,〈主語＋be動詞の過去形(was / were)＋not 〜〉の形で表す。

ナルホド!

| Words & Phrases | 次の日本語は英語に, 英語は日本語にしなさい。 |

☐(1) leg （　　　　　　　　）

☐(2) start （　　　　　　　　）

☐(3) terrible （　　　　　　　　）

☐(4) theater （　　　　　　　　）

☐(5) breakの過去形 _____

☐(6) 十分に _____

☐(7) 飛ぶ _____

☐(8) 切る _____

1 日本語に合うように，（　　　）内から適切なものを選び，記号を〇で囲みなさい。

テストによく出る!

be動詞の過去形の
疑問文

wasやwereを主語の前に置いて文を始めると疑問文を作ることができるよ。

☐(1) 彼は昨日スーパーにいましたか。

（ ア Was　イ Were ）he at the supermarket yesterday?

☐(2) はい，いました。((1)の答え)

Yes,（ ア he was　イ he was not ）.

☐(3) トムとボブはそのとき眠くありませんでした。

Tom and Bob（ ア was not　イ were not ）sleepy then.

☐(4) あなたは2時間前にその部屋にいましたか。

（ ア Were you　イ Are you ）in the room two hours ago?

2 絵を見て，例にならい「～はそのとき…でしたか[いましたか]。」の文を書きなさい。

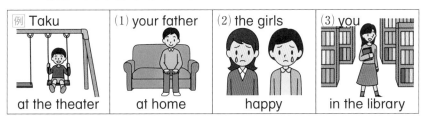

例 Taku	(1) your father	(2) the girls	(3) you
at the theater	at home	happy	in the library

⚠ミスに注意

答えの文は空所の数を見て，短縮形が入るかを判断しよう。

例 **Was Taku at the theater then? — No, he wasn't.**

☐(1) ＿＿＿＿＿＿ your father ＿＿＿＿＿＿ ＿＿＿＿＿＿ then?

　—Yes, he ＿＿＿＿＿＿.

☐(2) ＿＿＿＿＿＿ the girls ＿＿＿＿＿＿ ＿＿＿＿＿＿ ?

　—No, ＿＿＿＿＿＿ ＿＿＿＿＿＿ .

☐(3) ＿＿＿＿＿＿＿＿＿＿＿＿＿＿＿＿＿＿＿＿＿＿

　—＿＿＿＿＿＿＿＿＿＿＿＿＿＿＿＿＿＿＿＿

注目!

be動詞の過去形
の否定文

be動詞の過去形の否定文はwasやwereのうしろにnotを置くよ。

3 日本語に合うように，（　　　）内の語句を並べかえなさい。

☐(1) 私の祖母はそのとき教師ではありませんでした。

(a teacher / my / then / not / grandmother / was).

＿＿＿＿＿＿＿＿＿＿＿＿＿＿＿＿＿＿＿＿＿＿＿ .

☐(2) このバスに乗りましょう。

(get / bus / on / let's / this).

＿＿＿＿＿＿＿＿＿＿＿＿＿＿＿＿＿＿＿＿＿＿＿ .

☐(3) 子どもたちは彼らの母にしがみつきます。

(children / to / on / mothers / hold / their).

＿＿＿＿＿＿＿＿＿＿＿＿＿＿＿＿＿＿＿＿＿＿＿ .

PROGRAM 10
Grandma Baba's Warming Ideas!
(Part 3)

教科書の
重要ポイント　「～していました」を表す文　教科書 pp.114 ～ 115・120 ～ 121・123

I　**am**　watching TV now.　〔私は今テレビを見ています。〕

I　**was**　watching TV at eight last night.　〔私は昨夜8時にテレビを見ていました。〕

〈was＋動詞の-ing形〉　　動詞の-ing形の作り方は現在進行形と同じ

「～していました」と，過去のある時点で進行中だった動作は〈主語＋be動詞の過去形＋動詞の-ing形～.〉で表す。これを「過去進行形」と言う。

ナルホド!

疑問文

Was he playing soccer then?　〔彼はそのときサッカーをしていましたか。〕

be動詞の過去形を主語の前に出す。

過去進行形の文では「～時に」「そのとき」など「ある時点」を表す語句が使われるよ。

答えの文

Yes, he was.　〔はい，していました。〕

heの場合はwasを使って答える。

No, he was not.　〔いいえ，していませんでした。〕

was notの短縮形はwasn't

否定文

They were not studying at that time.　〔彼らはそのとき勉強していませんでした。〕

be動詞のうしろにnotを置く。were notの短縮形はweren't

Words & Phrases　次の日本語は英語に，英語は日本語にしなさい。

(1) sleep（　　　　　　）

(2) finally（　　　　　　）

(3) call（　　　　　　）

(4) 温める，温かくする _____

(5) 驚いて _____

(6) インターネット _____

1 日本語に合うように，（　）内から適切なものを選び，記号を〇で囲みなさい。

テストによく出る!

過去進行形

過去進行形のbe動詞のうしろは動詞の-ing形を置くよ。

☐(1) 私の弟はそのとき彼の部屋を掃除していました。

My brother（ ア was　イ were ）cleaning his room then.

☐(2) あなたは先生と話していましたか。

Were you（ ア talk　イ talking ）with your teacher?

☐(3) いいえ，話していませんでした。（(2)の答え）

No,（ ア I wasn't　イ I weren't ）.

☐(4) タカとリクはそのとき体育館で踊っていました。

Taka and Riku（ ア were dancing　イ was dancing ）in the gym then.

☐(5) ミキは昨日の9時に眠っていましたか。

（ ア Was Miki sleeping　イ Was Miki sleep ）at nine yesterday?

2 日本語に合うように，＿＿に適切な語を書きなさい。

⚠ミスに注意

過去進行形の疑問文はbe動詞を主語の前に置き，否定文はnotをbe動詞のうしろに置くよ。

☐(1) 私たちの先生は5時にこの部屋を使っていました。

Our teacher ＿＿＿＿＿＿＿＿＿ this room at five.

☐(2) ジャックとエミリーはその歌を練習していました。

Jack and Emily ＿＿＿＿＿＿ ＿＿＿＿＿＿ the song.

☐(3) 彼のお母さんはそのとき紅茶を飲んでいませんでした。

His mother ＿＿＿＿＿ ＿＿＿＿＿ ＿＿＿＿＿ tea then.

☐(4) あなたはそのとき昼食を作っていましたか。

＿＿＿＿＿＿ you ＿＿＿＿＿ lunch at ＿＿＿＿＿ time?

☐(5) その生徒たちは1時に教科書を読んでいませんでした。

The ＿＿＿＿＿ ＿＿＿＿＿ reading textbooks at one o'clock.

3 日本語に合うように，（　）内の語を並べかえなさい。

注目!

-ing形の作り方

現在進行形で学習した一般動詞の-ing形の作り方をもう一度確認しておこう!

☐(1) ジョンは昨夜7時に夕食を食べていましたか。

(eating / seven / night / dinner / John / at / last / was)?

＿＿＿＿＿＿＿＿＿＿＿＿＿＿＿＿＿＿＿＿？

☐(2) 昨日の9時にあなたはどこにいましたか。

(at / were / where / you / yesterday / nine)?

＿＿＿＿＿＿＿＿＿＿＿＿＿＿＿＿＿＿＿＿？

☐(3) 彼はこのようにして，たいへんじょうずに泳ぐことができます。

(well / very / can / way / he / swim / this).

＿＿＿＿＿＿＿＿＿＿＿＿＿＿＿＿＿＿＿＿．

ぴたトレ
1
要点チェック

Our Project 3 私が選んだ1枚

時 間
15分

解答
p.32

〈新出語・熟語 別冊p.15〉

教科書の
重要ポイント
絵や写真についてスピーチをしよう
教科書 pp.125～129

気に入っている絵や写真を１つ選び，下の例を参考にスピーチしてみましょう。

導入 問いかけの文や展開につながる文で始める。

What are your hobbies? 〔あなたの趣味は何ですか。〕
聞き手に問いかける疑問文

My hobby is cooking. 〔私の趣味は料理です。〕
絵や写真のことにつなげる文

導入で言いたいことが
まとまっていると，ス
ピーチ全体がわかりや
すいね。

展開 実際の絵・写真を見せ，具体例や理由などを述べる。

This is the picture of my dinner. 〔これは私の夕食の写真です。〕
写真の説明

I cooked special curry and rice for my family yesterday.
具体的な内容　　　　　　　　〔私は昨日，私の家族のために特別なカレーライスを料理しました。〕

First, I cut vegetables and fruits. 〔1番目に，私は野菜とくだものを切りました。〕
複数の項目を列挙するとき１番目の項目を紹介する表現

Second, I used some coffee. 〔2番目に，私はいくらかのコーヒーを使いました。〕
複数の項目を列挙するとき２番目の項目を紹介する表現

まとめ 考えたことや伝えたいことを述べる。

Cooking is very exciting. 〔料理はたいへんわくわくします。〕
聞き手に伝えたい内容

Please try cooking, everyone. 〔どうぞ料理をやってみてください，みなさん。〕
しめくくる文

ナルホド！

Words & Phrases 次の日本語は英語に，英語は日本語にしなさい。

☐(1) shot （　　　　　　　　　　　）　　☐(3) makeの過去形 ＿＿＿＿＿＿＿＿＿

☐(2) powerful （　　　　　　　　　　　）　　☐(4) 創造的な ＿＿＿＿＿＿＿＿＿

1 日本語に合うように，（　　）内から適切なものを選び，記号を〇で囲みなさい。

☐(1) 6月の私たちのショーにどうぞ来てください。

（ ア Please　イ Yes ）come to our show in June.

☐(2) 2番目に，私にとってそれが最初の学校祭でした。

（ ア First　イ Second ），it was the first school festival for me.

☐(3) 私には3つの理由があります。

I have （ ア three reasons　イ three things ）.

☐(4) 1番目に，私たちは動物園を楽しみました。

（ ア First　イ Second ），we had fun at the zoo.

☐(5) これは私の家族の写真です。

This is the （ ア picture from　イ picture of ）my family.

2 日本語に合うように，＿＿＿に適切な語を書きなさい。

☐(1) この絵をどうぞ見てください。

＿＿＿＿＿＿ ＿＿＿＿＿＿ at this picture.

☐(2) あなたのお気に入りの音楽は何ですか。

＿＿＿＿＿＿ is your ＿＿＿＿＿＿ music?

☐(3) 私は茶道部に入っています。

I'm ＿＿＿＿＿＿ the *sado* ＿＿＿＿＿＿.

☐(4) 1番目に，私はその遊園地がとても好きです。

＿＿＿＿＿＿, I like the ＿＿＿＿＿＿ park very much.

☐(5) 2番目に，それは私にとって最初のコンサートでした。

＿＿＿＿＿＿, it was the ＿＿＿＿＿ concert ＿＿＿＿＿ me.

3 日本語に合うように，（　　）内の語句を並べかえなさい。

☐(1) これは私のバイオリンの写真です。

(of / my / this / violin / picture / is / the).

＿＿＿＿＿＿＿＿＿＿＿＿＿＿＿＿＿＿.

☐(2) その行事はたいへんおもしろかったです。

(very / event / the / was / interesting).

＿＿＿＿＿＿＿＿＿＿＿＿＿＿＿＿＿＿.

☐(3) 私たちは昨年テレビでパフォーマンスをしました。

(last / did / year / on / we / the performance / TV).

＿＿＿＿＿＿＿＿＿＿＿＿＿＿＿＿＿＿.

① 正しいものを 4 つの選択肢の中から選びなさい。

(1) The man (　) very kind yesterday.

　　ア is　イ are　ウ was　エ were

(2) Haruka and Aki (　) eating breakfast then.

　　ア is　イ are　ウ was　エ were

(3) (　) your sister surprised last Sunday?

　　ア Was　イ Were　ウ Do　エ Does

be 動詞の過去形は2種類あるよ。主語をよく確認しよう。

② 日本語に合うように，＿＿＿に入る適切な語を書きなさい。

(1) 昨日は晴れでした。

＿＿＿＿＿＿＿＿＿＿ ＿＿＿＿＿＿＿＿＿＿ sunny yesterday.

(2) 私の父はそのとき公園を走っていませんでした。

My father ＿＿＿＿＿＿＿＿＿＿ ＿＿＿＿＿＿＿＿＿＿ in the park then.

(3) 生徒たちはそのとき体育館にいました。

The students ＿＿＿＿＿＿ in the gym ＿＿＿＿＿＿ ＿＿＿＿＿＿ ＿＿＿＿＿＿ .

③ 日本語に合うように，（　）内の語を並べかえなさい。

(1) あなたのいとこは先月，大阪にいましたか。

(cousin / Osaka / last / was / in / your / month)?

＿＿＿＿＿＿＿＿＿＿＿＿＿＿＿＿＿＿＿＿＿＿＿＿＿＿＿＿＿＿＿＿ ?

(2) 彼女の友だちはその湖で泳いでいました。

(swimming / her / lake / friends / in / were / the).

＿＿＿＿＿＿＿＿＿＿＿＿＿＿＿＿＿＿＿＿＿＿＿＿＿＿＿＿＿＿＿＿ .

(3) この歌は20年前に人気がありました。

(song / twenty / was / ago / this / popular / years).

＿＿＿＿＿＿＿＿＿＿＿＿＿＿＿＿＿＿＿＿＿＿＿＿＿＿＿＿＿＿＿＿ .

④ 次の英文を，（　）内の指示に従って書きかえなさい。

(1) I was at the restaurant. （主語をweに変えて）

(2) His sister was playing <u>the piano</u> then. （下線部をたずねる疑問文に）

ヒント ③ (3)「20年前に」は文末に置く。
④ (2)「何を演奏していましたか」という文にする。

定期テスト
予報

●be動詞の過去形の肯定文・疑問文と答え方・否定文を使いこなせるかが問われるでしょう。
⇒be動詞の過去形(was / were)を，主語に合わせて正しく使えるようにしておきましょう。
●過去進行形の肯定文・疑問文と答え方・否定文の形を問われるでしょう。
⇒〈主語＋be動詞の過去形＋動詞の-ing形～.〉〈be動詞の過去形＋主語＋動詞の-ing形～?〉
　〈主語＋be動詞の過去形＋not＋動詞の-ing形～.〉の形をしっかりおさえておきましょう。
⇒動詞の-ing形の作り方，thenやat that timeなどの「過去のある時点」を表す語句を復習しておきましょう。

5 読む 次の英文を読んで，あとの問いに答えなさい。

Bang! The bed broke (　①　) a terrible sound.

②(それは十分に強くありませんでした)．

All the animals: Oh, no! Was that a bad idea?

Grandma Baba: ③(　　)，(　　)(　　)． *Mmm, watch this.*

She cut the legs off the bed.

さとうわきこ「そりあそび」(㈱福音館書店刊)より

(1) ①の(　　)内に入る適切な語を書きなさい。

_____

(2) 下線部②の(　　)内の日本語を英語にしなさい。

_____.

(3) 下線部③がNo「いいえ」を使って答える文になるように，(　　)内に入る適切な語を書きなさい。

_____，_____ _____.

6 話す 次の文を声に出して読み，問題に答え，答えを声に出して読んでみましょう。 アプリ

A thirsty crow found a pitcher. He found water inside it. He was very happy.
But he could not drink the water. His beak did not reach it. The pitcher had very little water.
"I can't drink this, but I'm very thirsty."
(注)thirsty　のどが渇いた　　crow　カラス　　pitcher　水差し　　water　水　　inside　～に
　　beak　くちばし　　little　ほとんど～ない

(1) Who found a pitcher?
　—_____

(2) What did the crow find?
　—_____

(3) Where was very little water?
　—_____

ヒント　**5** (2)「十分に」はenoughで表す。

❶ 下線部の発音が同じものには〇を，そうでないものには×を，解答欄に書きなさい。　6点

(1) en<u>ou</u>gh
y<u>ou</u>ng

(2) sl<u>o</u>pe
br<u>o</u>ke

(3) f<u>i</u>nally
p<u>i</u>ck

❷ 最も強く発音する部分の記号を解答欄に書きなさい。　6点

(1) tram - po - line
　ア　　イ　　ウ

(2) bed - room
　ア　　イ

(3) your - selves
　ア　　イ

❸ 日本語に合うように，＿＿に入る適切な語を書きなさい。　24点

(1) 彼女はそのとき彼女の母を手伝っていました。

She ＿＿＿ ＿＿＿ her mother then.

(2) シドニーはくもりでしたか。

＿＿＿ ＿＿＿ cloudy in Sydney?

(3) トムはサッカーチームの一員ではありませんでした。

Tom ＿＿＿ a member ＿＿＿ the soccer team.

(4) あなたは昨夜8時にどこにいましたか。

＿＿＿ ＿＿＿ you at eight last night?

❹ 日本語に合うように，（　）内の語句を並べかえなさい。　18点

(1) あなたのおばはそのとき客室乗務員でしたか。

(your / was / then / flight attendant / aunt / a)?

(2) ボブとシェリーは今朝，勉強していませんでした。

(studying / and Sherry / this / were / Bob / morning / not).

(3) 彼女は昨日，体育館で何をしていましたか。

(she / yesterday / the / doing / what / in / was / gym)?

❺ 次の学校での会話文を読んで，あとの問いに答えなさい。　22点

Paul : Did you see Mike today?

Taku : Yes. ①He ( ) in the computer room ( ) ( ) ( ).

Paul : Really? ②I checked the computer room, (not / but / he / was / there).

Taku : Oh, did you check the science room?

Paul : No. Does he usually go to the science room?

Taku : Sometimes. I (③) him in the science room last week.

Paul : (④) was he doing there?

成績評価の観点　技…言語や文化についての知識・技能　表…外国語表現の能力

Taku : He was studying with our science teacher.

Paul : Wow, I didn't know that. Thank you, Taku.

(1) 下線部①が「彼は２時間前にコンピュータ室にいました。」という意味になるように，（　）に入る適切な語を入れて，文を完成させなさい。

(2) 下線部②の（　）内の語を正しく並べかえなさい。

(3) ③の（　）に入る最も適切なものを１つ選び，記号を書きなさい。

　ア see　イ seeing　ウ saw　エ say

(4) ④の（　）内に適切な語を書きなさい。

6 書く✍ **次のようなとき英語で何と言うか，（　　）内の指示に従って書きなさい。ただし，数字は英語で書くこと。** 表　　　　24点

(1) 自分の父親がそのときスーパーにいたと伝えるとき。（thenを使って７語で）

(2) 相手に昨年札幌(Sapporo)にいたかたずねるとき。（６語で）

(3) 自分は８時に音楽を聞いていたと伝えたいとき。（o'clockを使って８語で）

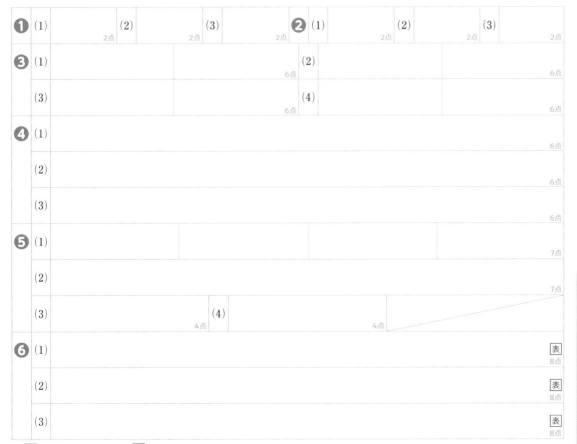

▶ 表 の印がない問題は全て 技 の観点です。

Power-Up 6 絵はがきを書こう

教科書の重要ポイント　絵はがきで使う表現　教科書p.130

1. はじめのあいさつ　「〜様」「〜さん」と受取人の名前で書き始める。

   Dear Kenta,　〔ケンタさん〕

   「〜さん[様]」　カンマを打つ

2. 伝えたい内容　何をして過ごしているか，最近のできごとなどを相手に伝える。

   I'm in Kyoto, Japan now.　〔私は今，日本の京都にいます。〕

   　　場所を表すときは，せまい場所→広い場所の順に書く

   I'm here with my friends and enjoying the beautiful view.

   　　「〜といっしょに」　だれと行ったのか述べる
   　　　〔私はここに友だちといっしょにいて，美しい景色を楽しんでいます。〕

   It is hot, but cloudy here in Kyoto.　〔ここ京都は暑いですが，くもりです。〕

   天候を表すit　　現地の天気を述べる

   自分が訪ねたことのある場所から手紙を出すイメージで書いてみよう。

3. 結びのことば　日本語の「〜より」と似た表現。受取人との関係で使い分ける。

   Your friend,　〔あなたの友だち(より)〕

   友だちに使う表現。ほかにLove, Sincerely (yours), Best wishes などがよく使われる

   Sherry　〔シェリー〕

   署名

   ナルホド!!

Words & Phrases　次の日本語は英語に，英語は日本語にしなさい。

☐ (1) dear　（　　　　　　　　　）　☐ (3) おもて面，前　＿＿＿＿＿＿＿

☐ (2) wish　（　　　　　　　　　）　☐ (4) (絵)はがき　＿＿＿＿＿＿＿

1 日本語に合うように，＿＿＿に適切な語を書きなさい。

☐ (1) 私はその祭りに行って，花火を楽しみました。

　　I ＿＿＿＿＿＿ to the festival and ＿＿＿＿＿＿ the fireworks.

☐ (2) 私は祖母といっしょに，その美しい景色を見ました。

　　I saw the ＿＿＿＿＿＿ view ＿＿＿＿＿＿ my grandmother.

☐ (3) 日本の秋田は寒く，雪です。

　　＿＿＿＿＿＿ is ＿＿＿＿＿＿ and ＿＿＿＿＿＿ in Akita, Japan.

テストによく出る!

(3)英語で場所を表すときはせまい場所→広い場所の順に表すよ。

予想問題

テスト前に
役立つ!

チェック!

テスト前に解いて,
わからない問題や
まちがえた問題は,
もう一度確認して
おこう!

- テスト本番を意識し,時間を計って解きましょう。
- 取り組んだあとは,必ず答え合わせを行い,まちがえたところを復習しましょう。
- 観点別評価を活用して,自分の苦手なところを確認しましょう。

リスニングテスト

アプリを使って,リスニング問題を解きましょう。

英作文にチャレンジ!

英作文問題に挑戦してみましょう。

英作文ができたら
パーフェクトだね!

❶ 読む🔊 次の会話文を読んで，あとの問いに答えなさい。 26点

> *Ann* : Hi, my name is Ann.
>
> *Saki* : Hello, I'm Saki.
>
> *Ann* : Are you in this class?
>
> *Saki* : Yes, I am. ①(student / you / a / are / new)?
>
> *Ann* : Yes, I am.
>
> *Saki* : Nice to meet you. (②) are you from?
>
> *Ann* : I am from Australia.
>
> *Saki* : Great! Do you play sports?
>
> *Ann* : No, I don't. But I play the piano and the flute.
>
> *Saki* : Really? I play the flute too. When do you practice?
>
> *Ann* : ③I usually practice (夕食前に). How about you?
>
> *Saki* : ④I practice the flute in the music room during lunch break. Let's practice together!

(1) 下線部①が「あなたは新しい生徒ですか。」という意味になるように，（ ）内の語を並べかえなさい。

(2) ②の（ ）内にあてはまる最も適切な語を次から選び，記号で答えなさい。

　　ア Is　　イ Do　　ウ What　　エ Where

(3) 下線部③の（ ）内の日本語を英語にしなさい。

(4) 下線部④を日本語にしなさい。

(5) 本文の内容に合うように，（ ）に適切な日本語を答えなさい。

　　①アンは（　　　）の出身です。

　　②サキはアンに（　　　）をするかたずねましたが，アンは「しない」と答えました。

❷ 次のアルファベットを，大文字は小文字に，小文字は大文字にしなさい。 12点

(1) M　　(2) Q　　(3) y　　(4) b

❸ 次の英文の応答に最も適するものを右から選び，記号で答えなさい。 12点

(1) When is your birthday?　　　ア Yes, I am.

(2) Do you play basketball?　　　イ I'm from the U.S.

(3) Are you a doctor?　　　　　　ウ No, I don't.

(4) Where are you from?　　　　　エ My birthday is March 15.

❹ 日本語に合うように（　）内の語を並べかえ，全文を書きなさい。　20点

(1) あなたはラグビーファンですか。

（ you / a / rugby / are / fan ）?

(2) 私は20冊の本を持っています。

（ twenty / I / books / have ）.

(3) あなたはしばしば夕食を作りますか。

（ often / you / make / do ）dinner?

(4) 私はバナナがとても好きです。

（ very / bananas / like / I / much ）.

❺ 書く✏ （　）内の指示に従って，英文を書きかえなさい。表　30点

(1) You are a tennis fan.（YouをIに変えて）

(2) You are from New Zealand.（6語の否定文に）

(3) You study English after breakfast.（下線部をたずねる疑問文に）

▶ 表 の印がない問題は全て 技 の観点です。

❶ 　/26点　　❷ 　/12点　　❸ 　/12点　　❹ 　/20点　　❺ 　/30点

① 読む📖 **次の会話文を読んで，あとの問いに答えなさい。**　　　30点

> *Kent :*　What is that, Bob?
>
> *Bob :*　(　①　) is a picture of my classmates.
>
> *Kent :*　Wow, it's a very nice picture.　(　②　) is this boy?
>
> *Bob :*　He is Hiroki.　He is cheerful and active.　He can dance very well.
>
> *Kent :*　Wow!　(　③　) is this girl?
>
> *Bob :*　She is Aya.　She is a new student and she is from Japan.
>
> *Kent :*　Oh, can she speak English?
>
> *Bob :*　Yes.　She can speak English well.
>
> *Kent :*　That's nice.　And I know this boy.　He is Daniel!　We often play baseball together.
>
> *Bob :*　Really?　④He is my good friend.
>
> *Kent :*　Great.　⑤Can you play baseball, Bob?
>
> *Bob :*　Yes, I can.　But I can't play well.
>
> *Kent :*　Let's practice baseball after school!
>
> *Bob :*　That is great!　I want to play baseball with you and Daniel.

(1) ①の(　)内にあてはまる最も適切な語を次から選び，記号で答えなさい。

　　ア This　　イ It　　ウ He　　エ That

(2) ②③の(　)内に共通する最も適切な1語を答えなさい。

(3) 下線部④はだれをさしますか。英語で答えなさい。

(4) 下線部⑤を日本語にしなさい。

(5) 次の文が本文の内容に合っていれば○，異なっていれば×を書きなさい。

　　① Bob and Daniel are classmates.

　　② Aya can't speak English well.

　　③ Bob can play baseball.

② **次の対話が成り立つように，＿＿に適切な語を答えなさい。**　　　16点

(1) *A :*　Is Mr. Green a doctor?

　　B :　Yes, ＿＿＿ ＿＿＿.

(2) *A :*　Can your sister cook?

　　B :　No, ＿＿＿ ＿＿＿.　But I can cook.

(3) *A :*　What's this?

　　B :　＿＿＿ ＿＿＿ a paper knife.

　　成績評価の観点　　技 …言語や文化についての知識・技能　　表 …外国語表現の能力

(4) *A :* What can your mother play?

B : ＿＿＿ ＿＿＿ play the trumpet.

❸ 日本語に合うように（　）内の語句や符号を並べかえ，全文を書きなさい。 24点

(1) これはあなたのコンピュータですか。

(your / this / computer / is)?

(2) 私の妹は自転車に乗ることができません。

(ride / can't / sister / bike / my / a).

(3) ケーキを食べてもよいですか。

(I / cake / can / eat / a)?

(4) どちらのかばんがあなたのものですか，その赤色のものですか，その黒色のものですか。

(is / the red one / bag / yours / the black one / which / or / ,)?

❹ 書く✍ （　）内の指示に従って，英文を書きかえなさい。 表 30点

(1) That is a lion. （疑問文に）

(2) You sing very well. （「〜できます」という意味の文に）

(3) This is your eraser. （下線部をたずねる疑問文に）

❶	(1)		(2)		(3)	
		5点		5点		5点
	(4)					6点
	(5) ①		②		③	
			3点		3点	3点
❷	(1)		4点	(2)		4点
	(3)		4点	(4)		4点
❸	(1)					6点
	(2)					6点
	(3)					6点
	(4)					6点
❹	(1)					表 10点
	(2)					表 10点
	(3)					表 10点

▶ 表 の印がない問題は全て 技 の観点です。

❶　　　/30点　　❷　　　/16点　　❸　　　/24点　　❹　　　/30点

❶ 読む サキが彼女のおばについて説明している文を読んで，あとの問いに答えなさい。

26点

My name is Saki. I have an aunt. Her name is Michi and she lives in the U.S. ①(my / sister / is / she / mother's). She is a Japanese teacher and she is proud of her job.

Every Sunday, I write a letter to her. I write about my family, friends and school in the letter. She writes a letter to me too. She tells me about her. Her letter is always interesting and exciting! So, I like ②her very much.

③Every August, Michi visits （私たちの） house. She likes cooking and she can cook well. She can cook American food. ④We cook together and we have a great time.

I want to go to the U.S. and visit her. So, I want to study English every day. I can't speak English very well now, but I try.

(1) 下線部①が「彼女は私の母の妹です。」という意味になるように，（　）内の語を並べかえなさい。

(2) 下線部②はだれのことをさしますか。日本語で答えなさい。

(3) 下線部③の（　）内の日本語を英語にしなさい。

(4) 下線部④を日本語にしなさい。

(5) 本文の内容に合うように，次の問いに対する最も適切な答えを選び，記号で答えなさい。

　① When does Saki write a letter to Michi?

　　ア Every Sunday.　　イ Every Saturday.

　　ウ Every August.　　エ Every July.

　② Why does Saki want to study English?

　　ア Because she wants to cook well.　　イ Because she lives in the U.S.

　　ウ Because she wants to visit Michi.　　エ Because her mother speaks English well.

❷ 次の文の（　）内の語を適切な形に変えなさい。変えなくてよいものはそのまま書きなさい。

20点

(1) My brother (play) the guitar on Sundays.

(2) Taku doesn't (eat) salad for lunch.

(3) Mari (read) books every morning.

(4) Those bags are (they).

成績評価の観点 技…言語や文化についての知識・技能 表…外国語表現の能力

❸ 次の対話が成り立つように，____に適切な語を答えなさい。 24点

(1) *A :* Does Kenta play basketball?

   B : Yes, he _____. His brother _____ basketball too.

(2) *A :* Do you like fruits?

   B : No, I _____. But Sue _____ them.

(3) *A :* Do you know Tom and Paul?

   B : Yes, I _____. I know _____.

(4) *A :* _____ Mike clean his room every day?

   B : _____, he does.

❹ **書く✐** ( )内の指示に従って，英文を書きかえなさい。 表 30点

(1) Your father <u>washes dishes</u> after dinner. （下線部をたずねる疑問文に）

(2) He is in his house. （主語を they に変えて）

(3) Becky has a dog. （否定文に）

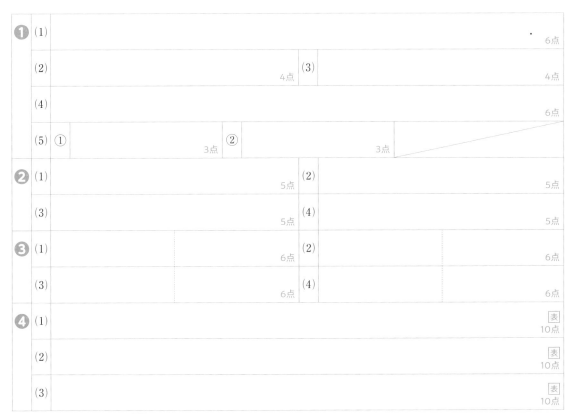

▶ 表 の印がない問題は全て 技 の観点です。

❶   /26点   ❷   /20点   ❸   /24点   ❹   /30点

定期テスト予想問題

PROGRAM 5 〜 Word Web 4　教科書61〜78ページ

151

❶ 読む🔖 ケンタとマイクが望遠鏡で景色を見ています。次の会話文を読んで，あと
の問いに答えなさい。　30点

Kenta :	Wow! We can see a park from this room! ⬜A
Mike :	Yes! Oh, the park is very large. There are many trees and flowers.
Kenta :	Look! ①There is a zoo (　　) (　　). I can see a lion in it. It is walking near the big tree.
Mike :	I can see it! I want to go to the zoo. There are some students. They ②(be) touching small animals. I love animals.
Kenta :	Me too. ⬜B　I want to touch them.
Mike :	Look, Kenta! There is a big mountain next to the zoo. Many boys and girls are ③(climb) the mountain. They are having fun at it. ⬜C
Kenta :	Great! I want to climb the mountain too. Do you have shoes for it?
Mike :	Oh, no, I don't. But I want to climb!
Kenta :	⬜D　You can buy shoes there.
Mike :	Really? I want to buy shoes. Let's go shopping together.
Kenta :	Yes, let's! ④How can we go there?
Mike :	I can see a station near the shopping mall. We can go by train.

(1) 次の英文は，本文中の ⬜A ～ ⬜D のいずれかに入る文です。どこに入れるのが最も
適切か，記号で答えなさい。

There is a big shopping mall near the mountain.

(2) 下線部①が「あそこに動物園があります。」という意味になるように，(　)内に適切な2語を
答えなさい。

(3) 下線部②③の(　)内の動詞を適切な形にしなさい。

(4) 下線部④を日本語にしなさい。

(5) 本文の内容に合うように，次の問いに英語で答えなさい。

　① Are Kenta and Mike looking at the park?

　② Is there a lion in the zoo?

　③ How can Kenta and Mike go to the shopping mall?

❷ 日本語に合うように， ＿＿＿ に入る適切な語を書きなさい。　16点

(1) この町には1つも病院がありません。

　There ＿＿＿ any ＿＿＿ in this town.

(2) リズとエミリーは窓の近くにすわっています。

　Liz and Emily ＿＿＿ ＿＿＿ near the window.

(3) あなたの友だちは体育館で何をしていますか。

_____ is your friend _____ in the gym?

(4) 私はたいていバスでそのデパートに行きます。

I usually go to the department store _____ _____.

❸ ( )内の指示に従って, 英文を書きかえなさい。 24点

(1) There is a bike near the station. （下線部を複数形に）

(2) My brother swims in the pool. （現在進行形に）

(3) Rin is playing the violin now. （下線部をたずねる文に）

❹ 書く✏ ( )内の語数で, 日本語を英語にしなさい。 表 30点

(1) あなたのかばんの中に1本の鉛筆はありますか。 （7語）

(2) ケンは今, 彼の姉を助けていません。 （7語）

(3) あなたはいくつのペンを持っていますか。 （6語）

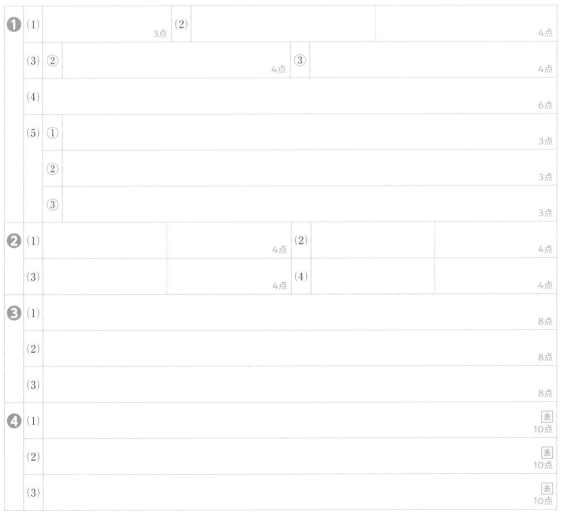

❶	(1)		3点	(2)				4点
	(3)	②			4点	③		4点
	(4)							6点
	(5)	①						3点
		②						3点
		③						3点
❷	(1)			4点	(2)			4点
	(3)			4点	(4)			4点
❸	(1)							8点
	(2)							8点
	(3)							8点
❹	(1)							表 10点
	(2)							表 10点
	(3)							表 10点

▶ 表 の印がない問題は全て 技 の観点です。

❶ ___/30点 ❷ ___/16点 ❸ ___/24点 ❹ ___/30点

① 読む📖 ハヤトが彼の祖父母について書いた文を読んで，あとの問いに答えなさい。

30点

My name is Hayato.　I am a junior high school student and live in Osaka.　Last Saturday, I visited my grandfather and my grandmother.　They live in Kobe.　I (①) there by train.

I visited their house at eleven a.m.　| ② |　My grandmother was cleaning the rooms.

My grandmother cooked a delicious lunch and we ate it together.　Her cooking was great!　After lunch, I saw their old pictures until three p.m.

My grandfather was a police officer.　In a picture, he was wearing his uniform and he was cool.　He helped many people.　He liked his job very much.

My grandmother was a nurse 50 years ago.　In another picture, she was 20 years old and she was very cute.　She worked in the hospital near her house.　She liked her job too.

My grandfather and my grandmother talked about their jobs.　③They ( ) ( ) of their jobs.　I was surprised, but I really enjoyed.　Now I know many things about their jobs.

④I had a great time in their house.　I want to visit them again.

(1) ①の(　)内にあてはまる最も適切な語を次から選び，記号で答えなさい。

　　ア go　　イ goes　　ウ goed　　エ went

(2) ②の　□　に入る最も適切な文を次から選び，記号で答えなさい。

　　ア I didn't see my grandfather.

　　イ My grandfather helps my grandmother.

　　ウ My grandfather was washing his car.

(3) 下線部③が「彼らは彼らの仕事に誇りをもっていました。」という意味になるように，(　　)内に適切な英語2語を答えなさい。

(4) 下線部④を日本語にしなさい。

(5) 本文の内容に合うように，次の問いに英語で答えなさい。

　　① What was Hayato's grandfather wearing in a picture?

　　② Where did Hayato's grandmother work?

② 次の文の(　)内の語を適切な形に変えなさい。変えなくてよいものはそのまま書きなさい。

16点

(1) My mother (make) a cake yesterday.

(2) Mike was (use) the computer then.

(3) Did they (win) the game last week?

(4) She (go) to the bookstore every Tuesday.

❸ ( )内の指示に従って，英文を書きかえなさい。 　24点

(1) Ben reads comics <u>every day</u>. （下線部をlast nightに変えて）

(2) They played soccer in the park. （過去進行形に）

(3) Liz bought <u>some books</u> two days ago. （下線部をたずねる文に）

(4) Does she speak English? （過去形に）

❹ 書く✐ ( )内の語句を使って，日本語を英語にしなさい。表 　30点

(1) ボブとポールはそのときコーヒーを飲んでいました。 (Bob and Paul, at that time)

(2) 私の妹は昨日，彼女の宿題をしませんでした。 (her homework)

(3) あなたは今朝，何時に起きましたか。 (this morning)

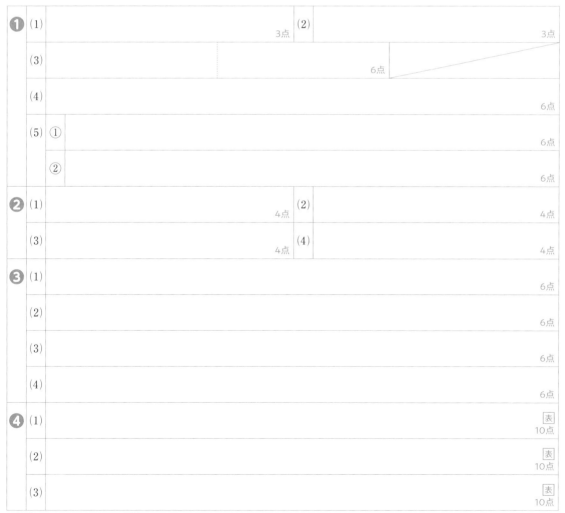

▶ 表 の印がない問題は全て 技 の観点です。

❶　　/30点　❷　　/16点　❸　　/24点　❹　　/30点

❶ これから3つの対話文を読みます。それぞれの内容が絵に合っていれば○を，合っていなければ×を書きなさい。英文は2回読まれます。　　（4点×3）　ポケリス♪ ❶

(1)　　　　　　　　　　　(2)　　　　　　　　　　(3)

Takeru

(1)		(2)		(3)	

❷ これからマイのスピーチと，その内容についての2つの質問文を放送します。質問の答えとして最も適切なものをア～エの中から1つずつ選び，記号で答えなさい。英文は2回読まれます。　　（4点×2）　ポケリス♪ ❷

(1) ア　She is a student.
　　 イ　She is not a student.
　　 ウ　Yes, she is.
　　 エ　No, she is not.

(2) ア　It is apple pie.
　　 イ　It is cooking.
　　 ウ　It is English.
　　 エ　It is Osaka.

(1)		(2)	

/ 20点

解答
p.40

❶ これから4つの英文を読みます。それぞれの内容に合う絵を1つずつ選び，記号で答えなさい。英文は2回読まれます。

(2点×4)

ポケ
リス♪ ❸

(1)		(2)		(3)		(4)	

❷ これから3つの対話文を読みます。それぞれの内容が絵に合っていれば〇を，合っていなければ×を書きなさい。英文は2回読まれます。

(4点×3)

ポケ
リス♪ ❹

(1)

(2)

(3)

(1)		(2)		(3)	

❶ これから３つの対話文を読みます。それぞれの内容に合う絵を１つずつ選び、記号で答えなさい。英文は２回読まれます。　(4点×3)

ポケリス♪ **5**

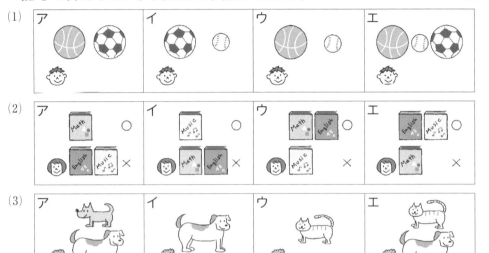

(1)　(2)　(3)

❷ これから２つの対話文を読みます。それぞれの内容に合うものをア〜エの中から１つずつ選び、記号で答えなさい。英文は２回読まれます。　(4点×2)

ポケリス♪ **6**

(1) ア　マイクは歩いて学校に行きます。

　　イ　マイクはバスで学校に行きます。

　　ウ　エミはたいてい歩いて学校に行きます。

　　エ　エミはときどき自転車で学校に行きます。

(2) ア　ケイトには姉妹がいません。

　　イ　ケイトには姉妹が１人います。

　　ウ　リョウには姉妹が１人、兄弟が１人います。

　　エ　リョウには姉妹が２人います。

(1)　(2)

／20点　解答 p.41

❶ これから3つの対話文を読みます。それぞれの内容が絵に合っていれば○を，合っていなければ×を書きなさい。英文は2回読まれます。

(4点×3) ポケ リス♪ ❼

(1) 　(2) 　(3)

(1)		(2)		(3)	

❷ これから放送するジョンと博物館員の対話文を聞いて，その内容に合うものをア〜カの中から2つ選び，記号で答えなさい。英文は2回読まれます。

ア John can take pictures in the museum.

(4点×2) ポケ リス♪ ❽

イ John can take his bag with him.

ウ John can take his dog with him.

エ John can eat in the museum.

オ John can drink in the museum.

カ John can enjoy pictures in the museum before five o'clock.

リスニングテスト

一般動詞／canの文

❶ これから３つの対話文を読みます。それぞれの内容に合う絵を１つずつ選び，記号で答えなさい。英文は２回読まれます。

(4点×3) ポケリス♪ ❾

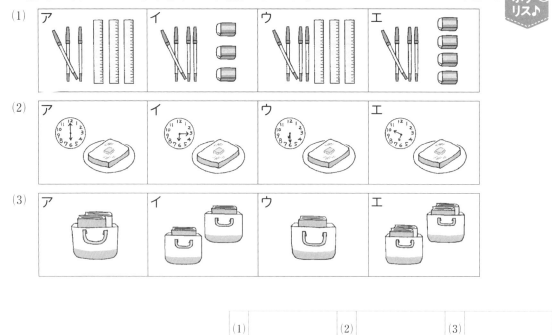

(1)		(2)		(3)	

❷ これからタカシのスピーチと，その内容についての２つの質問文を放送します。質問の答えとして最も適切なものをア〜エの中から１つずつ選び，記号で答えなさい。英文は２回読まれます。

(4点×2) ポケリス♪ ❿

(1) ア　He practices the guitar.
　　イ　He practices tennis.
　　ウ　He practices soccer.
　　エ　He practices basketball.

(2) ア　She is from Nagano.
　　イ　She is a junior high school student.
　　ウ　She is seventeen years old.
　　エ　She is Takashi's sister.

(1)		(2)	

解答 p.42

/ 20点

❶ これから３つの対話文を読みます。それぞれの内容に合う絵を１つずつ選び，記号で答えなさい。英文は２回読まれます。

(4点×3)

ポケリス♪ ⑪

(1)		(2)		(3)	

❷ これから２つの対話文を読みます。それぞれの最後にくる文として最も適切なものをア〜エの中から１つずつ選び，記号で答えなさい。英文は２回読まれます。

(4点×2)

ポケリス♪ ⑫

(1) ア At school.
   イ After school.
   ウ With my friends.
   エ By bus.

(2) ア Every year.
   イ Forty years old.
   ウ In August.
   エ In Australia.

(1)		(2)	

／20点　　解答 p.43

❶ これから4つの英文を読みます。それぞれの内容に合う人物を絵のア〜キの中から1人ずつ選び，記号で答えなさい。英文は2回読まれます。　(3点×4)　ポケリス♪ **13**

(1)	(2)	(3)	(4)

❷ これから放送するベッキーとシンジの電話での対話文を聞いて，その内容に合わないものをア〜カの中から2つ選び，記号で答えなさい。英文は2回読まれます。　(4点×2)　ポケリス♪ **14**

ア Becky is talking with Shinji.

イ Shinji is eating breakfast with his sister.

ウ Becky is studying Japanese.

エ Shinji is reading some kanji for Becky.

オ Shinji can help Becky after breakfast.

カ Becky can visit Shinji's house at ten o'clock.

/ 20点

解答 p.44

❶ これから3つの対話文を読みます。それぞれの内容に合う絵を1つずつ選び，記号で答えなさい。英文は2回読まれます。

(4点×3)　ポケリス♪ **15**

(1)

(2)

(3)

(1)		(2)		(3)	

❷ これからリカのスピーチと，その内容についての2つの質問文を放送します。質問の答えとして最も適切なものをア～エの中から1つずつ選び，記号で答えなさい。英文は2回読まれます。

(4点×2)　ポケリス♪ **16**

(1) ア　She liked London very much.
　　イ　During her summer vacation.
　　ウ　Yes, she did.
　　エ　No, she didn't.

(2) ア　She played soccer with people in London.
　　イ　She visited some museums.
　　ウ　She watched some movies.
　　エ　She had nice food at her friend's house.

(1)		(2)	

❶ これから 3 つの英文を読みます。それぞれの内容に合う絵を 1 つずつ選び，記号で答えなさい。英文は 2 回読まれます。

(4点×3)　ポケリス♪ ⑰

(1)

(2)

(3)

(1)		(2)		(3)	

❷ これからトムとユミの対話文と，その内容について 2 つの質問文を放送します。質問の答えとして最も適切なものをア〜エの中から 1 つずつ選び，記号で答えなさい。英文は 2 回読まれます。

(4点×2)　ポケリス♪ ⑱

(1) ア　Tom.
　　イ　Yumi's friends.
　　ウ　Yumi's math teacher.
　　エ　Tom's teammate.

(2) ア　He was at the music shop.
　　イ　He was in the park.
　　ウ　He was in the library.
　　エ　He was at home.

(1)		(2)	

❶ これから次の表について4つの質問文を読みます。質問の答えとして最も適切なものをア～エの中から1つずつ選び，記号で答えなさい。英文は2回読まれます。

(3点×4) ポケリス♪ ⑲

名前	Mary	John	Ken	Becky
出身国	オーストラリア	アメリカ	日本	カナダ
クラブ活動	テニス部	サッカー部	野球部	美術部
練習日	火・金	水・木	毎日	月
演奏する楽器	ピアノ	ピアノ，ギター	なし	ギター

(1) ア Australia.　　　　イ America.
　　ウ Japan.　　　　　エ Canada.

(2) ア Mary.　　　　　イ John.
　　ウ Ken.　　　　　エ Becky.

(3) ア On Tuesdays and Fridays.　　イ On Wednesdays and Thursdays.
　　ウ Every day.　　　　　　　　エ On Mondays.

(4) ア One.　　　　　　イ Two.
　　ウ Three.　　　　　エ Four.

(1)		(2)		(3)		(4)	

❷ これからマイクのスピーチと，その内容についての2つの質問文を放送します。質問の答えとして最も適切なものをア～エの中から1つずつ選び，記号で答えなさい。英文は2回読まれます。

(4点×2) ポケリス♪ ⑳

(1) ア For Kumi.　　　　イ Two months ago.
　　ウ Last Saturday.　　エ At Kumi's house.

(2) ア She plays basketball with Mike.　　イ She speaks English.
　　ウ She has a party for Mike.　　　　エ She helps Mike.

(1)		(2)	

応用 ▶ 英作文にチャレンジ!

❶ 次の 2 つの絵は，ユカが買い物に行ったときのできごとを表したものです。(1)
〜(3)の条件に当てはまるセリフを英文で書きなさい。

(1)	
(2)	
(3)	

❷ あなたは英語の授業で父親の紹介をすることになりました。次のメモを参考に
して英文の原稿を完成させなさい。

名前：明(Akira)
数学の教師をしている。
歌がじょうずだ。
速く走ることができる。
映画が好きだ。
ときどきいっしょに映画を見に行く。

❸ あなたは日本語を読むことができない外国人の友達と写真展を訪れました。次の日本語で書かれた注意事項を友達に説明する英文を4つ書きなさい。

> 星野太郎写真展　Hoshino Taro Photo Exhibition
>
> 注意事項
>
> 写真撮影は可能です。
>
> 飲食禁止
>
> 写真にさわらないでください。
>
> 大声で話さないでください。

(1)	
(2)	You can't
(3)	You
(4)	Please

❹ 次の絵を説明する文を3つ書きなさい。

(1)	
(2)	
(3)	

英作文にチャレンジ！

⑤ 次のグラフは，タカシがクラスの生徒全員にスマートフォンを持っているかを
たずねる調査をした結果をまとめたものです。ここから読み取れることを３つ
の英文にまとめなさい。ただし，数字も英語のつづりで書くこと。

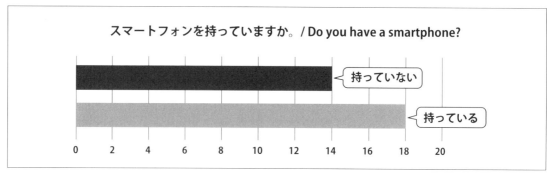

1人の生徒は携帯電話 (mobile phone)を持っていると回答

⑥ 次の質問文に対する応答文を，５つの英文にまとめなさい。行った場所やした
ことついて書き，最後に感想を書きなさい。ただし，５文のうち１つはbe動詞
の過去形を使った文にしなさい。

What did you do during summer vacation?

教科書ぴったりトレーニング
〈開隆堂版・サンシャイン1年〉
この解答集は取り外してお使いください。

Get Ready ～ PROGRAM 0

pp.6～7 ぴたトレ1

Words & Phrases

(1)〜が好きである　(2)参加する

(3)birthday　(4)club

1　(1)ア　(2)ア　(3)ア

2　(1)swimming

(2)like spaghetti

(3)I like flute(.)

3　(1)My name is Sato Ken(.)

(2)When is your birthday(?)

解き方
1　(1)ア「フライドポテト」イ「フライドチキン」
(2)ア「カナダ」イ「中国」　(3)ア「吹奏楽部」イ
「バスケットボール部」
2　「私は〜が好きです。」はI like 〜.で表す。
(1)「私は水泳が好きです。」　(2)「私はスパ
ゲッティが好きです。」　(3)「私はフルートが
好きです。」
3　(1)「私の名前は〜です。」=My name is 〜.
(2)「あなたの誕生日はいつですか。」=When
is your birthday?

pp.8～9 ぴたトレ1

Words & Phrases

(1)走る　(2)長い

(3)fish　(4)brother

1　(1)ア　(2)ア　(3)イ

2　(1)ウ，apron

(2)エ，jacket

(3)イ，desk

3　(1)ABCDEFGHI

(2)nopqrstuv

解き方
1　(1)「楽しみ」=fun　(2)「バレーボール」
=volleyball　(3)「これ」=this
2　(1)pとqの向きの区別に注意する。「エプロ
ン」=apron　(2)4線上のjの位置に注意。
「ジャケット」=jacket　(3)bとdの向きを区
別する。「机」=desk
3　(1)アルファベット順で一番先になる文字を
見つけると，並べやすい。Cは大文字と小
文字の大きさが違う。　(2)pとq，uとvの形
を区別する。

pp.10～11 ぴたトレ2

1　(1)ウ　(2)ア

2　(1)My name

(2)Can you

3　(1)I like math(.)

(2)I want to join the
English club(.)

4　(1)When is your birthday?

(2)I like swimming.

5　① 10　② 7　③ フライドチキン　④ 理科

6　(1)My birthday is August
10.

(2)I like beefsteak.

(3)I like social studies.

解き方
1　(1)「オムレツ」=omelet　(2)「屋根」=roof
2　(1)「私の名前は〜です。」はMy name is
〜.を使う。文の始めなので，Myは大文字
で書き始める。　(2)「あなたは〜ができます
か。」はcan「〜できる」を使ってCan you

play 〜?で表す。

③ (1)「私は数学が好きです。」はI like のあとにmathを置く。 (2)「私は〜に入りたいです。」はI want to join 〜.で表す。「英語」＝English

④ (1)相手の誕生日をたずねるときは，When is your birthday?を使う。たずねる文なので，文の最後には？をつける。 (2)I like 〜.の文を使う。「水泳」＝swimming

⑤ ①②ダニエルの1番目の発言に「私の誕生日は10月7日です。」とある ③ ダニエルの2番目の発言に「私はフライドチキンが好きです。」とある。 ④ダニエルの3番目の発言に「私は理科が好きです。」とある。

全訳

ケン：ダニエル，あなたの誕生日はいつですか。

ダニエル：私の誕生日は10月7日です。

ケン：あなたはどんな食べ物が好きですか。

ダニエル：私はフライドチキンが好きです。

ケン：あなたは何の科目が好きですか。

ダニエル：私は理科が好きです。

⑥ (1)本文2行目でわかる。 (2)3行目の1文目からわかる。 (3)3行目の2文目からわかる。 social studies＝「社会」

PROGRAM 1 〜 Word Web 1

pp.12〜13 ぴたトレ**1**

Words & Phrases

(1)まあ，おお (2)消防士 (3)親しみやすい

(4) student (5) I'm

(6) you're

1 (1)ア (2)イ (3)イ

2 (1) am

(2) are

(3) I'm

3 (1) I am Kato Sakura (.)

(2) You are not Kei (.)

解き方 1 (1)主語がI「私は」のとき，be動詞はam。
(2)主語がyou「あなたは」のとき，be動詞は

---

are。 (3)「私は〜ではありません。」という文はI am not 〜.と表す。I amの短縮形I'mを選ぶ。

2 (1)「私はシオリです。」 (2)「あなたはユウジです。」 (3)「私はシェリーです。」

3 (1)I am〜.の文。 (2)「あなたは〜ではありません。」とあるので，You are not 〜.の文を使う。

pp.14〜15 ぴたトレ**1**

Words & Phrases

(1)許す (2)役に立つ

(3)〜したい

(4) aren't (5) from

(6) really

1 (1)ア (2)ア (3)ア

2 (1) Are you ／ I'm not

(2) Are you a teacher (?) ／ I am

3 (1) Are you from Tokyo (?)

(2) Are you a dentist (?)

解き方 1 (1)主語がyouで「〜ですか」という疑問文なので，youに対応するbe動詞のAreを選ぶ。 (2)「あなたは〜ですか。」とたずねられているので答えの文ではI amを使う。 (3)「あなたは〜ですか。」という疑問文ではbe動詞を文の始めに置く。

2 (1)「あなたは学生ですか。」―「いいえ，違います。」 (2)「あなたは先生ですか。」―「はい，そうです。」

3 (1)(2)「あなたは〜ですか。」とあるのでbe動詞のareが文頭にくる。

pp.16〜17 ぴたトレ**1**

Words & Phrases

(1)1つの，1人の (2)天使 (3)正直な

(4)かしこい，頭の切れる

(5) fan (6) king

(7) careful (8) cheerful

1 (1)イ (2)イ (3)イ

2 (1) Where, from
from Canada
(2) Where are you from (?)
from China
3 (1) Where are you from (?)
(2) I am from New Zealand(.)

解き方 **1** (1)Whereのあとはbe動詞の疑問文の語順。
(2)「～出身です」と言うときはbe from～。
(3)artistは母音で始まるので，anを前に置く。

2 (1)「あなたはどこの出身ですか。」―「私はカナダの出身です。」 (2)「あなたはどこの出身ですか。」―「私は中国の出身です。」

3 (1)「どこ」とたずねる文はWhereを文頭に置き，そのあとは疑問文の語順にする。
(2)be from～「～の出身です」を使う。Iに対応するbe動詞はam。

pp.18〜19 **ぴたトレ1**

Words & Phrases

(1)5 (2)30
(3) ninety (4) fifty-one

1 (1)イ (2)ア (3)ア (4)ア

2 (1) thousand, hundred, eighty
(2) three, eight seven
(3) thirteen

3 (1) I am not twenty (.)
(2) one thousand seven
hundred and eighty-four
(yen)

解き方 **1** (1)13から19までは語の後半に-teenがつく。 (2)「1,000」を表すのはthousand。
(3)200を表すとき，twoのあとにhundredをつける。 (4)「～歳」を数だけで表す。twelfthは「12番目の」。

2 (1)「1,000」は thousand，「100」は hundredで表す。 (2)電話番号は数字を1

つずつ読む。 (3)「13」= thirteen

3 (1)「私は20歳です。」の否定文と考えて，amのうしろにnotを入れる。
(2)andはseven hundredとeighty-fourの間に入れる。

pp.20〜21 **ぴたトレ2**

1 (1)エ (2)ウ
2 (1) I'm, from (2) Are, too
3 (1) Are you from Australia(?)
(2) You and I are not hungry(.)
4 (1) You are not[aren't] a superman.
(2) Where are you from?
5 (1) to
(2) Thanks
(3) Where are you from(?)
6 (1) I'm (2) too
(3)先生

解き方 **1** (1)「私は山田カオルです。」 (2)「私は英雄ではありません。」
2 (1)空所の数から，I amの短縮形を使う。
(2)「～も」はtooで表す。
3 (1)疑問文なのでbe動詞を文頭に置いて，大文字で書き始める。 (2)「あなたと私」はYou and Iで表す。be動詞のあとにnotを置く。
4 (1)be動詞のあとにnotを置く。 (2)Whereを文頭に置く。
5 (1)「～したい」はwant to ～で表す。
(2)「ありがとう」は，Thanks.かThank you.を使う。空所は1つなので，Thanksが適切。
(3)主語にyouを使った，〈Where＋be動詞＋主語＋from ～?〉の文にする。
6 (1)Are you ～?の疑問文にNoで答える文は，No, I'm not.とする。 (2)「～もまた」＝too (3)本文2行目の2文目に着目。ホワイトさんは新しい先生だとわかる。

pp.22〜23 **ぴたトレ3**

1 (1)× (2)○ (3)×
2 (1)ア (2)ア (3)ア
3 (1) You are

(2) I are

(3) am, new, too

④ ① from ② fan

③ to ④ cheerful

⑤ not

⑤ (1)お会いできてうれしいです。

(2) just

(3)ウ (4)1. ○ 2. × 3. ○

⑥ (1) I am[I'm] not tired.

(2) Are you busy?

(3) Where are you from?

解き方
① (1)iの発音が異なるので注意する。「ていねいな、礼儀正しい」= polite、「王」= king (2)「2」= two、「〜もまた」= too (3)「正直な」= honest、「ああ、おお」= oh
② (1)(2)(3)最初の音節を強く読む。 (1)「注意深い」 (2)「天使」 (3)「まじめな」
③ (1)「活発な」= active (2)主語がYou and Iのとき、be動詞はareを使う。 (3)too「〜もまた」を文末に置く。
④ ①「〜の出身である」= be from 〜 ②「ファン」= fan ③「〜したい」= want to 〜 ④「元気のよい」= cheerful ⑤ I'mのうしろにnotを入れる。
⑤ (1)Nice to meet you. =「お会いできてうれしいです。」 (2)just =「ちょうど、まさに」 (3)直後でベンがYes.と答えていることに注目。ウ「ほんとうですか。」を入れる。 (4)1.「あなたは1-Aですか。」の問いにベンは「はい。」と答えており、アミは「私もです。」と続けている。 2. Nice to meet you.という発言や、2人が自己紹介をしていることから初対面とわかる。 3.ベンの最後の発言にYou are friendly and kind.とある。

全訳
アミ：あなたは1-Aですか。
ベン：はい、そうです。
アミ：私もです。私はアミです。お会いできてうれしいです。
ベン：私はベンです。こちらこそお会いできてうれしいです。あなたはちょうど私の妹

のようです。
アミ：ほんとうですか。
ベン：はい。あなたは親しみやすくて親切です。
アミ：ありがとう。
⑥ (1)be動詞の否定文で表す。「疲れて」= tired (2)be動詞の疑問文で表す。「忙しい」= busy (3)Whereを使った疑問文で表す。出身地はfromを使ってたずねる。

<table>
<tr><td colspan="2">英作文の採点ポイント</td></tr>
<tr><td>□単語のつづりが正しい。（2点）</td></tr>
<tr><td>□be動詞が正しく使えている。（3点）</td></tr>
<tr><td>□疑問文・否定文の語順が正しい。（3点）</td></tr>
</table>

PROGRAM 2 〜 Steps 1

pp.24〜25 ぴたトレ1

Words & Phrases

(1)毎〜、〜ごとに (2)〜のあとに[で]

(3)絵、写真

(4) draw (5) snack

(6) bike

1 (1)イ (2)ア (3)イ

2 (1) blue

(2) like soup

(3) I like science (.)

3 (1) I eat breakfast (.)

(2) I do not play soccer (.)

解き方
1 (1)「好きです」と表すときはlikeを使う。 (2)「（スポーツなどを）する」と表すときはplayを使う。 (3)「〜しません」と言うときは、do notを使う。
2 (1)「私は青色が好きです。」 (2)「私はスープが好きです。」 (3)「私は理科が好きです。」
3 (1)〈主語 + 動詞 〜 .〉の文。「朝食」= breakfast (2)主語のあとにdo not playを続ける。

pp.26〜27 ぴたトレ1

Words & Phrases

(1)パラパラめくること (2)放課後

(3)〜を見る

(4) every day

(5) grow　(6) wow

1 (1) lemons　(2) cherries

(3) dishes

2 (1) five books

(2) have three watches

(3) I have four cups (.)

3 (1) I eat two eggs (.)

(2) I do not have three dogs (.)

解き方 1 (1)語尾に-sをつけて複数形にする。　(2)〈子音字＋y〉で終わる語は，語尾のyをiに変えて-esをつけることで複数形にする。　(3)-shで終わる語を複数形にするときは，語尾に-esをつける。

2 (1)「私は5冊の本を持っています。」(2)「私は3つの腕時計を持っています。」(3)「私は4つのカップを持っています。」

3 (1)〈主語＋動詞～.〉の順。eggは語尾に-sをつけて複数形にする。　(2)〈主語＋do not＋動詞～.〉の順になる。dogは語尾に-sをつけて複数形にする。

pp.28～29 ぴたトレ1

Words & Phrases

(1)しばしば　(2)夕食　(3)登る

(4)～の間に

(5) break　(6) tomorrow

(7) Sure　(8) weekend

1 (1)イ　(2)イ　(3)ア

2 (1) Do, study

I don't

(2) Do you cook (?)

Yes, I do (.)

3 (1) Do you drink coffee (?)

(2) Do you study English
after dinner (?)

解き方 1 (1)「あなたは～しますか。」とたずねるときはDoを文頭に置く。be動詞areは用いないことに注意する。　(2)doを用いて答える。(3)一般動詞の疑問文なので，Do you ～?の形にする。

2 (1)「あなたは理科を勉強しますか。」—「いいえ，しません。」(2)「あなたは料理しますか。」—「はい，します。」

3 (1)Do you ～?の形を使う。　(2)「夕食後」＝after dinner

pp.30～31 ぴたトレ1

Words & Phrases

(1)買い物に行く　(2)ふろに入る

(3)そうしましょう。

(4) before　(5) night

(6) much

1 (1)イ　(2)イ　(3)ア

2 (1) clean　/　clean, after

(2) When do you
take a bath before

3 (1) I watch TV at night (.)

(2) How about you (?)

解き方 1 (1)「いつ」＝when　(2)「放課後」＝after school

2 (1)「あなたはいつ部屋を掃除しますか。」—「私は昼食後に部屋を掃除します。」(2)「あなたはいつふろに入りますか。」—「私は夕食前にふろに入ります。」

3 (1)「私は～します。」とあるので，主語のあとに一般動詞を続ける。「夜に」＝at night(2)「あなたはどうですか。」＝How about you?

pp.32～33 ぴたトレ1

Words & Phrases

(1)火曜日　(2)木曜日　(3)金曜日

(4) Wednesday

(5) sunny

(6) rainy

1 Saturday, Sunday
Monday

2 (1) How's, weather
rainy

(2) How's the weather
It's cloudy (.)

3 (1) What day is it (today?)

(2) It's Saturday (.)

解き方 **1** 「土曜日」= Saturday, 「日曜日」= Sunday,
「月曜日」= Monday

2 (1)「今日の天気はどうですか。」—「雨です。」
(2)「今日の天気はどうですか。」—「くもりです。」

3 (1)What dayが文頭に来る。 (2)今日の曜日を答えるのでIt'sで始める。

1 (1)エ (2)ア (3)イ (4)ウ

2 (1) Where do

(2) in

3 (1) Do you like milk (?)

(2) When do you study Japanese(?)

解き方 **1** (1)「あなたはテニスファンですか。」「いいえ,
そうではありません。」be動詞を使ってYes
/ Noで答える。 (2)「あなたはスポーツが好
きですか。」「はい, 好きです。」doを使って
Yes / Noで答える。 (3)「あなたはどこの出
身ですか。」「私は北海道の出身です。」I'm
from～.で「私は～の出身です。」の意味。
(4)「あなたはいつピアノをひきますか。」「夕
食前にひきます。」〈When + do + 主語 + 動
詞～?〉で「いつ～しますか。」という意味。

2 (1)Whereを使った一般動詞の疑問文にす
る。 (2)「体育館の中で」にはinを用いる。

3 (1)一般動詞の疑問文の形。 (2)Whenを使っ
た一般動詞の疑問文。「国語」= Japanese

1 (1)ウ (2)ウ

2 (1) like, How

(2) What day, Wednesday

3 (1) You speak English well(.)

(2) Do you clean your room(?)

4 (1) I want five books.

(2) I don't study math after dinner.

5 (1) very much

(2) When

(3) I play basketball too.

6 (1) I see a cow. [I see a penguin.]

(2) Yes, I do.[No, I don't.]

解き方 **1** (1)「(楽器を)演奏する」という意味のplayが
入る。 (2)名詞の複数形applesが入る。

2 (1)「～はどうですか。」= How about ～?
(2)曜日をたずねる表現。「水曜日」=
Wednesday

3 (1)「じょうずに」= well (2)clean =「掃除す
る」

4 (1)「私は本が5冊ほしいです。」複数形に変わ
る。 (2)「私は夕食後に数学を勉強しません。」

5 (1)「とても」= very much
(2)直後のエミリーの発言から, whenを使っ
た疑問文にする。 (3)「～もまた」= too

6 (1)「あなたは何の動物が見えますか。」という
質問。エミリーの発言からpenguinとcowと
わかる。 (2)「あなたは2人の人の顔が見えま
すか。」という質問。Yes / Noで答える。Do
you ～?とたずねられているので, Iとdoを
使って答える。

1 (1)× (2)× (3)○

2 (1)ア (2)イ (3)イ

3 (1) Look at

(2) after school

(3) How's, weather

④ (1) I have two apples.

(2) Do you eat a sandwich for a snack?

(3) Where do you listen to music?

⑤ (1) Where

(2) ウ

(3) いつピアノをひくか。

(4) ウ

⑥ (1) What day is it today? [What day of the week is it today?]

(2) Do you swim?

(3) When do you study?

解き方 ❶ (1)「休憩」「話す」 (2)「栽培する，育てる」「うわー」 (3)「(絵を)描く」「しばしば」

❷ (1)最初の音節を強く読む。 (2)(3)2つ目の音節を強く読む。英単語の意味はそれぞれ，(1)「週末」 (2)「～より前に」 (3)「明日(は)」

❸ (1)「～を見る」＝look at
(2)「放課後」＝after school (3)「天気」＝weather

❹ (1)「私はリンゴを1つ持っています。」→「私はリンゴを2つ持っています。」anは「1つの」という意味なので，これがtwoに変われば，あとに続く名詞も複数形になる。 (2)「あなたはおやつにサンドイッチを食べます。」→「あなたはおやつにサンドイッチを食べますか。」eat＝「食べる」 (3)「私は私の部屋で音楽を聞きます。」→「あなたはどこで音楽を聞きますか。」in my room「私の部屋で」は場所を表すので，この部分をたずねるにはwhereを使う。〈Where＋do＋主語＋動詞～?〉の形にする。

❺ (1)場所をたずねるときはWhereを使う。 (2)直後のダニエルの発言Yes, I do. I play the piano.「はい，します。私はピアノをひきます。」に着目。ウ「あなたはピアノをひきますか。」が入ると意味が通る。 (3)How about you? という質問は，直前に話していた内容を示すと考えられるので，直前のダニエルの発言内容をまとめる。 (4)ア ダニエルはアメリカ合衆国の出身。イ ケンもダニエルもピアノをひく。ウ ダニエルの最後の発言参照。

全訳
ケン：ダニエル，あなたに2つの質問があります。
ダニエル：いいですとも。
ケン：あなたはどこの出身ですか。
ダニエル：私はアメリカ合衆国の出身です。
ケン：あなたはピアノをひきますか。
ダニエル：はい，します。私はピアノをひきます。
ケン：うわー，私もピアノをひきます。
ダニエル：ほんとうですか。あなたはいつピアノをひきますか。
ケン：毎日です。あなたはどうですか。
ダニエル：毎週末です。

❻ (1)「今日は何曜日ですか。」とたずねる場合は，What day is it today? で表す。What day of the week is it today? というたずね方もできる。 (2)「あなたは泳ぎますか。」と表す。 (3)「あなたはいつ勉強しますか。」という文でたずねる。〈When do you＋動詞～?〉の形になる。

英作文の採点ポイント
□単語のつづりが正しい。（2点）
□動詞が正しく使えている。（3点）
□疑問文の語順が正しい。（3点）

PROGRAM 3 ～ Power-Up 1

pp.40～41　　　　ぴたトレ1

Words & Phrases
(1)それでは，それなら (2)キロメートル
(3)見せ物，番組，ショー (4)いとこ
(5)classmate (6)that's (7)uncle
(8)aunt

1 (1)ア (2)イ (3)イ (4)ア (5)ア

2 (1)ski (2)play volleyball
(3)I can dance

3 (1)I can play the flute (.)
(2)I can't use a computer (.)
(3)You can speak Japanese well (.)

解き方 1 (1)「話します」はspeakで表す。 (2)「(楽器)をひくことができる」という意味はcan playの形で表す。 (3)「歌うことができる」とあるのでcanを使う。 (4)(5)否定文では，動

詞の前にcan't[cannot]を置く。

2 (1)「私はスキーをすることができます。」(2)「私はバレーボールをすることができます。」(3)「私はじょうずにダンスをすることができます。」

3 (1)動詞playの前にcanを置く。「フルートを吹く」= play the flute　(2)動詞useの前にcan'tを置く。「コンピュータを使う」= use a computer　(3)主語がyouのときも，動詞の前にcanを置く。

pp.42〜43　　　　　　ぴたトレ1

Words & Phrases

(1)ダンサー　(2)アメリカ(人)の
(3)guitar　(4)talent

1 (1)イ　(2)イ　(3)イ　(4)ア

2 (1)read, I can
(2)Can, use, I can't
(3)Can you play, I can't

3 (1)Can you dance well (?)
(2)Can you ride a bike (?)
(3)No, I can't (.)

解き方
1 (1)「(あなたは)〜できますか」とたずねるときは〈Can you＋動詞〜?〉の文を使う。
(2)〈Can you 〜?〉の文には，canを使ってYes, I can. / No, I can't[cannot].で答える。　(3)「〜することができますか」と言うときは主語の前にcanを置く。　(4)No, I can't[cannot].で「いいえ，できません」という意味。

2 (1)「あなたは漢字を読むことができますか。」—「はい，できます。」(2)「あなたはコンピュータを使うことができますか。」—「いいえ，できません。」(3)「あなたはピアノをひくことができますか。」—「いいえ，できません。」

3 (1)「〜することができますか」という文なので，〈Can＋主語＋動詞〜?〉の語順になる。
(2)ride＝「乗る」(3)canの疑問文にNoで答えるときは，No, I can't[cannot].と言う。

pp.44〜45　　　　　　ぴたトレ1

Words & Phrases

(1)彼ら[彼女ら，それら]の　(2)タコ　(3)守る
(4)〜から…へ[まで]　(5)change　(6)catch
(7)robot　(8)koala

1 (1)イ　(2)イ　(3)イ　(4)イ

2 (1)What, play, play, guitar
(2)What, cook, cook steak
(3)What, make, I can make

3 (1)What can you play (?)
(2)I can play soccer (.)
(3)The monkey can catch the ball(.)

解き方
1 (1)「〜できますか」という疑問文なのでcanが適切。　(2)「〜することができる」と答えているのでcanが適切。　(3)Whatのあとにcanの疑問文の形〈can＋主語＋動詞〜〉が続く。　(4)「〜することができる」という意味の文なのでcanが適切。

2 (1)「あなたは何を演奏できますか。」—「私はギターをひくことができます。」(2)「あなたは何を料理することができますか。」—「私はステーキを料理することができます。」(3)「あなたは何を作ることができますか。」—「私はサラダを作ることができます。」

3 (1)「何を〜できますか。」の文は，〈What can＋主語＋動詞〜?〉の形。　(2)〈主語＋can＋動詞〜.〉の語順。　(3)「つかまえる」= catch

pp.46〜47　　　　　　ぴたトレ1

Words & Phrases

(1)ジェーポップ
(2)(サッカーで)中盤の選手，ミッドフィールダー
(3)everyone　(4)love

1 (1)I'm, fan　(2)very much
(3)watch, on TV

2 (1)love　(2)can play　(3)am, fan
(4)can sing　(5)sing, with

3 (1)I can play the guitar well (.)
(2)I love basketball (.)
(3)I practice tennis every (day.)

解き方
1 (1)「〜ファンです」=〈主語＋be動詞＋a 〜 fan〉(2)「とても」= very much　(3)「テレビで〜を見る」= watch 〜 on TV

2 全訳
　こんにちは，みなさん。あなたは音楽が好きですか。　(1)私は音楽が大好きです。　(2)私はピアノをひくことができます。　(3)私はジェーポップファンです。　(4)私はじょうずに歌うことができます。(5)私は毎日妹といっ

しょに歌を歌います。いっしょに歌を歌いましょう！ ありがとうございました。

3 (1)wellは文末に置く。 (2)「大好きである」＝love (3)「毎日」＝every day

ぴたトレ**1**

Words & Phrases
(1)彼女の (2)concert

1 (1)They are (2)Their names
(3)go, show

2 (1)have two (2)Their, are
(3)have, together (4)can play
(5)practice

3 (1)I have three interesting books (.)
(2)I dance with my sister (.)
(3)Let's go to her concert (.)

解き方 1 (1)「彼らは～です」はthey are ～で表す。theyは複数の人やものをさす。 (2)「彼らの」＝their 名詞の前に置く。 (3)「～に行く」＝go to ～

2 全訳
こんにちは，みなさん。私はかおるです。(1)私には2人の親友がいます。 (2)彼女らの名前はエミリーとシェリーです。 (3)私たちはいっしょに音楽ショーを開きたいです。(4)私はギターをひくことができます。 (5)私はギターを毎日練習します。ありがとうございました。

3 (1)名詞について「数」を表す語と「様子・状態」を表す語が両方あるときは，〈数＋様子・状態＋名詞〉の語順。
(2)「～といっしょに」＝with (3)「～しましょう。」は〈Let's＋動詞～.〉

ぴたトレ**2**

❶ (1)ウ (2)ウ (3)エ

❷ (1)What can (2)here, go (3)from, to

❸ (1)We can have a great time (.)
(2)What can this robot do (?)

❹ (1)I can't[cannot] use this computer.
(2)Can you cook curry and rice?
— Yes, I can.

❺ (1)can
(2)I can't[cannot] play the guitar.
(3)ウ

❻ (1)No, she can't.
(2)Yes, I can. [No, I can't.]

解き方 ❶ (1)「私は英語を話すことができます。」
(2)「あなたは今日バスケットボールをすることができません。」 (3)「あなたは何を作ることができますか。」

❷ (1)「ご注文は何になさいますか。」＝What can I get for you? (2)「こちらでめしあがりますか，お持ち帰りになりますか。」＝For here or to go? (3)「～から…へ[まで]」＝〈from ～ to ...〉

❸ (1)「すばらしい時を過ごす」＝have a great time (2)〈What can＋主語＋動詞～?〉

❹ (1)「私はこのコンピュータを使うことができます。」→「私はこのコンピュータを使うことができません。」 (2)「あなたはカレーライスを料理することができます。」→「あなたはカレーライスを料理することができますか。」「はい，できます。」

❺ (1)「～できる」という意味のcanが入る。
(2)canを使った否定文。 (3)会話文中のcanを使った表現に注目。can't[cannot]は，「～することができない」という意味。それぞれの人物の発言内容に注意。

❻ (1)「アオイはギターをひくことができますか。」という質問。会話文でアオイは，I can't play the guitarと答えていることからギターをひくことができないとわかる。
(2)「あなたは音楽を演奏できますか。」と問われている。あなたが音楽を演奏できる場合はYesで，できない場合はNoで答える。

ぴたトレ**3**

❶ (1)○ (2)× (3)○

❷ (1)ア (2)ア (3)イ

❸ (1)can't[cannot] use (2)Can I
(3)What can (4)can play

❹ (1)Yes, can (2)Can I
(3)Can you

❺ (1)I can play tennis well. (2)with
(3)ウ (4)1. × 2. ○ 3. ○

❻ (1)Can you eat fish?
(2)I can't[cannot] use a computer.
(3)例 I can cook steak.

解き方 ❶ (1)「大好きである，愛する」「おじ」(2)「変える」「才能のある人，タレント」(3)「見せ物，

番組，ショー」「ロボット」

❷ (1)(2)最初の音節を強く読む。 (3)2つ目の音節を強く読む。 (1)タコ (2)みなさん (3)キロメートル

❸ (1)「～することができません」という文なのでcan't[cannot]が入る。 (2)店での注文に使われる表現。〈Can I ～?〉は「～してもよいですか。」という意味。注文をするときに，Can I have ～?の形で使われる。 (3)ここでのdoは「する」という意味の動詞。 (4)「(フルートを)吹く」は動詞playで表す。

❹ (1)A「ボブとケンは踊ることができますか。」B「はい，できます。彼らはよいダンサーです。」 (2)A「あなたのペンを使ってもいいですか。」B「もちろん。はい，どうぞ。」 (3)A「あなたはこの本を読むことができますか，エミリー。」B「いいえ，できません。私は日本語を読むことができません。」

❺ (1)与えられた語の中から，主語になる語と動詞になる語を探す。ここではIが主語，動詞はplay。助動詞canがあるのでI can play ～という語順の文になる。 (2)「～といっしょに」＝with (3) ウ「それでは」が入ると自然な文脈になる。 (4)1．ボブは2つ目の発言で「毎週土曜日に」と言っている。2．ボブの最後の発言に，「今日は金曜日です。」とある。3．ボブの最後の発言「明日ヒガシ公園で会いましょう」に着目。

全訳
ケンタ：あなたはスポーツをしますか。
ボブ：はい，します。私はじょうずにテニスができます。
ケンタ：それはすばらしいですね。あなたはいつテニスをしますか。
ボブ：毎週土曜日にします。
ケンタ：あなたは友だちといっしょにテニスをしますか。
ボブ：はい，します。あなたはテニスが好きですか。
ケンタ：はい。それは楽しいです。
ボブ：それなら，いっしょにテニスをしましょう。今日は金曜日です。明日ヒガシ公園で会いましょう。
ケンタ：いいですよ。

❻ (1)「あなたは魚を食べることができますか。」という意味のcanを使った疑問文を作る。 (2)「私はコンピュータを使うことができませ

ん。」という意味のcanを使った否定文を作る。 (3)動詞make「作る」かcook「料理する」を使って「私は～を作る[料理する]ことができます。」という意味の文を作る。

英作文の採点ポイント
□ 単語のつづりが正しい。（3点）
□ 動詞や助動詞が正しく使えている。（2点）
□ 疑問文の語順が正しい。（3点）

PROGRAM 4 ～ Power-Up 2

pp.54～55　　ぴたトレ1

Words & Phrases
(1)持つ，つかむ (2)役に立つ
(3)(時間などを)省く (4)棒状の物
(5)bird (6)push (7)into (8)work

1 (1)ア (2)イ (3)イ

2 (1)Is this, it, not (2)Is that, it is
(3)Is that, it isn't

3 (1)This is my bike(.)
(2)Is that your school(?)
(3)This is not your umbrella(.)

解き方
1 (1)「これは」＝this (2)「あれは[これは]～ですか。」とたずねるときはbe動詞isを主語の前に出す。 (3)「あれは[これは]～ではありません。」と言うときはbe動詞isのうしろにnotを置く。短縮形はisn'tとなる。

2 (1)「これはあなたの本ですか。」—「いいえ，そうではありません。」 (2)「あれはあなたのギターですか。」—「はい，そうです。」 (3)「あれはあなたのイヌですか。」—「いいえ，そうではありません。」

3 (1)「これは～です。」は〈This is ～.〉の形で表す。 (2)「あれは～ですか。」は〈Is that ～?〉の形で表す。 (3)「これは～ではありません。」は〈This is not[isn't] ～.〉で表す。

pp.56～57　　ぴたトレ1

Words & Phrases
(1)人，個人 (2)ほほえむ，笑う
(3)型，類，タイプ (4)歌人，詩人
(5)woman (6)man (7)towel (8)real

1 (1)ア (2)イ (3)ア (4)イ

2 (1)She (2)He's (3)It is[It's] old

3 (1)She is my mother(.)

(2)Is he your brother(?)

(3)It can save time(.)

解き方 **1** (1)うしろにisがあるので，She'sではなく Sheを使う。 (2)うしろにbe動詞がないので短縮形He'sを使う。 (3)「それは」＝it (4)it isの短縮形はit's。

2 (1)「こちらはシェリーです。彼女はカナダの出身です。」 (2)空所が1つなので，短縮形He'sで表す。「こちらはケンタです。彼は私のクラスメートです。」 (3)「これは私のかばんです。それは古いです。」

3 (1)「彼女は〜です。」は〈She is 〜.〉の形になる。 (2)「彼は〜ですか。」は，〈Is he 〜?〉の形になる。 (3)主語がitのときも助動詞canを使った文は〈主語＋can＋動詞〜.〉の形。

pp.58〜59 ぴたトレ**1**

Words & Phrases

(1)アンドロイド，人造人間 (2)ゾウ

(3)走者，ランナー (4)野菜

(5)lion (6)answer (7)court

(8)(That's) right(.)

1 (1)イ (2)ア (3)イ (4)イ

2 (1)Who, She (2)Who is, He is

(3)Who is, She is[She's]

3 (1)Who is that boy(?)

(2)He is my classmate(.)

(3)She is a volleyball fan(.)

解き方 **1** (1)「だれ」＝who (2)(1)の文のthis manに対して代名詞Heで答える。 (3)かっこの直後にbe動詞isがないのでShe isの短縮形She'sを選ぶ。 (4)「わかった！」＝I got it!

2 (1)「この少女はだれですか。」―「彼女はシェリーです。」 (2)「この少年はだれですか。」―「彼はケンタです。」 (3)「この少女はだれですか。」―「彼女はカオルです。」

3 (1)「〜はだれですか。」の文は，〈Who is 〜?〉の形にする。 (2)「彼は〜です。」は〈He is 〜.〉の語順。 (3)「バレーボールファン」＝a volleyball fan

pp.60〜61 ぴたトレ**1**

Words & Phrases

(1)だれの (2)これらは[が]

(3)どの，どちらの (4)両方

(5)mine (6)yours (7)light (8)other

1 (1)イ (2)イ (3)ア (4)イ

2 (1)Whose, mine (2)Whose cap, It, mine

(3)Whose books, They are mine

3 (1)Which dog is yours(?)

(2)Whose computer is that(?)

(3)Are these your pens(?)

解き方 **1** (1)「どちらの〜」＝〈which＋名詞〉 (2)たずねられたもの(名詞)をoneと言いかえる。 (3)「だれの〜」＝〈whose＋名詞〉 (4)「私のもの」＝mine

2 (1)「これはだれの腕時計ですか。」―「それは私のものです。」 (2)「これはだれのぼうしですか。」―「それは私のものです。」 (3)「これらはだれの本ですか。」―「それらは私のものです。」

3 (1)「どちらの〜があなたのものですか。」＝〈Which 〜 is yours?〉 (2)「…はだれの〜ですか」＝〈Whose 〜 is ...?〉 (3)theseは文の主語になる。複数形の主語にはbe動詞areを使う。

pp.62〜63 ぴたトレ**2**

Words & Phrases

1 (1)ウ (2)イ (3)ア

2 (1)Who is (2)She is (3)He, sing, dance

3 (1)Which cup is yours(?)

(2)This is not your umbrella(.)

4 (1)He is a baseball fan.

(2)Is that your school?

― Yes, it is.

(3)Whose bag is this?

5 (1)読みふだ，取りふだ (2)Who

(3)No, she isn't(.)

6 (1)It's a popular food in Singapore.

(2)No, he's not. [No, he isn't]

(3)Yes, he is.

解き方 **1** (1)「これは私の腕時計です。それは新しいです。」 (2)「あの女性は私の母です。彼女は忙しいです。」 (3)「あの男性は私の兄[弟]です。彼は学生です。」

2 (1)「〜はだれですか。」＝〈Who is 〜?〉 (2)〈She is 〜.〉の形。 (3)助動詞canのあとに2つの動詞をandでつないで2つの動作ができることを表す。

3 (1)〈Which＋名詞〉のあとはbe動詞の疑問文の語順。 (2)notはbe動詞のうしろに置く。

④(1)「私は野球ファンです。」→「彼は野球ファンです。」主語に合わせてbe動詞も変化する。 (2)「あれはあなたの学校です。」→「あれはあなたの学校ですか。」「はい,そうです。」(3)「これは私のかばんです。」→「これはだれのかばんですか。」

⑤(1)下線部①は「(かるたの)2つのタイプ」の意味。真央の2つ目の発言に注目。reading cardsは「読みふだ」,grabbing cardsは「取りふだ」。 (2)直後の真央の発言から,ダニエルが「だれ」とたずねたとわかる。 (3)be動詞isの疑問文にNoで答える。3語の文にするには短縮形isn'tを使う。

⑥(1)「チキンライスとは何ですか。」という質問。チェンの1つ目の発言の3文目で説明されている。 (2)「ソラは料理が得意ですか。」という質問。ソラの2つ目の発言から答えがわかる。 (3)「チェンは料理が得意ですか。」という質問。チェンの最後の発言の2文目から,Yesで答える。Isの疑問文には,isで答える。

pp.64〜65 ぴたトレ3

❶ (1)○ (2)○ (3)×

❷ (1)ア (2)ア (3)ウ

❸ (1)Which bike (2)Who is
(3)He is (4)She, speak

❹ (1)mine (2)Whose (3)she

❺ (1)What's (2)Can it jump well(?)
(3)それはオーストラリアの出身ですか。
(4)ウ (5)That's right.

❻ (1)Whose pencil is this?
(2)Which bag is yours, the red one or the black one?
(3)The red one is.

解き方
❶ (1)「鳥」「人,個人」 (2)「タオル」「丸い」 (3)「男性,男の人」「(時間などを)省く」

❷ (1)(2)は最初,(3)は最後の音節を強く読む。 (1)「答え」 (2)「役に立つ」 (3)「カンガルー」

❸ (1)「どちらの自転車」を英語で表す。 (2)「〜はだれですか。」= Who is 〜? (3)Heが主語のとき,be動詞はis。 (4)「彼女は」= she,「話す」= speak

❹ (1)A「これはあなたのかさですか。」B「はい,それは私のものです。」 (2)A「あれはだれのかばんですか。」B「それはマオのものです。」 (3)A「浴衣を着たあの少女を見てください。」

B「ああ,彼女は私のクラスメートのカオルです。」

❺ (1)「何」とたずねる疑問詞はwhatで,「〜は何ですか。」は〈What + be動詞 + 主語?〉の形。ここでは空所が1つなので短縮形のWhat'sが入る。 (2)「それは」が主語。〈Can + 主語 + 動詞〜?〉の形にする。 (3) 〈be動詞 + from 〜〉=「〜の出身である」。 (4)すでに会話に出てきた,人以外のものをさすので,Itが適切。 (5)「そのとおりです。」= That's right.

全訳
ミナ 　　：これは動物です。私たちはそれを動物園で見ることができます。それは茶色です。これは何ですか。
メアリー：それは大きいですか。
ミナ 　　：いいえ,そうではありません。
メアリー：それはじょうずにジャンプすることができますか。
ミナ 　　：はい,できます。
メアリー：それはオーストラリアの出身ですか。
ミナ 　　：はい,そうです。
メアリー：わかりました。それはカンガルーです。
ミナ 　　：そのとおりです。

❻(1)持ち主をたずねるのは〈Whose + 名詞〜?〉の文。目の前にあるので主語は「これは」。 (2)「赤色のものか黒色のもの,どちらのかばんがあなたのものですか。」という文。 (3)「赤色のもの」はすでに出た名詞をさすoneを使ってThe red one is.と表す。

英作文の採点ポイント

□単語のつづりが正しい。(2点)
□疑問詞が正しく使えている。(3点)
□代名詞が正しく使えている。(3点)

PROGRAM 5 〜 Word Web 3

pp.66〜67 ぴたトレ1

Words & Phrases
(1)〜でよろしいですね。 (2)おじいさん
(3)cooking (4)they're

❶ (1)eats[has] (2)watches (3)studies
(4)play (5)right

❷ (1)listens (2)likes soccer
(3)Mike studies Japanese (.)

3 (1)Bob watches TV at night.
　(2)He goes to the library on Fridays.
　(3)My dog usually runs in the park.
　(4)She washes the dishes on Sundays.
　(5)He cooks every day.

解き方 1 (1)(2)(3)主語が三人称・単数のときは動詞の語尾に -(e)sをつける。 (1)eatには -sをつける。 (2)watchには -esをつける。 (3)studyは語尾が「子音字＋y」なので，yをiに変えてesをつける。 (4)主語のMao and Kenは複数なので，動詞の語尾に -(e)sはつけない。 (5)「〜でよろしいですね。」＝〜, right?

2 (1)「マキは音楽を聞きます。」 (2)「ユウジはサッカーが好きです。」 (3)「マイクは日本語を勉強します。」

3 (1)「あなたは夜にテレビを見ます。」→「ボブは夜にテレビを見ます。」watchの語尾に -esをつける。 (2)「私は毎週金曜日にその図書館へ行きます。」→「彼は毎週金曜日にその図書館へ行きます。」goの語尾に -esをつける。 (3)「私はたいていその公園で走ります。」→「私のイヌはたいていその公園で走ります。」runの語尾に -sをつける。 (4)「あなたは皿を毎週日曜日に洗います。」→「彼女は皿を毎週日曜日に洗います。」washの語尾に -esをつける。 (5)「あなたは毎日料理をします。」→「彼は毎日料理をします。」

pp.68〜69 ぴたトレ1

Words & Phrases
(1)同じ (2)仕事 (3)doesn't
(4)ah

1 (1)イ (2)ア (3)イ

2 (1)doesn't make (2)does not
(3)doesn't[does not] like

3 (1)My sister doesn't play tennis(.)
(2)The robot does not walk (.)

4 (1)Mao does not[doesn't] eat breakfast.
(2)Daniel does not[doesn't] watch TV after dinner.
(3)My brother does not[doesn't] have a computer.

解き方 1 (1)(2)(3)主語が三人称・単数の一般動詞の否定文は，動詞の前にdoes not[doesn't]を置

き，動詞の語尾には -(e)sをつけない。

2 (1)「エミリーはすしを作りません。」 (2)「ビルは漢字を勉強しません。」 (3)「メグは三味線（しゃみせん）が好きではありません。」

3 (1)(2)主語が三人称・単数の一般動詞の否定文は〈主語＋does not[doesn't]＋一般動詞〜〉の語順で，動詞には -(e)sをつけない。

4 (1)「マオは朝食を食べます。」→「マオは朝食を食べません。」 動詞の前にdoes not[doesn't]を置き，eatsをeatに変える。 (2)「ダニエルは夕食のあとにテレビを見ます。」→「ダニエルは夕食のあとにテレビを見ません。」 動詞の前にdoes not [doesn't]を置き，watchesをwatchに変える。 (3)My brotherは三人称・単数なので don't を does not[doesn't]にする。

pp.70〜71 ぴたトレ1

Words & Phrases
(1)(通例複数形で)くつ
(2)着ている，身につけている
(3)重要な，大切な (4)〜を誇りに思う
(5)family (6)player (7)member
(8)every morning

1 (1)ア (2)ア (3)ア (4)イ

2 (1)Does, play, she doesn't
(2)Does, cook, she does
(3)Does, study English, No, he does not[doesn't]

3 (1)Does she study every day (?)
(2)What do you do for (your brother?)
(3)Does your sister want a dog (?)

解き方 1 (1)(2)(3)(4)主語が三人称・単数の一般動詞の疑問文は〈Does＋主語＋動詞〜?〉で，答えるときもdoesを使って答える。

2 (1)「彼女はフルートを吹きますか。」─「いいえ，吹きません。」 (2)「彼女は料理しますか。」─「はい，します。」 (3)「彼は英語を勉強しますか。」─「いいえ，勉強しません。」

3 (1)主語が三人称・単数の一般動詞の疑問文は〈Does＋主語＋動詞〜?〉の語順にする。 (2)「何をしますか」とたずねる文なので，Whatで始め，doを使った一般動詞の疑問文の語順にする。 (3)Doesから始まる一般動詞の疑問文では，動詞に -(e)sをつけない。

Words & Phrases

(1)1月　(2)4月　(3)春　(4)秋

(5)February　(6)May　(7)winter

(8)summer

1 (January) — February — March —April — May — June — July —August — September — October —November — (December)

2 (1)September　(2)summer　(3)winter

3 (1)swim, summer　(2)enjoy, in fall

(3)skate in winter

4 (1)We have four seasons (in Japan.)

(2)I enjoy sports in autumn(.)

解き方
1 月名を1月から順番に書く。それぞれ大文字で書き始めることに注意する。

2 (1)日付は「月名＋日にち」の順。　(2)「夏に」＝ in summer

3 (1)「私は夏に海で泳ぎます。」　(2)「私たちは秋にハイキングを楽しみます。」　(3)「私は冬にスケートをします。」

4 (1)「私たちは日本に4つの季節を持っています」という意味の文にする。「四季」＝ four seasons　(2)「秋に」＝ in autumn

❶ (1)イ　(2)エ

❷ (1)take off　(2)at home　(3)right

❸ (1)I am proud of you(.)

(2)She is a member of this team(.)

❹ (1)He watches TV before dinner.

(2)Does Becky like dogs? — Yes, she does.

(3)My brother doesn't[does not] have a computer.

(4)What do you do for your friends?

❺ (1)She's　(2)Does she enjoy her job?

(3)does

(4)She is Daniel's (cousin).

❻ (1)No, he doesn't.

(2)He grows rice.

解き方
❶ (1)「ケンはたいてい放課後にバスケットボールをします。」　(2)「私の母は新しいかばんを持っています。」

❷ (1)「～をぬぐ」＝ take off ～　(2)「家で」＝at home　(3)「～でよろしいですね。」＝ ～, right?

❸ (1)「～を誇りに思う」＝ be proud of ～

(2)「～の一員」＝ a member of ～

❹ (1)「私は夕食前にテレビを見ます。」→「彼は夕食前にテレビを見ます。」　(2)「ベッキーはイヌが好きです。」→「ベッキーはイヌが好きですか。」「はい，好きです。」　(3)「私の兄［弟］はコンピュータを持っています。」→「私の兄［弟］はコンピュータを持っていません。」　(4)「私は私の友だちのためにケーキを作ります。」→「あなたはあなたの友だちのために何をしますか。」「何をするか」という疑問文にする。

❺ (1)She isの短縮形はShe's。　(2)主語が三人称・単数の一般動詞の疑問文にする。文頭にDoesを置き，一般動詞には-(e)sをつけないことに注意する。「楽しむ」＝ enjoy　(3)Doesで始まる疑問文に答えるときは，doesを使う。　(4)「ジェニーはだれのいとこですか。」という質問。「ダニエルの（いとこ）です。」と答える。疑問詞whoseの意味に注意する。

❻ (1)「ソラは彼のおじいさんを手伝いますか。」という質問。エミリーの2つ目の発言に，ソラはNo, I don't.と答えている。Does ～? の文には，doesを使って答える。　(2)「ソラのおじいさんは何を育てていますか。」という質問。ソラの1つ目の発言からわかる。

❶ (1)○　(2)×　(3)×

❷ (1)イ　(2)イ　(3)ア

❸ (1)studies　(2)play　(3)speak　(4)watches

❹ (1)What do　(2)an important

(3)summer　(4)August

❺ (1)has　(2)Is he a member of (the baseball team?)

(3)彼は放課後に野球を練習します。

(4)1.サッカー　2.バレーボール

❻ 例This is my friend Yuki. She likes cooking.

解き方
❶ (1)「家族」「旅行をする」　(2)「外国へ［に］」「ゴール」　(3)「仕事」「両方」

❷ (1)(2)2つ目の音節を強く読む。　(3)最初の音

節を強く読む。 (1)10月 (2)重要な (3)近ごろ

❸ (1)「ケンは毎日国語を勉強します。」主語が三人称・単数なのでstudies。 (2)「ケンとダニエルは放課後にテニスをします。」主語が複数なのでplay。 (3)「ミラー先生は英語を話しません。」主語が三人称・単数の否定文。 (4)「ベッキーはたいてい夕食のあとにテレビを見ます。」主語が三人称・単数なので，watchはwatchesになる。語尾に-esをつける。

❹ (1)「何をしますか」という疑問文。Whatで始め，一般動詞の疑問文の形が続く。 (2)「重要な」はimportantで表す。母音で始まる語なのでaではなくanを前に置く。 (3)「夏」= summer (4)「8月」= August

❺ (1)heは三人称・単数なのでhasになる。 (2)「〜ですか」というbe動詞の疑問文なので〈be動詞＋主語〜?〉の語順。 (3) practice baseball =「野球を練習する」 (4)1. トムの4つ目の発言からトムが日曜日にするのはサッカー。2. ミキの最後の発言から，彼女の好きなスポーツはバレーボール。

【全訳】
ミキ：あの少年はだれですか。
トム：彼は私の兄[弟]のジョンです。彼は15歳です。
ミキ：彼はバットとボールを持っています。彼は野球チームの一員ですか。
トム：はい，そうです。彼は放課後に野球を練習します。
ミキ：あなたも野球をしますか。
トム：いいえ，しません。私はサッカーをします。
ミキ：あなたはいつサッカーをしますか。
トム：私は毎週日曜日にそれをします。あなたはスポーツが好きですか。
ミキ：はい。私はバレーボールがとても好きです。

❻ 自分の友だちについて紹介する。名前から始めて，「彼」または「彼女」の好きなものなどを書く。

英作文の採点ポイント
□単語のつづりが正しい。（4点）
□2文以上で書かれている。（3点）
□三人称・単数の文が正しく使えている。（5点）

PROGRAM 6 ～ Word Web 4

pp.78〜79 ぴたトレ**1**

Words & Phrases
(1)彼を[に] (2)教える，言う (3)his (4)across

1 (1)ア (2)イ (3)イ (4)ア (5)ア (6)イ

2 (1)him (2)I like her

3 (1)I play tennis with my friend(.)
(2)Mike wants to tell about his dog(.)
(3)This cat is Sue's(.)

解き方

1 (1)ケンジは男性なので，代名詞Heが2文目の主語になっている。ケンジが男性であることは，2文目でbrotherを用いていることからも判断できる。 (2)マリは女性なので，代名詞her「彼女を[に]」を用いている。代名詞herには「彼女の」という意味もあるので注意する。 (3)空所の直後に名詞がないので，mineを用いる。一方，myは「私の」という意味で直後に名詞を置いて用いるので，この場合には適さない。「腕時計」= watch，「私のもの」= mine (4)yourと yoursの使い分けに注意する。yourは直後に名詞を置いて用いる語で，「あなたの」という意味を表す。一方，yoursは直後に名詞を置く必要がない。「あなたのもの」= yours (5)hisの使い分けに注意する。hisには「彼の」という意味と，「彼のもの」という意味がある。「彼の」という意味の場合は，直後に名詞を置いて用いる必要がある。hersは「彼女のもの」という意味を表す語。 (6)文の意味から適切な語を判断する。直後に置く代名詞は目的語になる形であることに注意する。「いっしょに」= with

2 (1)「こちらはケンの兄[弟]です。私は彼が好きです。」 1文目のKen's brotherは男性を表すので，目的語として代名詞himを用いる。 (2)「こちらはユウジの母です。私は彼女が好きです。」 1文目のYuji's motherは女性を表すので，目的語として代名詞herを用いる。

3 (1)主語，動詞の順で文を始める。「私の友だちといっしょに」= with my friend (2)「〜について教える」= tell about 〜 (3)「〜のもの」は名前に-'sをつけて表す。この形は，「〜の」という意味で用いることもできる。

Words & Phrases

(1)彼ら[彼女ら，それら]を[に]　(2)hour

1 (1)We　(2)They　(3)You

2 (1)us　(2)your　(3)their　(4)our

3 (1)These cards are ours(.)

(2)Which room is theirs(?)

(3)My brothers play baseball with their friends.

4 (1)I often visit them.

(2)We cook together.

(3)She goes fishing with us.

(4)We love our teacher.

解き方

1 (1)文の主語のTom and I「トムと私」は「私」を含む。「私」が含まれるものの代名詞は「私たち」。　(2)文の主語のKen and Danielは「私」や「あなた」を含まない三人称で，複数。三人称・複数だと「彼らは」。　(3)文の主語のJenny and you「ジェニーとあなた」は「あなた」を含む。「あなた」が含まれるものの代名詞は「あなたたち」。

2 文の意味や形で，適切な代名詞を判断する。一般動詞の直後で目的語として使われている場合は，「～を[に/が]」の意味を表す代名詞を使う。所有を表す場合は，直後に名詞を置いて，「～の」の意味を表す代名詞を使う。(1)「私たちを」= us　(2)「あなたたちの」= your　(3)「彼らの」= their　(4)「私たちの」= our

3 (1)文の主語である「これらのカード」はThese cardsという形で表す。「私たちのもの」= ours　(2)「どちらの部屋が」とたずねているので，疑問詞から文を始める。「どちらの部屋」= which room，「彼らのもの」= theirs　(3)主語，動詞から文を始める。主語であるmy brothers「私の兄たち」は三人称・複数なので，動詞playに -e(s)はつけない。「彼らの友だちといっしょに」= with their friends

4 (1)「私はしばしば彼らを訪ねます。」Emily and Danielは三人称・複数の語句。三人称・複数で「～を[に/が]」を表すのはthem。(2)「私たちはいっしょに料理します。」My mother and Iは「私」を含む複数。「私」が含まれる = we　(3)「彼女は私たちといっしょに魚つりに行きます。」「私」の複数は「私たち」。「私たちを[に]」= us　(4)「私たちは私

たちの先生が大好きです。」「私」の複数は「私たち」。「私たちの」= our

Words & Phrases

(1)親　(2)子ども　(3)まさか。[そんなばかな。]

(4)～だよね。　(5)early　(6)there

(7)movie　(8)get up

1 (1)イ　(2)イ　(3)イ　(4)ア

2 (1)Why, Because, walk　(2)Why does, Because, practices　(3)Why does, Because she likes English (.)

3 (1)Why does Kumi like cats (?)

(2)Because they are cute (.)

(3)Why do you drink coffee (?)

解き方

1 (1)whyを文頭に置く。直後には一般動詞の疑問文の語順が続く。whatは「何を[に]」という意味を表すので，文の意味に合わない。(2)becauseから始める。直後には主語と動詞のある文が続き，理由を伝えることができる。(3)主語が三人称・単数であるMegなので，doではなく，doesを用いるのが適切。likeには -e(s)をつけない。(4)空所のあとは形容詞なのでisを選ぶ。Becauseのあとに主語と動詞のある文を続けて，理由を伝えている文。

2 (1)「なぜあなたは早く起きますか。」—「なぜなら，私は午前中に歩きたいからです。」(2)「なぜコウタはじょうずにテニスをしますか。」—「なぜなら，彼は毎日それを練習するからです。」(3)「なぜリンは英語を勉強しますか。」—「なぜなら，彼女は英語が好きだからです。」

3 (1)〈Why + does + 主語 + 動詞～?〉の語順。(2)〈Because + 主語 + 動詞～.〉の語順。(3)Whyのうしろに一般動詞の疑問文の語順を続ける。

Words & Phrases

(1)階　(2)～の隣に　(3)Excuse me

(4)You're welcome

1 (1)イ　(2)イ

2 (1)Excuse　(2)next to

1 (1)「～番目の階」と表す。「3階」= third floor　(2)turnは「曲がる」という意味。左右を表すleftとrightの使い分けにも注意する。「左」= left

2 (1)「すみませんが，～。」= Excuse me, but ～．　(2)位置を表す語句として適切なものを入れる。「～の隣」=next to ～

p.85　ぴたトレ1

Words & Phrases

(1)たやすく，手軽に　(2)分かち合う

(3)now　(4)wall

1 (1)camera　(2)In, seconds

2 (1)You can shoot easily(.)

(2)I post some pictures on the wall(.)

解き方 **1** (1)「カメラ」= camera　(2)「～秒で」= in ～ seconds

2 (1)主語のあとに助動詞canを置いてから，一般動詞shootを続ける。「手軽に写真をとる」= shoot easily

(2)一般動詞を使った肯定文の語順を作る。動詞は「(壁などに)はる」= post。「壁に」= on the wall

pp.86～87　ぴたトレ1

Words & Phrases

(1)1番目の　(2)2番目の　(3)3番目の

(4)4番目の　(5)eleventh　(6)twelfth

(7)twentieth　(8)thirtieth

1 (1)eleventh, twelfth, thirteenth, fourteenth

(2)second, third, fourth, fifth

(3)twentieth, twenty-first, twenty-second

2 (1)March third　(2)May fifth

(3)December twenty-fifth

3 (1)What's, date　(2)July eighteenth

(3)October tenth　(4)How about

(5)Is, August　(6)April twentieth

解き方 **1** (1)「11番目の」～「14番目の」を書く。日付は「～番目の」という順番を表す意味の語で表せる。数字を表す語の直後に-thをつけるだけとは限らないので，注意して覚える必要がある。twelfthはtwelveのveをfに変えて-thをつけた形になっている。　(2)「2番目の」～「5番目の」を書く。「2日」= second,「3日」= third,「4日」= fourth,「5

日」= fifth　(3)「20番目の」～「22番目の」を書く。twentieth「20日」はtwentyのyをieに変えて-thをつけた形になっている。「21日」はtwenty-first,「22日」はtwenty-secondのように，twenty-のあとに順番を表す語を続けて表す。

2 月名は，数字を表す英語を使って表すわけではないので，注意して覚える必要がある。日付には順番を表す英語を使う。(1)「3月」= March,「3日」= third

(2)「5月」= May,「5日」= fifth

(3)「12月」= December,「25日」= twenty-fifth

3 (1)「何ですか」= What's,「日付」= (the) date　(2)「7月」= July,「18日」= eighteenth　(3)「10月」= October,「10日」= tenth　(4)「～はどうですか。」= How about ～?　(5)be動詞の疑問文なので，Isを主語であるyour birthdayの前に置く。「8月」= August　(6)「4月」= April,「20日」= twentieth

pp.88～89　ぴたトレ2

❶ (1)ウ　(2)エ

❷ (1)get up　(2)Who's　(3)you know

❸ (1)Where is the bookstore(?)

(2)Why do you go to Canada(?)

(3)Because I want to study English(.)

❹ (1)Do you know them?

(2)We eat breakfast together.

(3)That cat is ours.

❺ (1)about　(2)Jackson and his sister

(3)学校，歩き

❻ (1)Because she can relax in it.

(2)No, it doesn't.

解き方 **❶** (1)「私の兄[弟]は彼女を知っています。」一般動詞の直後に置いて目的語として使うのは，「～を[に]」の意味になる代名詞。

(2)「ケンはイヌを飼っています。それの名前はクロです。」直後に名詞name「名前」があるので，「～の」の意味を表す代名詞が適切である。It'sはIt isの短縮形なので，「～の」という意味では用いない。「それの」= its

❷ (1)一般動詞の疑問文の意味なので，Do youの直後には一般動詞を置く。「起きる」= get up　(2)「～はだれですか」という意味の

疑問文はWho isから始めるが，空所が1つしかないので，短縮形を使って1語にする必要がある。who's= who isの短縮形 (3)「～だよね。」= ～, you know.

③(1)「～はどこですか」= Where is ～? (2)〈Why + do[does] + 主語 + 動詞～?〉の形。主語はyouなので，doを使って疑問文を作る。「～へ」という意味はtoで表せる。 (3)〈Because + 主語 + 動詞～.〉の形。Becauseの直後には，主語と動詞を続ける必要があることに注意する。「～したい」= want to ～

④(1)「あなたは彼らを知っていますか。」一般動詞の直後で目的語として使われている語句なので，目的語になる代名詞を入れるのが適切。those boysは三人称・複数。「彼らを」= them (2)「私たちはいっしょに朝食を食べます。」文の主語として使われている語句なので，主語の意味を表す代名詞を入れるのが適切。「私の家族と私」=「私たち」 (3)「あれは私たちのネコです。」→「あのネコは私たちのものです。」文の意味を言いかえる必要がある。That catを主語にして，be動詞のあとにoursを置けばよい。「私たちのもの」= ours

⑤(1)himは直前のエミリーの発言に登場するJacksonをさす。空所を含む文の直後には，くわしい説明をする文が続いていることから，about「～について」を入れると文脈に合う。〈tell +（人）+ about ～〉=「～について（人）に話す」 (2)themは直前の文でエミリーが話している「彼(=ジャクソン)」と「彼の妹」をさす。 (3)本文3行目に着目。ジャクソンの毎朝の行動についてのくわしい説明がされている。

⑥(1)「アオイはなぜこたつが好きなのですか。」という質問。ベル先生の質問Why do you like *kotatsu*?に，アオイはBecause I can relax in it.と答えている。Why ～?とたずねられているので，Becauseで文を始めることに注意。 (2)「こたつはたくさんの電力を使いますか。」という質問。アオイの最後の発言からわかる。*kotatsu*をitに置きかえ，No,it does not[doesn't].と答える。

pp.90~91 ぴたトレ3

❶ (1)× (2)○ (3)○
❷ (1)ア (2)イ (3)ア

❸ (1)ours (2)their (3)they (4)her
❹ (1)Turn right (2)next to
(3)Excuse me (4)switch on
❺ (1)Because (2)him
(3)彼はカレーがとても好きです。
(4)1.× 2.×
❻ (1)I like her. (2)Why do you read books?
(3)Because I study.

解き方

❶ (1)「映画」「～を越えて」 (2)「時間」「私たちの」 (3)「そこで[に，へ]」「分かち合う」

❷ (1)(3)最初の音節を強く読む。 (2)2つ目の音節を強く読む。 (1)すべての人，だれでも (2)ミュージシャン，音楽家 (3)危険な

❸ (1)「～は[が]」という意味の代名詞と「～のもの」という意味の代名詞の関係になっている。「私たちのもの」という意味の代名詞はours。 (2)「～は[が]」という意味の代名詞と「～の」という意味の代名詞の関係になっている。「彼ら[彼女ら，それら]の」という意味の代名詞はtheir。 (3)単数を表す代名詞と複数を表す代名詞の関係になっている。「それらは[が]」という意味の代名詞はthey。 (4)「～は[が]」という意味の代名詞と「～を[に]」という意味の代名詞の関係になっている。「彼女を[に]」という意味の代名詞はher。

❹ (1)「右に曲がる」= turn right (2)「～の隣」= next to ～ (3)「すみませんが，～。」= Excuse me, but ～. (4)「～のスイッチを入れる」= switch on ～

❺ (1)「なぜなら～だからです」という文にする。ケンが直前の発言で，「なぜですか。」とたずねているので，トムの発言が理由を答える文になればよい。 (2)forは「～のために」という意味で，直後に代名詞を置くときは，「～を[に]」という意味の代名詞を使う必要がある。 (3)itは，前に話題に出ているカレーをさす。 (4)1.トムの1つ目の発言に着目。ケンに今日バスケットボールをすることができるかをたずねられて，「申し訳ありません。私はできません。」と答えているので，バスケットボールはできないとわかる。2.トムの3つ目の発言に着目。文中のHeは，トムの2つ目の発言に登場するトムの兄[弟]をさす。文中のitはカレーをさすので，カレーが好きな人物はトムではないとわかる。

ケン：トム，あなたは今日バスケットボールを することができますか。

トム：今日ですか。申し訳ありません，私はで きません。

ケン：なぜですか。

トム：なぜなら，私は私の兄[弟]のために夕食 を料理するからです。

ケン：ああ，それは重要です。あなたは彼のた めに何を料理しますか。

トム：私はカレーを料理したいです。彼はそれ がとても好きです。

ケン：それはよいですね！私もそれを料理した いです。

トム：ほんとうに。それなら，いっしょに料理 しましょう！

◎ (1)すでに話題に出ている人は代名詞で表す。 「私は彼女が好きです。」という文にする。す でに話題に出ているのは女性なので，her を使う。 (2)「なぜあなたは本を読みます か。」という文にする。「なぜ」と理由をたず ねる疑問詞のwhyで文を始め，主語にyou を使った一般動詞の疑問文を作る。 (3) Becauseを使う。直後には主語と動詞のあ る肯定文の語順を続ける。

英作文の採点ポイント

□ 単語のつづりが正しい。（2点）

□ 代名詞を正しく使えている。（3点）

□ 疑問詞や接続詞を正しく使えている。（3点）

PROGRAM 7 ～ Power-Up 5

pp.92～93　　　　ぴたトレ**1**

Words & Phrases

(1)〜の近くの[に]　(2)大学

(3)越えて　(4)museum　(5)shopping mall

(6)over there

① (1)ア　(2)イ　(3)ア　(4)イ

② (1)There is　(2)There are

(3)There are three apples

③ (1)There is a pencil on my desk(.)

(2)There are not any bikes near this station(.)

(3)Are there any children in the park(?)

---

① (1)〈There is[are] 〜.〉の形で表す。a cake という名詞が単数なので，isを選ぶ。 (2) some booksという名詞が複数形なので are。 (3)thereのうしろにa catと単数の名 詞が続く疑問文なので，文の始めにはIsを 置くのが適切。 (4)notをbe動詞のあとに 置く。空所の直後の名詞が複数形なので aren'tが入る。aren'tはare notの短縮形。 否定文でanyを用いると，「1つも〜ない」 という意味になることに注意する。

② 〈There is[are] 〜.〉の形で書く。be動詞 の使い分けは，名詞が単数か複数かに注目。 単数の場合はisを使い，複数の場合はare を使う。 (1)「そのベッドの下に1匹のイヌ がいます。」 (2)「この箱の中に2つの腕時計 があります。」 (3)「そのテーブルの上に3つ のリンゴがあります。」

③ (1)There isのあとは名詞のa pencil，続け てon my deskを置く。 (2)There areで始 め，否定のnotを置く。否定文でanyを用 いて，「自転車は1台もありません」という 意味を表している。 (3)「いますか」とたずね るので，文頭はbe動詞。「何人かの」という 意味を疑問文で表すときは，someではな く，anyを用いる。

pp.94～95　　　　ぴたトレ**1**

Words & Phrases

(1)いっぱいの，満ちた　(2)何か

(3)少し　(4)〜に聞こえる　(5)come　(6)party

(7)someday　(8)far

① (1)ア　(2)ア　(3)イ　(4)イ

② (1)How do, By

(2)How does, By bike

③ (1)How do you go to the library(?)

(2)I go to the library by bus(.)

(3)How does your brother go to the college(?)

---

① (1)do / doesを文頭に置く。主語がyouな のでDo。Howは「どのように」という意味 で，手段や方法をたずねるときに使うので， この文の意味には合わない。 (2)Howで文 を始める。Howの直後には一般動詞の疑問 文の語順が続く。whatは「何を」という意味 を表すので，この文の意味には合わない。 (3)手段を答えているので，by。byの直後の

名詞の前にはa[an]やtheをつける必要がないことに注意する。onは「〜(の上)に[で,の]」という意味を表す。 (4)「バスで」とあるのでby。withは「〜といっしょに」または「〜を持っている」という意味を表す。

2 〈How + do[does] + 主語 + 一般動詞〜?〉の形で表す。「どのように」という手段・方法をたずねるHowの疑問文に対して,byのあとに乗り物を表す名詞を置くことで,交通手段を答える。 (1)「あなたはどのようにその動物園へ行きますか。」－「バスです。」 (2)「ケンはどのようにマオの家に行きますか。」－「自転車です。」

3 (1)「どのように〜」とたずねる疑問文。Howのあとに一般動詞の疑問文の語順を続ける。toは「〜に」という意味を表すので,to the libraryの形で目的地を表すことができる。 (2)一般動詞の肯定文の形にし,by busは文末に置く。 (3)〈How + do[does] + 主語 + 一般動詞〜?〉の語順。文の主語はyour brother「あなたのお兄さん」なので,doesを使って疑問文の語順を作る。collegeは「大学」という意味を表す。

pp.96〜97　ぴたトレ1

Words & Phrases
(1)ボールペン　(2)シャープペンシル
(3)蛍光ペン　(4)check　(5)plane　(6)ship

1 (1)ア　(2)ア　(3)イ　(4)ア

2 (1)There is　(2)There are
(3)There are two stations

3 (1)There is a monkey on your car(.)
(2)How do you come to my house(?)
(3)I go to your house by bike(.)

解き方 1 (1)be動詞は名詞が単数か複数かによって判断する。an artistという名詞が単数なので,isを選ぶ。 (2)行き方をたずねる文なので,「どのように」という意味のHowを使って疑問文を作る。whichは「どの,どちらの」または「どれ,どちら」という意味を表す語である。 (3)手段を答えているので,by。underは「〜の下に」という位置を表す語なので,手段を答える文には適さない。 (4)「〜の中に」を表すinが適切。手段や方法を答えている文ではないので,byは適さない。

2 (1)next to 〜で「〜の隣に」という意味。a

giraffeは単数の名詞なので,There isで文を始める。 (2)in the parkは「公園(の中)に」。three girlsは複数の名詞なので,There areで文を始める。 (3)nearは「〜の近くに」。two stationsは複数の名詞なので,There areで文を始める。

3 (1)There isで始める。最後にon your carを置く。onは「〜(の上)に[で,の]」という意味。a monkeyは単数の名詞なので,be動詞にはisを用いるのが適切。 (2)Howを文頭に置き,直後には一般動詞の疑問文の語順を続ける。「私の家に来る」はcome to my house。 (3)文の最後にby bikeを置く。

p.98　ぴたトレ1

Words & Phrases
(1)生活,人生　(2)田舎,郊外,国
(3)outside　(4)topic

1 (1)I have three reasons(.)
(2)Thank you for listening(.)

解き方 1 (1)I have 〜.と表す。「3つの理由」= three reasons。 (2)Thank you for listening.はスピーチや講演の終わりのことばとしてよく使う。

p.99　ぴたトレ1

Words & Phrases
1 (1)Can you cook well(?)
(2)Does it jump(?)
(3)How do you come to the hospital(?)

解き方 1 (1)助動詞canを使った疑問文。wellは文末に置く。 (2)itが主語なのでdoesから始め,主語と動詞を続ける。「跳ぶ,ジャンプする」という意味はjumpで表す。 (3)〈How + do[does] + 主語 + 一般動詞〜?〉の形。文の主語はyou「あなたは」なので,doを使って疑問文を作る。「病院に来る」= come to the hospital

pp.100〜101　ぴたトレ1

1 (1)ア　(2)イ　(3)ア　(4)ア

2 (1)Whose pizza　(2)Why　(3)How many
(4)Which chair

3 (1)When do you run(?)
(2)How do you go to the post office(?)
(3)Why do you swim(?)

(4)Because it is exciting(.)

解き方

1 (1)「どこで」と場所をたずねるときはwhere を使う。直後には疑問文の語順が続く。 whenは「いつ」という時をたずねるときに 使うので，文の意味に合わない。 (2)「どの ように」を表すhowを選ぶ。whoは「だれ」 という人をたずねるときに使う疑問詞なの で，手段や方法をたずねる文には適さない。 (3)「だれ」はwhoで表せる。whoseは「だれ の」または「だれのもの」という意味を表し， 持ち主をたずねる場合に用いる。 (4)which は「どの，どちらの」または「どれ，どちら」 という意味を表すので，時をたずねる文に は適さない。「いつ」と言うときはwhenで 表す。

2 (1)whoseを文頭に，pizzaを続ける。「だれ のピザ」という意味を表すので，Whose pizzaという形で用いるのが適切。 (2)理由 をたずねているのでwhyが入る。 (3)〈How many＋名詞の複数形〉で「いくつの〜」。直 後には一般動詞の疑問文の形が続く。 (4) 「どちらの」はwhich。chairは単数形にする。 「どちらのいす」という意味を表すので， Which chairという形で用いるのが適切。

3 (1)「いつ」と時をたずねる疑問文。Whenを 文頭に置いて，その直後に一般動詞の疑問 文の語順を続ける。「走る」＝run (2)how を文頭に置き，直後には一般動詞の疑問文 の語順を続ける。「郵便局へ行く」はgo to the post office。 (3)whyから始め，直後に は一般動詞の疑問文の語順を続ける。 (4) 「なぜなら〜です。」は〈Because 〜.〉の形で 表せる。Becauseの直後には主語と動詞の ある文を続ける必要があることに注意する。

pp.102〜103 **ぴたトレ1**

Words & Phrases

(1)学ぶ，習う (2)たくさん
(3)演説，スピーチ (4)thing (5)teach
(6)comment

1 (1)ア (2)ア (3)ア (4)イ

2 (1)Second (2)want to (3)Third, play
(4)four reasons

3 (1)My favorite person is Ms. Smith(.)
(2)I want to be a nurse like him(.)
(3)His pictures are beautiful(.)

(4)He is a fast basketball player(.)

解き方

1 (1)「1番目に」はfirstを使う。「色」＝color (2)「大好きな」はfavoriteで表す。My favorite personという語順で用いることに 注意する。funは「楽しみ，喜び」という意 味の語。「人，個人」＝person (3)「理由」は reason。「2つの」とあるので複数形にして 用いる。realは「本物の」という意味の語。 (4)「〜したい」という意味はwant toの直後 に動詞を置いて表すことができる。「料理す る」＝cook

2 (1)「2番目に」はsecondで表す。「芸術家」 ＝artist (2)「〜になりたいです」の文なの でwant toが入る。「先生」＝teacher (3) 「3番目に」はthird。「野球」＝baseball (4) 「4つの理由」＝four reasons

3 (1)主語になる「私の大好きな人」を英語で表 すときの語順に注意する。My favorite personで始め，isを続ける。 (2)「〜になり たいです」の文を作る。likeには動詞の「好 きである」という意味のほかに，「〜のよう な」という意味もあるので，文末にlike him を置く。 (3)his picturesが主語。be動詞 の肯定文の語順にする。「写真」＝ picture,「美しい」＝beautiful (4)be動詞を 使った文。「有名なバスケットボール選手」 は a famous basketball player。 famous「有名な」をa と basketball player の間に置くことに注意する。

pp.104〜105 **ぴたトレ2**

① (1)イ (2)ア

② (1)There is (2)How do (3)there, in

③ (1)There are two bananas in the box(.)
(2)There are three rulers on my desk(.)
(3)Why do you make a cake(?)

④ (1)There is not a flower shop.
(2)How do you go to the station?
(3)There are two hospitals near my house.

⑤ (1)in (2)does
(3)She goes to the beach (in summer).

⑥ (1)(He goes to) the library.
(2)Go straight on this street. Turn left at the bank. It's on your right.

解き方

① (1)〈There is[are]〜.〉の表現。使われている 名詞が単数か複数かによって，どのbe動詞

を使うかを判断する。直後は複数形なので，are。 (2)空所の直後にbike「自転車」があり，交通手段を表す形を作ると，文の意味が通るので，byを選ぶ。

② (1)名詞の単数形が続くので，there isを入れる。 (2)howを文頭に置き，直後には一般動詞の疑問文の語順を続ける。hereは「ここで[へ，に]」という意味を表すので，comeの直後にto「～に」を入れる必要はない。 (3)〈There is[are]～.〉の疑問文の形。any glovesが複数形なので，be動詞にはareを用いている。anyは疑問文で「いくつか」という意味を表す。「～(の中)に」という意味はinで表せる。

③ (1)〈There is[are]～.〉の語順に並べる。「2つのバナナ」は複数なので，be動詞にはareを使い，in the box「箱の中に」は文末に置く。 (2)「～があります」なのでthere areで始める。「3つの定規」が複数なので，be動詞にはareを使う必要がある。「定規」＝ruler (3)「なぜ」とたずねる疑問文なのでwhyを文頭に置く。続けて一般動詞の疑問文の語順にする。

④ (1)「～はありません」という意味の文に変える。be動詞を使った文なので，isの直後にnotを入れて否定文にする。 (2)手段をたずねる疑問文にする。howで始め，一般動詞の疑問文の語順を続ける。 (3)複数へ変わるので，be動詞はareに変え，hospitalsと複数形の-sをつける。

⑤ (1)空所の直後に国を表す語があるので，in「～(の中)に[で]」を空所に入れると，文の意味が通る。 (2)疑問詞howから始まる一般動詞の疑問文。Santa Clausは三人称・単数なのでdoes。 (3)3行目に着目すると，エミリーは浜辺に行くということが書かれている。sheを主語にして答える。

⑥ (1)「旅行者はどこに行きますか。」という質問。旅行者は1つ目の発言でWhere's the library?とたずねているので，図書館に行くとわかる。 (2)「警察署までの道を教えてください。」という文。本文中に書かれている表現を参考にしながら，進むべき方向を説明する。

pp.106～107 ▶ ぴたトレ**3**

❶ (1)× (2)○ (3)○
❷ (1)ア (2)イ (3)イ

❸ (1)First (2)How do (3)Are there
(4)by ship
❹ (1)Is there a giraffe in the zoo?
(2)How does she go to school?
(3)There is a table in my house.
❺ (1)For (2)are
(3)私の町にも(1つの)図書館があります。
(4)1. ○ 2. ×
❻ (1)There are many cups in my house.
(2)How do you go to the supermarket?
(3)Are there any flower shops near your house?

解き方

❶ (1)「そこで[に，へ]」「感謝する」 (2)「来る」「何か」 (3)「自動車」「パーティー」

❷ (1)最初の音節を強く読む。 (2)(3)真ん中の音節を強く読む。 (1)越えて (2)博物館 (3)例

❸ (1)「1番目に」＝first (2)疑問詞howを入れ，doが続く。「どのように」とたずねる一般動詞の疑問文を作る。 (3)〈There is[are]～.〉を疑問文の形にしたもの。any recordersは複数の名詞なので，be動詞Areを文頭に置いて，疑問文を作る。 (4)前置詞byを使い，shipを続ける。交通手段を伝えるときによく使う表現で，乗り物を表す語の直前にa[an]やtheはつけなくてもよいことに注意する。

❹ (1)be動詞を文頭に出し，他の語句を続ける。 (2)疑問詞howで始まる一般動詞の疑問文。by train「電車で」は交通手段を表しているので，「どのように」という手段や方法をたずねる疑問文にするのが適切。 (3)three tableがa tableに変わると，名詞が単数になるので，There areのbe動詞をisに変えて表す。

❺ (1)続く文でトムが例を出していることから文頭には「たとえば」を表す表現が入るとわかる。for example「たとえば」という表現が適切。 (2)〈There is[are]～.〉の文の形。many booksと名詞が複数形なので，areに変える。 (3)「～があります」という意味の文。tooがあるので，「私の町にも」という意味になる。 (4)1. 本文4行目のトムの発言に着目。トムはしばしば，たくさんの本があるという，トムの町の図書館に行くことが述べられている。 2. 本文7行目にあるミキの発言に着目。ミキが図書館の隣に

あると言っているのは，大きな公園であり，駅ではない。

全訳

ミキ：あなたの町には何か有名な場所はありますか，トム。

トム：はい。たくさんの有名な場所があります。たとえば，1つのたいへん古い図書館があります。

ミキ：ほんとうに？

トム：その図書館にはたくさんの本があります。それで私はしばしばそこへ行きます。

ミキ：それはすばらしいですね！私の町にも1つの図書館があります。

トム：あなたはその図書館へ行きますか。

ミキ：ときどき。その図書館の隣に1つの大きな公園があります。私はしばしばその公園に行きます。私はその公園でテニスをします。

トム：よいですね！私はあなたの町に行きたいです。

❻ (1)「〜がある」という意味の文を作るので，〈There is[are]〜.〉を使う。「たくさんのカップ」はmany cupsで表し，be動詞はareにする。in my houseは文末に置く。 (2)手段をたずねる文にするには，疑問詞howで始まる一般動詞の疑問文を作る。 (3)「〜がありますか」という意味の文にするので，文頭はbe動詞。「いくつかの花屋」はany flower shops，「あなたの家の近くに」はnear your houseとまとめる。

英作文の採点ポイント

□単語のつづりが正しい。（3点）

□（　）内の語数で書けている。（2点）

□〈There is[are]〜.〉の文，howなどの疑問詞を適切に使うことができている。（3点）

PROGRAM 8 〜 Steps 5

pp.108〜109　　ぴたトレ**1**

Words & Phrases

(1)空中，空　(2)必要とする

(3)ふく　(4)help　(5)bathroom　(6)all

1 (1)ア　(2)イ　(3)ア　(4)ア　(5)イ

2 (1)cleaning　(2)is reading

(3)Paul is playing the piano now(.)

3 (1)My sister is not making a cake (now.)

---

(2)Can you open the window(?)

(3)Please turn off the TV(.)

解き方 1 (1)〈be動詞＋動詞の-ing形〉で表す。be動詞areはWe'reの形で短縮形になっている。「理科」= science。 (2)be動詞のうしろにnotを置く。 (3)現在進行形の文の形。〈be動詞＋動詞の-ing形〉にするので，is walkingという形が適切。 (4)現在進行形のbe動詞は主語に合わせる。主語のHeは三人称・単数なので，be動詞にはisを使うのが適切。 (5)否定文はbe動詞のうしろにnotが必要。この場合は，are notを短縮形にしているaren't drawingが適切。

2 人物の名前を主語にして，現在進行形の文を作る。与えられている動詞と目的語を使って，〈be動詞＋動詞の-ing形〉の形にする。 (1)「スーは今，彼女の部屋を掃除しています。」 (2)「リンは今，本を読んでいます。」 (3)「ポールは今ピアノをひいています。」

3 (1)現在進行形の否定文を作る。my sisterを主語として文頭に置き，be動詞の直後には否定文にするためにnotを置く。makeは-eで終わる語なので，eをとって-ingをつけたmakingの形で使う。 (2)Can you 〜?で表す。助動詞canを使った，「〜してもらえますか」という意味の表現である。「窓」= window (3)pleaseは文頭に置く。「(テレビなど)を消す，止める」はturn off 〜。

pp.110〜111　　ぴたトレ**1**

Words & Phrases

(1)おかあさん，ママ　(2)新年　(3)つぶす

(4)feel　(5)traditional　(6)of course

1 (1)ア　(2)ア　(3)ア　(4)ア　(5)イ

2 (1)listening, is

(2)your sister making, she is

(3)Is your brother running? — No, he isn't.

3 (1)Is your father swimming in the lake(?)

(2)Mark needs your help(.)

解き方 1 (1)〈be動詞＋主語＋動詞の-ing形〜?〉で表す。主語がyouなので，使うbe動詞はAreが適切。Doを使うのは，現在進行形ではない，一般動詞の疑問文。 (2)動詞は-ing形にする。現在進行形を作る必要があることは，日本語の意味や，文がIs heから始まっ

ていることからわかる。「リコーダー」= recorder (3)答えるときはbe動詞を使う。現在進行形を使った疑問文に対しての答えの文で，主語はheなので，be動詞isが適切。 (4)-ing形の動詞を選ぶ。日本語の意味や，文がAre Mai and Ayaで始まっていることから判断すると，現在進行形の疑問文を作るのが適切だとわかる。 (5)疑問文の主語に合う代名詞を使う。疑問文の主語はMai and Ayaなので，三人称・複数の代名詞theyを使うのが適切。sheは単数の女性をさす代名詞。

2 人物の名前を主語にして，現在進行形の疑問文の形を作る。与えられている動詞と目的語を使って，〈be動詞＋動詞の-ing形〉を作り，be動詞は文頭に置く。 (1)「ミクは音楽を聞いていますか。」−「はい，聞いています。」 (2)「あなたの姉[妹]は夕食を作っていますか。」−「はい，作っています。」makeは-eで終わる語なので，eをとって-ing形にすることに注意する。 (3)「あなたの兄[弟]は走っていますか。」−「いいえ，走っていません。」runの-ing形は特殊なので注意が必要。nを2つにしてrunningという形にするのが適切。

3 (1)現在進行形の疑問文を作る。文頭にbe動詞isを置き，主語と動詞の-ing形を続ける。swimの-ing形は，mを2つにして，swimmingとすることに注意する。「湖」= lake (2)「必要とする」はneed。このhelpは名詞で「助け，手伝い」という意味。Markは三人称・単数の主語なので，needはneedsの形にして用いる。

pp.112〜113 ぴたトレ1
Words & Phrases
(1)もちろん (2)(提案して)〜しませんか。
(3)wait (4)important
1 (1)ア (2)イ (3)イ (4)ア
2 (1)doing, playing
(2)doing, They are
(3)What is Saki doing(?) , is drinking coffee(.)
3 (1)What is your father doing(?)
(2)This is a traditional American dish for (Christmas.)
(3)Where is your friend(?)

解き方
1 (1)whatを使う。直後に現在進行形の疑問文の語順を続けて，「〜は何をしていますか。」という意味を表す。Doの直後にare they doingの形が続くのは不適切。 (2)(3)〈What＋be動詞＋主語＋動詞の-ing形〜?〉の形にする。writeは-eで終わる語なので，eをとって-ing形にしたwritingの形で用いる。「見る」= watch (4)答えも現在進行形。What is Mary studying?という疑問文の動詞の形に合わせる。

2 与えられている人物の名前を主語にして，動詞は〈be動詞＋-ing形〉にする。主語の人物が複数の場合は，be動詞にareを用いるのが適切。 (1)「マイクは何をしていますか。」−「彼はピアノをひいています。」 (2)「ケンとデイビッドは何をしていますか。」−「彼らはその部屋を掃除しています。」 (3)「サキは何をしていますか。」−「彼女はコーヒーを飲んでいます。」

3 (1)〈What＋be動詞＋主語＋動詞の-ing形〜?〉の語順。 (2)This is 〜の文。dishの前の語順に注意する。a traditional American dishという語順が適切。「伝統的な」= traditional (3)Where is 〜?「〜はどこですか。」の文を使う。主語であるyour friendの前にisを置く。

pp.114〜115 ぴたトレ1
Words & Phrases
(1)ツル (2)雑誌 (3)violin
(4)go fishing
1 (1)ア (2)ア (3)イ (4)イ (5)ア
2 (1)is using (2)There is
(3)is drawing (4)There are, cats
(5)are studying in
3 (1)There is a police officer on this card(.)
(2)My father is taking a bath(.)
(3)The boy is wearing a black jacket(.)

解き方
1 (1)There is[are]を使う。直後の名詞が単数なのでThere isの形にするのが適切。「テーブル」= table,「写真」= picture (2)現在進行形の文。主語であるThe girlは単数なので，be動詞にisを使って〈be動詞＋-ing形〉の形を作るのが適切。「アイスクリーム」= ice cream (3)There is[are] 〜の文。three bicyclesは複数の名詞なので，

be動詞はareを使う。 (4)日本語の意味から，適切な主語とbe動詞を判断する。「彼らは」という意味はtheyで表し，これは複数を表す代名詞なので，be動詞にはareを用いる。「～のそばに［で］」= by (5)現在進行形を選ぶ。〈be動詞 + -ing形〉のあとに目的語が続くare playing soccerが適切。「あれら［それら］の」= those

2️⃣ (1)現在進行形の文。useの-ing形はusing。 (2)There is［are］の文。a kingが単数なのでThere is。 (3)現在進行形の文を作る。主語であるThe manは単数なので，be動詞isを使って〈be動詞 + -ing形〉の形にする。「(絵を)描く」= draw (4)名詞が複数なのでThere are ～を使い，catsを入れる。 (5)「～しています」は現在進行形の意味なので，〈be動詞 + -ing形〉の形を作る。「図書館で」は「～(の中)に［で］」という意味のinを使って表せる。

3️⃣ (1)There is ～の文。There isで文を始め，文末にon this card「このカードには」を置く。a police officer =「1人の警察官」 (2)現在進行形の肯定文の語順にする。my fatherは単数の主語なので，be動詞にはisを使い，takingを続ける。takeは語尾のeをとって-ingをつける。 (3)現在進行形の文。The boyは単数の主語なので，be動詞にはisを使い，wearingを続ける。「黒色のジャケット」= a black jacket

pp.116〜117　　　ぴたトレ**2**

1️⃣ (1)ウ　(2)エ　(3)イ
2️⃣ (1)am not　(2)What is
　　(3)Are you practicing
3️⃣ (1)My father is walking in the park(.)
　　(2)Is your brother sitting on the chair(?)
　　(3)What is Emily studying in her room(?)
4️⃣ (1)Ms. Wood is listening to music.
　　(2)What is his cousin playing?
5️⃣ (1)Where
　　(2)What are you doing
　　(3)She is making kurikinton.
6️⃣ (1)She is wearing a costume from "Sailor Moon."
　　(2)Yes, they are.

解き方

1️⃣ (1)現在進行形の文。主語のAndyは三人称・単数なので，これに合う動詞の形はis standing。standはstandsの形にならないといけないので，主語に合わない。 (2)現在進行形の否定文。動詞が〈be動詞 + -ing形〉の形になっており，be動詞の直後にnotが入ったものが適切。主語が三人称・単数なので，don't singはdoesn't singの形にならないといけない。 (3)現在形が正解。この文のliveは「住んでいる」という状態を表す。liveやare livingは三人称・単数の主語My uncleに合わない。

2️⃣ (1)現在進行形の否定文。amのあとにnotを続ける。空所の数に合わせて，短縮形にはしない。 (2)「何」をたずねるのでwhatから始まる疑問文。現在進行形の疑問文なので，be動詞isを，主語のyour teacherの前に置く。 (3)現在進行形の疑問文。you「あなたたちは」を主語にして，Are you practicingという語順にする。practiceは語尾のeをとって-ingをつける。

3️⃣ (1)現在進行形の肯定文。in the parkは最後に置く。 (2)現在進行形の疑問文。sitの-ing形はsittingになる。 (3)whatから始まる現在進行形の疑問文の語順にする。in her roomは文末に置く。

4️⃣ (1)〈主語 + be動詞 + 動詞の-ing形〉の形。listenの-ing形はlistening。 (2)「彼のいとこは何を演奏していますか」という文に書きかえる。Whatを文頭に置いて，be動詞isは，主語his cousinの前に置く。

5️⃣ (1)どこにいるのかをたずねるので，whereを使う。 (2)Whatを先頭に，現在進行形の疑問文の語順を続ける。 (3)8～9行目に着目。質問の主語はHelenなので，答えるときは代名詞sheを使った現在進行形の文で答える。

6️⃣ (1)「女性は何を着ていますか。」という質問。アオイの2つ目の発言からわかる。主語を代名詞sheに置きかえて答える。 (2)「アニメとマンガは世界じゅうで人気がありますか。」という質問。チェンの最後の発言から，人気があることがわかる。答えるときはanime and mangaを代名詞theyに置きかえる。

pp.118〜119　　　ぴたトレ**3**

1️⃣ (1)×　(2)〇　(3)×

② (1)ア (2)ア (3)ウ

③ (1)washing, car (2)doing anything
(3)What, making (4)There are

④ (1)Kenta is not[isn't] using a computer.
(2)What is the dog eating?
(3)Sue is looking at the beautiful stars.
(4)Who is riding a bike?

⑤ (1)あなたは何を読んでいますか。
(2)about (3)ウ
(4)He is practicing basketball(.)

⑥ (1)Are you drinking juice?
(2)I'm not studying English now.
(3)What is your sister doing?

解き方

① (1)「ふく」「空中，空」 (2)「助ける，手伝う，助け，手伝い」「ひとそろい，一式」 (3)「全部，全員，すべて」「待つ」

② (1)(2)最初の音節を強く読む。 (3)最後の音節を強く読む。最初を強く読むと思いこみやすいので注意。 (1)(否定文で)何も (2)イチゴ (3)雑誌

③ (1)現在進行形の文。-ing形はwashing。 (2)現在進行形の否定文。-ing形はdoing。「(否定文で)何も」= anything (3)whatから文を始める。現在進行形なのでmakeを-ing形にしたmakingを使う。 (4)「〜がいます」の文。four bearsは複数なので，There areの形を使う。

④ (1)be動詞のうしろにnotを置く。 (2)「そのイヌは何を食べていますか。」目的語であるsome snackを，「何を」という意味の疑問詞Whatでたずねる。 (3)〈be動詞＋動詞の-ing形〉の形にする。-ing形はlooking。 (4)「だれが自転車に乗っていますか」という文にする。「だれが」という意味の疑問詞はwho。rideは語尾のeをとって-ing形にすることに注意する。

⑤ (1)疑問詞whatが文頭の現在進行形の疑問文。 (2)直後のボブの発言から，「あなたはどうですか」という文が自然。 (3)直後のボブの発言からポールは場所をたずねたとわかる。 (4)現在進行形の文にする。主語heのあとに〈be動詞＋-ing形〉の語順を続ける。practiceは語尾のeをとって-ing形にすることに注意する。

全訳

ボブ ：やあ，ポール，あなたは何を読んでい

ますか。

ポール：やあ，ボブ，私は1冊の雑誌を読んでいます。

ボブ ：おお，それは何についてですか。

ポール：それはロボットについてです。それはたいへんおもしろいです。

ボブ ：あなたはロボットが好きですか。

ポール：はい！あなたはどうですか。

ボブ ：私もロボットが好きです！そして私たちの友だちのサムもロボットが好きです。

ポール：ほんとうに。それはすばらしい。ああ，彼は今どこにいますか。

ボブ ：彼は体育館にいます。

ポール：彼はそこで何をしていますか。

ボブ ：彼はバスケットボールを練習しています。

⑥ (1)現在進行形の疑問文を作る。主語youの前に，be動詞areを置く。「ジュースを飲む」= drink juice (2)現在進行形の否定文で表す。主語がIになるので，be動詞にはamを使い，その直後にnotを置く。5語の文にするためには，I amを短縮形のI'mにする必要がある。am notの短縮形はないことに注意する。 (3)whatから始まる疑問文を作る。「する」はdoで，-ing形はdoing。

英作文の採点ポイント

□単語のつづりが正しい。（3点）
□（　）内の語数で書けている。（2点）
□疑問詞や現在進行形の文を適切に使うことができている。（3点）

PROGRAM 9 ～ Steps 6

pp.120〜121　　　ぴたトレ1

Words & Phrases

(1)滞在する，泊まる (2)(この)前の
(3)打ち負かす (4)invent
(5)people (6)relax

1 (1)イ (2)イ (3)ア (4)イ (5)ア

2 (1)used, last (2)practiced soccer, week
(3)John enjoyed the party last week.

3 (1)My sister cooked dinner last Saturday(.)
(2)Take a look at that car(.)
(3)My father usually works in the morning(.)

解き方 1 (1)過去の意味なのでlivedを選ぶ。(2)過去の文にする。watchは-edをつける。(3)習慣を表す文なので現在形。everyは「毎～，～ごとに」という意味なので，every Sundayで「毎週日曜日に」という意味を表すことができる。(4)過去の文。studyの過去形は，語尾のyをiに変えて-edをつけたstudied。(5)習慣を表す現在の文。Mikeは三人称・単数なので，listenに-sをつけてlistensとする。

2 与えられた動詞を適切な形の過去形にする。useやpracticeのように-eで終わる語は，-dのみをつける。(1)「ミカは先週このコンピュータを使いました。」(2)「私たちは先週サッカーを練習しました。」(3)「ジョンは先週パーティーを楽しみました。」

3 (1)「この前の土曜日に」とあるので，過去の文。一般動詞がcookedと過去形になっている。last Saturdayは文の最後に置く。(2)動詞から文を始めて，「～してください」という意味を表す。「～を(ちょっと)見る」＝take a look at ～ (3)現在形の文。主語がmy fatherなので，一般動詞をworksの形にしている。usually「ふつう，たいてい」は一般動詞の前に置く。「午前中に」はinを使って，in the morningと表す。

pp.122～123 ぴたトレ 1

Words & Phrases

(1)もうひとつ[1人]の (2)おいしい
(3)一度，一回 (4)medical (5)only (6)bitter

1 (1)イ (2)ア (3)ア (4)ア (5)ア

2 (1)bought, bag (2)ate curry and rice
(3)Carol took pictures yesterday.

3 (1)Our team won the game last Friday(.)
(2)I went to the supermarket only once(.)
(3)The town is famous for the old temple(.)

解き方 1 (1)findは不規則動詞。過去形はfound。(2)「毎日」があるので現在形。goに-esをつける。(3)過去形にする。buyは不規則動詞で過去形はbought。(4)習慣を表す文なので現在形。usually「ふつう，たいてい」は一般動詞の前に置く。ateはeatの過去形で，つづりを混同しやすいので，区別できるように注意する。(5)「昨日」のできごと。readは不規則動詞で過去形はread。readは過去形になってもつづりは変わらないが，発音が変わるので注意が必要。「昨日」＝yesterday

2 与えられた動詞を過去形にすることに注意する。動詞の過去形は，主語が何であるかによって，形を変える必要はないということを覚えておく。また，不規則動詞の過去形を書けるようにしておく必要がある。(1)「ミキは昨日新しいかばんを買いました。」(2)「ジャックは昨日カレーライスを食べました。」(3)「キャロルは昨日，写真をとりました。」

3 (1)「勝つ」は不規則動詞で過去形はwon。last Fridayは文の最後に置く。(2)過去の意味の文なので，動詞を過去形にする。goの過去形wentを使う。「たった一度だけ」＝only once (3)日本語の意味から，the townを主語にすると判断する。the townは三人称・単数で，日本語は現在の意味なので，be動詞にはisを使う。famousを使った表現にも注意が必要。「～で有名である」＝famous for ～

pp.124～125 ぴたトレ 1

Words & Phrases

(1)球場，競技場 (2)(太陽などが)昇る
(3)トナカイ (4)(ラテン語の略で)午前
(5)ago (6)until (7)road (8)p.m.

1 (1)ア (2)イ (3)ア (4)ア (5)イ

2 (1)play, did
(2)your mother buy milk, didn't
(3)Did she watch TV? — Yes, she did.

3 (1)He didn't help his father two days ago(.)
(2)What time did you visit (your aunt?)
(3)You know a lot of things about Japan(.)

解き方 1 (1)一般動詞の過去形の否定文は〈主語＋did not[didn't]＋動詞の原形～.〉で表す。doesn'tは日本語の意味に合わない。「赤色の自転車」は，a red bikeという語順で表現することに注意する。(2)否定文ではdidn'tのうしろは動詞の原形を置く。studyが原形になっているものが適切。studyを過去形にして用いる場合は，studiedのように，yをiに変えて-edをつけた形にする。(3)〈Did＋主語＋動詞の原形～?〉で表す。日本語の意味から，過去形Didを用いたものが

適切。一般動詞の過去形の疑問文では，文頭でDidを用いるとき，主語のあとに続く一般動詞は原形にすることを覚えておく必要がある。「昨夜」= last night　(4)didを使って答える。一般動詞の過去形に疑問文にYesを使って答える場合は，Yes, I did.と答えるのが適切。I did not[didn't]を用いるのは，Noを使って答える場合なので，区別する。　(5)答える文は主語に代名詞を使う。1文目の疑問文の主語はAya and Makiという三人称・複数の語句なので，この疑問文に答える文では，代名詞theyを使うのが適切。sheは三人称・単数の主語に対応する代名詞なので，答え方として疑問文に合わない。

2 Didを文頭に置いて一般動詞の過去形の疑問文を作る場合，主語の後に続く一般動詞は原形にすることに注意する。また，YesまたはNoを使って答える場合には，疑問文の主語を代名詞に変える必要があることを覚えておく。　(1)「デイビッドはテニスをしましたか。」―「はい，しました。」　(2)「あなたのお母さんは牛乳を買いましたか。」―「いいえ，買いませんでした。」　(3)「彼女はテレビを見ましたか。」―「はい，見ました。」

3 (1)〈主語 + did not[didn't] + 動詞の原形〜.〉の形にする。日本語の意味から，一般動詞の過去形の否定文を作ると判断できる。主語であるheを文頭に置き，didn'tのあとには一般動詞の原形helpを続ける。「助ける，手伝う」= help，「2日前に」= two days ago　(2)「何時に」はWhat time 〜?を使う。日本語は過去の疑問文の意味なので，主語の前にdidを置いて，疑問文の語順にする必要がある。主語のあとに続ける一般動詞は原形で用いることに注意する。「訪ねる」= visit，「おば」= aunt　(3)日本語の意味から，一般動詞を使った現在の意味の文だと判断する。主語としてyouを文頭に置き，そのあとに一般動詞knowと目的語a lot of thingsを置く。「日本」= Japan，「〜について」= about，「たくさんの〜」= a lot of 〜，「もの，こと」= thing

(1)昨日（は）　(2)一日じゅう　(3)bought

(4)went

1 (1)イ　(2)イ　(3)ア　(4)ア　(5)ア

2 (1)bought, vegetables　(2)Many, people

(3)time did, go　(4)didn't jump

(5)Some, relax

3 (1)Jack didn't come to the party until 8 (p.m.)

(2)It is a country of beautiful mountains(.)

(3)I visited many parks today(.)

解き方

1 (1)一般動詞の過去形の文を作る。visitは規則動詞。「訪ねる」= visit，「昨年」= last year　(2)一般動詞の過去形の文。seeは不規則動詞で過去形はsaw。seeの過去形としてseedという単語は存在しないことに注意する。「サル」= monkey，「公園」= park　(3)「サウナに入る」はtake a sauna。takeの過去形はtook。inventedは「発明する」という意味の一般動詞inventを過去形にしたものだが，この場合は日本語の意味に合わないので不適切。「昨夜」= last night　(4)「あまい」はsweet，「すっぱい」はsour。状態を表す語として，日本語の意味に合うものを選ぶ。saltyは「塩からい」，bitterは「苦い」という意味なので，日本語の意味に合わない。andは同じ種類の語句を並べるときに用いることができる。「食べ物」= food　(5)famous「有名な」を使った表現として，正しい形のものを選ぶ。また，the cityは三人称・単数の主語なので，be動詞にareを用いるのは不適切。lakeは「湖」という意味。「〜で有名である」= be famous for 〜

2 (1)buyは不規則動詞で過去形はbought。日本語の意味から，一般動詞の過去形を使うと判断する。「姉，妹」= sister，「いくらかの，いくつかの」= some，「野菜」= vegetable　(2)「多くのアメリカの人々」を英語で表すときの語順に注意する。日本語は現在の意味なので，一般動詞はlikeの形になっている。「多くの」= many，「人々」= people　(3)「何時に」= What time 〜?で，そのうしろに一般動詞の過去形の疑問文を続ける。主語youの前に置くdidは過去形にするが，そのあとの一般動詞goは原形で用いることに注意が必要。「図書館」= library，「昨日（は）」= yesterday　(4)〈主語 + didn't + 動詞の原形〜.〉の形にする。「〜の中に跳び込む」= jump into 〜　(5)日本語の意味を，どのような英語の主語で表すかに注意する。

someには「(ある)一部の，なかには〜もいる[ある]」という意味があるので，これを使ってsome peopleという主語にする。「くつろぐ」＝relax

3 (1)一般動詞の過去形の否定文。主語Jackのあとにdidn'tと動詞の原形comeを続ける。「〜まで」はuntil。 (2)「〜の」という意味のofを使って日本語の意味を表現する。主語にはit,動詞にはisを用いる。「美しい」はbeautiful,「山」はmountainで表せる。a country of 〜＝「〜の国」 (3)一般動詞の過去形の肯定文。主語であるIのあとにvisit「訪ねる」の過去形visitedと，目的語many parksを続ける。「今日」＝today

pp.128〜129　　　　　ぴたトレ**2**

① (1)ア (2)イ (3)ア

② (1)practiced, last (2)didn't visit
(3)did you clean

③ (1)Did Mai see a tiger in the zoo(?)
(2)The student read the magazine two days ago(.)
(3)My father found a good restaurant(.)

④ (1)Did the baseball team win last Sunday?
(2)Kenta ate breakfast yesterday.

⑤ (1)saw (2)The sun didn't[did not] rise
(3)did

⑥ (1)No, she didn't. (2)It's in Kanazawa.
(3)No, she didn't.

解き方 ① (1)didn'tのうしろは動詞の原形を置く。-esをつけたgoesや-ing形にしたgoingは，didn'tのあとに置いても意味が通らない。また，文の意味が過去であることは，文末のlast Wednesday「この前の水曜日」からも判断できる。 (2)習慣的なことを表す文。現在形で表す。文頭の主語My friendは三人称・単数なので，直後に置く一般動詞はplaysの形にするのが適切。「ピアノ」＝piano,「毎日」＝every day (3)一般動詞の過去形の疑問文。文頭に置くDidは過去形にして用いるが，その場合，主語のあとに続く一般動詞は原形にすることに注意する。umbrellaは「かさ」，yesterdayは「昨日(は)」という意味。

② (1)「この前の火曜日」とあるので過去形の文。主語であるSherryのあとには，過去形にし

たpracticedを置く。「この前の」はlastを使って表せる。 (2)主語のあとは〈didn't＋動詞の原形〉が入る。空所の数から，didn'tという短縮形を用いると判断できる。「博物館」＝museum (3)Whenのうしろは〈did＋主語＋動詞の原形〜?〉を続ける。「掃除する」＝clean,「部屋」＝room

③ (1)一般動詞の過去形の疑問文。文頭にDidを置き，そのあとに主語Maiと動詞の原形seeを続ける。a tigerは目的語なので，seeのあとに置く。「動物園で」＝in the zoo (2)主語であるthe studentを文頭に置き，一般動詞の過去形を続ける。two days ago「2日前に」は文末に置く。「雑誌」＝magazine，readの過去形はread。 (3)foundは不規則動詞findの過去形。主語my fatherのあとに動詞foundを続け，そのあとに目的語であるa good restaurantを続ける。「レストラン」＝restaurant

④ (1)didを文頭に，主語，動詞の原形を続ける。wonの原形はwin。baseball＝「野球」，team＝「チーム」，last Sunday＝「この前の日曜日」 (2)過去形の文にする。eatの過去形はate。現在の文では，Kentaが三人称・単数なので，eatsという-sをつけた動詞の形になっている。過去形の文では，主語に合わせて-sをつける必要はないので注意する。breakfast＝「朝食」，every day＝「毎日」

⑤ (1)seeの過去形はsaw。 (2)一般動詞の過去形の否定文にする。「(太陽などが)昇る」＝rise (3)過去のことについての文。この場合のsetは「(太陽などが)沈む」という意味。setは一般動詞なので，主語の前にdidを置いて疑問文を作る。ここでは，文末のthen「そのとき，そのころ」は過去を表している。

⑥ (1)「エミリーは21世紀美術館を訪れましたか。」という質問。ソラの1つ目の発言に，エミリーはNo, we didn't.と答えている。 (2)「21世紀美術館はどこにありますか。」という質問。エミリーの発言の3文目や，ソラの2つ目の発言から，2人は金沢について話しているとわかる。主語のthe 21st Century Museumをitに置きかえる。 (3)「エミリーには時間がたくさんありましたか。」という質問。エミリーの発言の2文目からわかる。Did 〜?と問われているので，didを使って答える。

❶ (1)○　(2)×　(3)×

❷ (1)ア　(2)イ　(3)ア

❸ (1)watched　(2)talked　(3)read
　(4)wash　(5)practices　(6)played

❹ (1)My classmate didn't take pictures last
　week(.)
　(2)Did you see the beautiful stars last
　night(?)
　(3)He ate a cheeseburger for lunch two
　days ago(.)

❺ (1)あなたは何をしましたか。
　(2)We talked and cooked dinner together.
　(3)ア　(4)ate

❻ (1)I studied math last Monday.
　(2)Did you drink coffee yesterday?
　(3)My brother didn't want a new computer.

解き方

❶ (1)「(太陽などが)昇る」「見つける」　(2)find
（見つける）の過去形，buy（買う）の過去形
(3)「医療の，内科の」「くつろぐ」

❷ (1)(3)最初の音節を強く読む。　(2)真ん中の音
節を強く読む。　(1)昨日(は)　(2)もうひとつ
[1人]の　(3)球場，競技場

❸ (1)last nightとあるので過去形の文。過去形
はwatched。　(2)文末にyesterday「昨日
(は)」とあるので，過去の意味の文だと判断
できる。規則動詞talkに-edをつけて過去
形にする。　(3)過去形にする。文末にthree
days ago「3日前に」とあることから，一般
動詞は過去形にするのが適切だと判断でき
る。readの過去形はread。　(4)主語My
uncleの直後にdidn'tがあり，文末にlast
week「先週」とあることから，過去の意味
の文だと判断できる。didn'tの直後に置か
れる一般動詞は，原形で用いるので，wash
の形を変える必要はない。uncle＝「おじ」，
car＝「自動車」　(5)every Saturdayとある
ので現在形。-sをつける。　(6)文末にlast
Wednesday「この前の水曜日」とあること
から，動詞は過去形にするのが適切だと判
断できる。

❹ (1)一般動詞の過去形の否定文の語順にする。
主語としてmy classmateを文頭に置き，
直後にdidn'tと動詞の原形takeを続ける。
「先週」は，last「(この)前の」を用いて，last

weekと表す。「写真をとる」はtake
pictures。　(2)一般動詞の過去形の疑問文。
〈Did＋主語＋動詞の原形~?〉の形にする。
「昨夜」はlast nightと表して，文末に置く。
「美しい」＝beautiful,「星」＝star　(3)ateは
eat「食べる」の過去形。主語であるheを文
頭に置き，動詞の過去形ateと目的語a
cheeseburgerを続ける。「2日前に」とい
う意味のtwo days agoは最後に置く。

❺ (1)Whatは「何」とたずねるときに使う。こ
のdoは「する」という意味の動詞。　(2)動詞
はtalkとcook。-edをつけて過去形にする。
(3)一般動詞の過去形の疑問文。Didは過去
形にして文頭に置くが，主語のあとに続く
一般動詞は原形で用いることを覚えておく。
outsideは「外は[で，に]」という意味を表
す。　(4)過去形にする。eatは不規則動詞で
過去形はate。スミス先生とベンは，週末に
ついて過去形を使って会話をしてきてお
り，同じ文の中でも過去形が使われている
ことから，過去形にするのが適切だと判断
できる。

全訳

スミス先生：週末を楽しみましたか，ベン。
ベン　　　：はい，楽しみました，スミス先生。
スミス先生：あなたは何をしましたか。
ベン　　　：私は親友の家に行って，そこに泊
　　　　　　まりました。
スミス先生：うわー！楽しそうですね。
ベン　　　：私たちは話して，夕食をいっしょ
　　　　　　に料理しました。私たちはほんと
　　　　　　うに楽しみました。あなたはどう
　　　　　　ですか，スミス先生。
スミス先生：私も週末を楽しみました。
ベン　　　：それはすばらしいです。あなたは
　　　　　　外へ行きましたか。
スミス先生：いいえ，行きませんでした。私は
　　　　　　一日じゅう，家にいました。私の
　　　　　　部屋を掃除して，テレビを見て，
　　　　　　とてもおいしい昼食を食べました。

❻ (1)一般動詞の過去形の文を作る。studyは
studiedとする。　(2)一般動詞の過去形の疑
問文でたずねる。文頭にdidを置き，その
あとに主語youと動詞の原形drinkを続ける。
drinkを過去形にしないように注意する。
「飲む」＝drink,「コーヒー」＝coffee　(3)一
般動詞の過去形の否定文を作る。主語とし

て my brother を文頭に置き，そのあとに didn't と動詞の原形 want を続ける。7語の文にするには，did not ではなく，短縮形の didn't を用いる必要がある。「ほしい」= want

PROGRAM 10 ～ Power-Up 6

pp.132～133　　　ぴたトレ **1**

Words & Phrases

(1)眠い　(2)言う　(3)終える　(4)若い
(5)came　(6)still　(7)program　(8)follow

1 (1)ア　(2)イ　(3)ア　(4)イ　(5)イ

2 (1)was, yesterday　(2)were at, yesterday
(3)The stars were beautiful yesterday.

3 (1)My classmate was in the library last Sunday(.)
(2)Her sister came into her bedroom(.)
(3)You are still fine(.)

解き方 1 (1)主語は三人称・単数なので was。be 動詞の過去形に were を用いるのは，主語が you や複数の場合である。「祖父」= grandfather,「若い」= young　(2)主語が三人称・複数なので were。be 動詞の過去形で「いました」という過去の存在の意味を表すことができる。「学校に」= at school　(3) be 動詞の過去形を使う。「おもしろかったです」という過去の意味になっていることから，be 動詞は過去形にすると判断できる。「映画」= movie,「おもしろい」= interesting　(4)天候を表すときの主語は it。日本語が「～でした」という過去の意味になっていることから，be 動詞は過去形にするのが適切だと考えられる。「くもりの」= cloudy　(5)「あまかった」なので were。peach は語尾が -ch になっているので，-es をつけて複数形にすることに注意する。「モモ」= peach,「あまい」= sweet

2 主語に合わせて was と were を使い分ける。主語が三人称・単数のものには was を使い，

三人称・複数のものには were を用いる。yesterday「昨日（は）」は文末に置く。(1)「私の母は昨日，悲しかったです。」(2)「クミとハナは昨日レストランにいました。」(3)「星が昨日は美しかったです。」

3 (1)「いました」という意味の過去の文。主語である my classmate を文頭に置き，be 動詞の過去形 was を続ける。その直後に場所を表す語句 in the library を置く。時を表す last Sunday は最後に置く。(2) came は come の過去形。into は「～の中へ[に]」という意味なので，「彼女の寝室の中に入ってきました」を came into her bedroom と表す。(3) be 動詞を使った現在の文。still は are のあとに置く。still =「まだ，今でも」，fine =「元気な」

pp.134～135　　　ぴたトレ **1**

Words & Phrases

(1)脚　(2)出発する，始める
(3)恐ろしい，ひどい　(4)劇場，映画館
(5)broke　(6)enough　(7)fly　(8)cut

1 (1)ア　(2)ア　(3)イ　(4)ア

2 (1)Was, at home, was
(2)Were, happy then, they weren't
(3)Were you in the library then?
—Yes, I was.

3 (1)My grandmother was not a teacher then(.)
(2)Let's get on this bus(.)
(3)Children hold on to their mothers(.)

解き方 1 (1) be 動詞は主語に合わせる。主語は三人称・単数なので was を選ぶ。「スーパー（マーケット）」= supermarket,「昨日」= yesterday　(2) was/were を使って答える。疑問文の主語が he なので，答えるときにも he を使い，be 動詞は主語に対応して was とするのが適切。he was not は No を使って答えるときにあとに続ける語句。(3)主語は三人称・複数なので were。「眠い」= sleepy,「そのとき，そのころ」= then　(4)「2時間前に」なので過去形。be 動詞の過去形を使った疑問文では，be 動詞が主語の前に置かれる。「部屋」= room,「1時間，時間」= hour,「（今から）～前に」= ago

2 be 動詞の疑問文では，be 動詞を主語の前

に置く。また，be動詞の過去形は，主語が
Iや三人称・単数の場合にwasを使い，主
語がyouや複数の場合にwereを使う。
then「そのとき」は文末に置く。 (1)「あなた
の父はそのとき家にいましたか。」-「はい，
いました。」 (2)「その少女たちはそのとき幸
せでしたか。」-「いいえ，そうではありませ
んでした。」 (3)「あなたはそのとき図書館に
いましたか。」-「はい，いました。」

3 (1)be動詞の過去形の否定文の語順にする。
主語のmy grandmotherを文頭に置き，
was notを続ける。thenは文末に置く。
(2)let'sのうしろは動詞の原形。主語のない
文なので，語順を間違えないように注意す
る。「バス」= bus,「～に乗る」= get on (3)
一般動詞を使った，現在の意味の肯定文。
主語であるchildrenを文頭に置き，一般動
詞holdを続ける。「彼らの」という意味の代
名詞theirも覚えておく。「～にしがみつく」
= hold on to ～

pp.136～137 **ぴたトレ1**

Words & Phrases

(1)眠る (2)やっと，ついに (3)電話をかける
(4)warm (5)surprised (6)internet

1 (1)ア (2)イ (3)ア (4)ア (5)ア

2 (1)was using (2)were practicing
(3)was not drinking (4)Were, making, that
(5)students weren't

3 (1)Was John eating dinner at seven last
night(?)
(2)Where were you at nine yesterday(?)
(3)He can swim very well this way(.)

解き方 1 (1)過去進行形の文。主語に合わせてwasを
選ぶ。過去進行形の肯定文では，主語とbe
動詞の過去形のあとに動詞の-ing形を続け
る。 (2)過去進行形の疑問文。動詞は-ing
形。 (3)答えの文では主語が「私」になる。過
去進行形の疑問文には，be動詞の過去形を
使って答える。主語がIなので，be動詞の
過去形はwasを用いるのが適切。 (4)主語
は三人称・複数なのでwere。dance「踊る」
を-ing形にする場合は，eをとって-ing形
にするので，dancingとなる。「体育館」=
gym (5)過去進行形の疑問文の形。be動詞
の過去形のあとに主語を続け，そのあとに

動詞の-ing形を置く。「9時に」= at
nine,「昨日(は)」= yesterday

2 (1)三人称・単数なのでbe動詞はwas。use
の-ing形はusing。語尾のeをとって-ing
形にすることに注意。「先生」= teacher,「5
時に」= at five,「部屋」= room (2)主語は三
人称・複数なのでwere。practiceの-ing形
はpracticing。語尾のeをとって-ing形に
する。「歌」= song,「練習する」= practice
(3)過去進行形の否定文の形にする。drinkの
-ing形はdrinking。主語His motherのあと
にwasを置き，その直後にnotを続ける。
空所の数から，短縮形wasn'tは用いないと
判断できる。「紅茶」= tea,「飲む」= drink
(4)〈be動詞の過去形＋主語＋動詞の-ing形
～?〉で表す。主語が二人称のときはwere。
makeの-ing形はmaking。語尾のeをとっ
て-ing形にする。「昼食」= lunch,「作る」=
make,「そのとき(には)」= at that time (5)
過去進行形の否定文。主語The studentsの
あとにweren'tを続ける。空所の数から，
were notの短縮形weren'tを使うと判断で
きる。「生徒，学生」= student,「教科書」=
textbook

3 (1)過去進行形の疑問文の語順。at seven
last nightは文末にまとめる。 (2)be動詞の
過去形の疑問文。whereから始める。主語
の前にbe動詞の過去形wereを置く。時を
表す語句の語順は，at nine yesterdayと時
刻を先に置く。 (3)this wayは最後に置く。
主語heのあとに，助動詞canと動詞swim
を続ける。canは「～できる」という意味で
あることを覚えておく。「このようにして」
= this way,「たいへん」= very,「じょうずに」
= well,「泳ぐ」= swim

pp.138～139 **ぴたトレ1**

Words & Phrases

(1)写真 (2)力強い，強力な (3)made
(4)creative

1 (1)ア (2)イ (3)ア (4)ア (5)イ

2 (1)Please look (2)What, favorite
(3)in, club (4)First, amusement
(5)Second, first, for

3 (1)This is the picture of my violin(.)
(2)The event was very interesting(.)
(3)We did the performance on TV last

year(.)

1 (1)Please come to ～で「～にどうぞ来てください」という意味を表せる。「見せ物，番組，ショー」= show，「6月」= June (2)「最初の学校祭」は「1番目の」という意味のfirstを使って，the first school festivalと表せる。「2番目に」= second (3)「理由」= reason，「もの，こと」= thingという意味。「3つの理由」という意味を表すので，reasonを複数形のreasonsとすることに注意する。 (4)「1番目に」= first (5)「～の」という意味のofを使う。fromは「～から」という意味なので，日本語の意味に合わない。「～の写真」= the picture of ～

2 (1)「どうぞ～ください」とあるので，pleaseが文頭に入る。「～(のほう)を見る」はlook at ～。 (2)「何」とたずねるときは疑問詞whatを使う。「お気に入りの，大好きな」はfavoriteで表す。 (3)「～部[クラブ]に入っている」はin the ～ clubで表す。 (4)「1番目に」はfirst。「遊園地」はamusement park。 (5)「2番目に」= second，「私にとって最初の～」= the first ～ for me

3 (1)主語はthis。the picture of ～=「～の写真」 (2)be動詞の過去形の文。the eventで始め，be動詞の過去形，副詞，形容詞と続く。 (3)一般動詞の過去形の文。「パフォーマンス」はperformanceと表す。last yearは最後に置く。

1 (1)ウ (2)エ (3)ア
2 (1)It was (2)wasn't running
(3)were, at that time
3 (1)Was your cousin in Osaka last month(?)
(2)Her friends were swimming in the lake(.)
(3)This song was popular twenty years ago(.)
4 (1)We were at the restaurant.
(2)What was his sister playing then?
5 (1)with
(2)It was not[wasn't] strong enough(.)
(3)No it wasn't
6 (1)A (thirsty) crow did.
(2)He found a pitcher.
(3)It was in the pitcher.

1 (1)yesterdayがあるので過去形の文。主語が三人称・単数なのでwas。 (2)thenがあるので過去形にする。主語からbe動詞の過去形はwere。過去進行形の文で，「～していた」という意味を表す。breakfast =「朝食」，then =「そのとき，そのころ」 (3)過去の文。surprisedは「驚いて」という意味の単語なので，be動詞の過去形を文頭に置く。主語に合うWasを選ぶ。

2 (1)天候を表すときの主語はit。過去の文なのでbe動詞はwas。 (2)過去進行形の否定文。主語my fatherのあとにwasn't runningを続ける。空所の数から，was notではなく，wasn'tと短縮形を入れる。runの-ing形はrunning。 (3)主語からbe動詞はwere。「そのとき(には)」= at that time

3 (1)be動詞の過去形の疑問文の語順に並べる。文頭にbe動詞の過去形を置き，そのあとに主語であるyour cousinを続ける。 (2)過去進行形の文の語順にする。主語であるher friendsを文頭に置き，be動詞の過去形wereと動詞の-ing形を続ける。swimの-ing形はswimmingのように，mを2つにすることに注意する。「その湖で」は「～(の中)に[で]」という意味のinを使ってin the lakeと表せる。 (3)be動詞の過去形の文。「20年前に」はtwenty years agoと表す。

4 (1)be動詞の過去形はwereにする。 (2)whatで始め，過去進行形の疑問文の〈be動詞の過去形+主語+動詞の-ing形～?〉の形を作る。

5 (1)「～といっしょに」という意味のwithを使う。 (2)be動詞の過去形の文を作る。enoughは最後に置く。 (3)空所のある文の前文にbe動詞の過去形の疑問文があるので，それに答える。

6 (1)「だれが水差しを見つけましたか。」という質問。1つ目の文A thirsty crow found a pitcher.が答えになる。 (2)「カラスは何を見つけましたか。」という質問。1つ目の文から水差しを見つけたとわかる。 (3)「ほんの少しの水はどこですか。」という質問。2つ目の文からわかる。inside it のit は1つ目の文のa pitcherをさす。

1 (1)○ (2)○ (3)×
2 (1)ウ (2)ア (3)イ

❸ (1)was helping　(2)Was it

　　(3)wasn't, of　(4)Where were

❹ (1)Was your aunt a flight attendant then(?)

　　(2)Bob and Sherry were not studying this morning(.)

　　(3)What was she doing in the gym yesterday(?)

❺ (1)was, two hours ago

　　(2)but he was not there

　　(3)ウ　(4)What

❻ (1)My father was at the supermarket then.

　　(2)Were you in Sapporo last year?

　　(3)I was listening to music at eight o'clock.

解き方

❶ (1)「十分に」「若い」　(2)「斜面，坂」「break（壊れる）の過去形」　(3)「やっと，ついに」「(pick up speedで)（車などが）速力を増す」

❷ (1)(3)最後の音節を強く読む。　(2)最初の音節を強く読む。　(1)トランポリン　(2)寝室　(3)あなたがた自身を[に]

❸ (1)過去進行形の文の形にする。主語であるsheのあとに，be動詞の過去形と動詞の-ing形を続ける。「手伝う」＝help　(2)itを使い，wasから始める。　(3)be動詞の過去形の否定文。空所の数から判断して，主語のあとには短縮形のwasn'tを入れる。「～の」という意味はofで表せる。「一員，メンバー」＝member　(4)場所については whereを使ってたずねることができる。文頭にwhereを置き，be動詞の過去形と主語youを続ける。「昨夜」＝last night

❹ (1)be動詞の過去形の疑問文。文頭にbe動詞の過去形を置き，直後に主語であるyour auntを続ける。「客室乗務員」＝flight attendant　(2)過去進行形の否定文。文頭にbe動詞の過去形wereを置き，主語であるBob and Sherryと動詞の-ing形を続ける。「今朝」＝this morning　(3)「何を」なので，whatが文頭。

❺ (1)最初の空所はbe動詞の過去形。主語から，wasが入る。　(2)「しかし彼はそこにいませんでした」という意味の文にする。　(3)過去形の文。seeの過去形はsaw。　(4)直後のタクの発言から判断する。タクはマイクが理科室でしていたことを答えているので，ポールは「マイクが何をしていたか」をたず

ねたのだと判断できる。

全訳

ポール：あなたは今日，マイクを見ましたか。

タク　：はい。彼は2時間前にコンピュータ室にいました。

ポール：ほんとうに？私はコンピュータ室を確かめましたが，彼はそこにいませんでした。

タク　：ああ，あなたは理科室を確かめましたか。

ポール：いいえ。彼はふつう理科室へ行きますか。

タク　：ときどき。私は先週，理科室で彼を見ました。

ポール：彼はそこで何をしていましたか。

タク　：彼は私たちの理科の先生といっしょに勉強していました。

ポール：うわー，それは知りませんでした。ありがとう，タク。

❻ (1)be動詞の過去形の文を作る。　(2)be動詞の過去形の疑問文にする。文頭にbe動詞の過去形wereを置き，直後に主語youを続ける。「昨年」＝last year　(3)過去進行形の文を書く。主語Iのあとに，be動詞の過去形wasと動詞の-ing形listeningを続ける。listen to ～で「～を聞く，～に耳を傾ける」という意味になることを覚えておく。「8時に」＝at eight o'clock

英作文の採点ポイント

□単語のつづりが正しい。（2点）

□（　）内の語数で書けている。（3点）

□be動詞の過去形の肯定文・疑問文，過去進行形の肯定文の表現が正しく使えている。（3点）

p.144　ぴたトレ1

(1)親愛なる(Dear ～で「～さん[様]」)

(2)祝福のことば，願い　(3)front

(4)postcard

1 (1)went, enjoyed　(2)beautiful, with

　(3)It, cold, snowy

解き方

1 (1)goの過去形はwent。enjoyは規則動詞なので，過去形はenjoyedとなる。「祭り」＝festival,「花火」＝firework　(2)「～といっしょに」＝with　(3)天候を表すときの主語はit。「寒い」＝cold，「雪の」＝snowy

出題傾向

＊be動詞と一般動詞の肯定文，否定文，疑問文の構造を理解し，正しく使えるようにしておく。

❶ (1) Are you a new student(?)

(2)エ

(3) before dinner

(4)私は昼休みの間に音楽室でフルートを演奏します。

(5)①オーストラリア　②スポーツ

❷ (1) m　(2) q

(3) Y　(4) B

❸ (1)エ　(2)ウ　(3)ア　(4)イ

❹ (1) Are you a rugby fan?

(2) I have twenty books.

(3) Do you often make dinner?

(4) I like bananas very much.

❺ (1) I am a tennis fan.

(2) You are not from New Zealand.

(3) When do you study English?

解き方

❶ (1)〈be動詞＋主語〜?〉の語順に並べる。「新しい生徒」＝a new student　(2)直後のアンの発言に着目。場所をたずねる疑問文はwhereから始める。　(3)「〜（より）前に」＝before，「夕食」＝dinner　(4)一般動詞の文。during lunch breakは「昼休みの間に」。(5)①アンの4番目の発言から。②サキの4番目の発言と，その直後のアンの発言から。

全訳

アン：こんにちは，私の名前はアンです。

サキ：こんにちは，私はサキです。

アン：あなたはこのクラスにいますか。

サキ：はい，そうです。あなたは新しい生徒ですか。

アン：はい，そうです。

サキ：お会いできてうれしいです。あなたはどこの出身ですか。

アン：私はオーストラリアの出身です。

サキ：すばらしい！あなたはスポーツをしますか。

アン：いいえ，しません。しかしピアノとフルートを演奏します。

サキ：ほんとうに？私もフルートを吹きます。あなたはいつ練習しますか。

アン：私はたいてい夕食前に練習します。あなたはどうですか。

サキ：私は昼休みの間に音楽室でフルートを練習します。いっしょに練習しましょう！

❷ (1)小文字は大文字と形が異なる。　(2)pと混同しないこと。　(3)大文字は下部に出ないようにする。　(4)dと混同しないよう注意。

❸ (1)「あなたの誕生日はいつですか。」エ「私の誕生日は3月15日です。」　(2)「あなたはバスケットボールをしますか。」ウ「いいえ，しません。」　(3)「あなたは医者ですか。」ア「はい，そうです。」　(4)「あなたはどこの出身ですか。」イ「私はアメリカ合衆国の出身です。」

❹ (1)〈be動詞＋主語〜?〉の形を作る。　(2) twentyはbooksの直前に置く。　(3)一般動詞の疑問文はdoから始める。　(4)「とても」はvery much。

❺ (1)「私はテニスファンです。」という文になる。　(2)be動詞の否定文はbe動詞のうしろにnotを置く。　(3)「いつ」＝when

英作文の採点ポイント
□単語のつづりが正しい。（3点）
□動詞が正しく使えている。（3点）
□文の語順が正しい。（4点）

出題傾向

＊助動詞canの使い方を確認しておく。また〈This[That] is 〜.〉の表現，代名詞を正しく使えるようにしておく。

❶ (1)イ　(2)Who　(3)Daniel

(4)あなたは野球をすることができますか

(5)①〇　②×　③〇

❷ (1)he is　(2)she can't　(3)It is

(4)She can

❸ (1)Is this your computer?

(2)My sister can't ride a bike.

(3)Can I eat a cake?

(4)Which bag is yours, the red one or the black one?

❹ (1)Is that a lion?

(2)You can sing very well.

(3)Whose eraser is this?

解き方 ❶ (1)主語のthatを代名詞itに変えて答える。

(2)2か所とも直後の文で名前を答えているので，「だれか」をたずねる文だとわかる。

(3)直前のケントの発言から。 (4)「～できますか」という意味。 (5)①ボブはクラスメートの写真を見ており，その中にダニエルもいる。 ②ボブの4つ目の発言に着目。③ケントの6つ目の発言，ボブの6つ目の発言からわかる。

全訳

ケント：それは何ですか，ボブ。

ボブ ：それは私のクラスメートの写真です。

ケント：うわー，それはたいへんよい写真です。この少年はだれですか。

ボブ ：彼はヒロキです。彼は明るくて活発です。彼はたいへんじょうずに踊ることができます。

ケント：うわー！この少女はだれですか。

ボブ ：彼女はアヤです。彼女は新しい生徒で日本の出身です。

ケント：おお，彼女は英語を話すことができますか。

ボブ ：はい。彼女はじょうずに英語を話すことができます。

ケント：それはよいです。そして私はこの少年を知っています。彼はダニエルです！私たちはしばしば，いっしょに野球をします。

ボブ ：ほんとうに？彼は私のよい友だちです。

ケント：すばらしい。あなたは野球をすることができますか，ボブ。

ボブ ：はい，できます。しかし，私はじょうずにすることはできません。

ケント：放課後野球を練習しましょう！

ボブ ：それはすばらしい！私はあなたとダニエルといっしょに野球をしたいです。

❷ (1)代名詞はhe。be動詞で答える。 (2)代名詞はshe。can'tを用いて答える。 (3)具体的に答える。代名詞はitを使う。 (4)canを

使う。

❸ (1)this isを使う。疑問文はisを文頭に置く。 (2)canの否定文。「自転車に乗る」はride a bike。 (3)Can I ～？＝「～してもよいですか。」 (4)whichから始める。「あなたのもの」はyoursで表し，直後に(,)を置く。

❹ (1)be動詞の疑問文にする。 (2)canは動詞の前。 (3)「だれの」なのでwhoseを使う。

英作文の採点ポイント

□ 単語のつづりが正しい。（3点）

□ 動詞や助動詞が正しく使えている。（3点）

□ 文の語順が正しい。（4点）

pp.150～151 　　　　　　予想問題 ❸

出題傾向

＊三人称・単数・現在形の文の一般動詞には-(e)sを忘れずにつける。またすべての代名詞を正しく使えるようにしておく。

❶ (1)She is my mother's sister(.) (2)(サキのおばの)ミチ (3)our (4)私たちはいっしょに料理して，すばらしい時を過ごします。

(5)①ア ②ウ

❷ (1)plays (2)eat (3)reads (4)theirs

❸ (1)does, plays (2)don't, likes

(3)do, them (4)Does, Yes

❹ (1)What does your father do after dinner?

(2)They are in their house.

(3)Becky does not[doesn't] have a dog.

解き方 ❶ (1)Sheから始める。「私の」はmy，「母の」はmother'sで表し，sisterは最後に置く。 (2)文は「サキのおばのミチ」について述べられている。 (3)所有を表す代名詞。 (4)together＝「いっしょに」 (5)①第2段落1文目に着目。 ②第4段落1文目に着目。

全訳

私の名前はサキです。私には1人のおばがいます。彼女の名前はミチで，彼女はアメリカ合衆国に住んでいます。彼女は私の母の妹です。彼女は日本語の先生で，彼女の仕事に誇りをもっています。

毎週日曜日，私は彼女に手紙を書きます。私は手紙の中で，私の家族，友だち，そして学校について書きます。彼女も私に手紙を書きます。

彼女は私に彼女のことについて伝えます。彼女の手紙はいつもおもしろく，わくわくします。だから私は彼女がとても好きです。

　毎年8月，ミチは私たちの家を訪ねます。彼女は料理が好きで，じょうずに料理することができます。彼女はアメリカの食べ物を料理することができます。私たちはいっしょに料理して，すばらしい時を過ごします。

　私はアメリカ合衆国に行って，彼女を訪ねたいです。だから私は毎日，英語を勉強したいです。私は今はたいへんじょうずに英語を話すことはできませんが，やってみます。

2 (1)主語から判断して，-sをつける。　(2)一般動詞の否定文。　(3)-sをつける。　(4)「彼ら[彼女ら，それら]のもの」はtheirs。

3 (1)答えの文もdoesを使う。his brotherも三人称・単数なのでplays。　(2)否定の応答なので，don'tが入る。「しかし」と続くのでSueはくだものが好きだという文になる。　(3)主語より，代名詞はthem。　(4)Doesから始める。文の続きから，Yesだとわかる。

4 (1)「あなたの父は夕食後に何をしますか。」　(2)theyになるので，be動詞はareを使う。所有を表す代名詞はtheir。　(3)主語が三人称・単数の一般動詞の否定文で表す。

英作文の採点ポイント

□単語のつづりが正しい。（3点）
□動詞や助動詞が正しく使えている。（3点）
□文の語順が正しい。（4点）

`pp.152〜153`　　予想問題 **4**

出題傾向

＊「〜があります[います]」という表現をthereを使って表せるようにしておく。また現在進行形の文の作り方を正しく理解しておく。

1 (1)D　(2)over there
　(3)②are　③climbing
　(4)私たちはどのようにそこに行くことができますか。
　(5)①Yes, they are.
　　②Yes, there is.
　　③By train. [They can go there by train.]
2 (1)aren't, hospitals　(2)are sitting
　(3)What, doing　(4)by bus
3 (1)There are bikes near the station.

(2)My brother is swimming in the pool.

(3)What is Rin playing now?

4 (1)Is there a[one] pencil in your bag?

(2)Ken is not helping his sister now.

(3)How many pens do you have?

解き方 **1** (1)「あなたはそこでくつを買うことができます。」という文につながる。　(2)「あそこに」を2語で表す。　(3)②直後が-ing形で現在進行形の文だとわかる。③現在進行形の文。climbの-ing形はclimbing。　(4)Howは「どのように」，canは「〜できる」，thereは「そこで[に，へ]」。　(5)①ケンタの1つ目の発言に着目。　②ケンタの2つ目の発言に着目。③マイクの最後の発言に着目。

全訳

ケンタ：うわー！私たちはこの部屋から公園を見ることができます！

マイク：はい！ああ，その公園はたいへん大きいです。たくさんの木と花があります。

ケンタ：見て！あそこに動物園があります。私はその中にライオンを見ることができます。それは大きな木の近くを歩いています。

マイク：私もそれを見ることができます！私はその動物園に行きたいです。何人かの学生がいます。彼らは小さい動物をさわっています。私は動物が大好きです。

ケンタ：私もです。私もそれらをさわりたいです。

マイク：見て，ケンタ！動物園の隣に大きい山があります。たくさんの少年と少女たちが山を登っています。彼らはそれを楽しんでいます。

ケンタ：すばらしい！私も山を登りたいです。あなたはそれのためのくつを持っていますか。

マイク：ああ，いいえ，持っていません。でも私は登りたいです！

ケンタ：山の近くに大きいショッピングモールがあります。あなたはそこでくつを買うことができます。

マイク：ほんとうに？　私はくつを買いたいです。いっしょに買い物に行きましょう。

ケンタ：そうしましょう！私たちはどのようにそこに行くことができますか。

マイク：私はショッピングモールの近くに駅を見ることができます。私たちは電車で行くことができます。

② (1)thereを使った否定文にし，aren'tと短縮形を使う。hospitalsと複数形にする。 (2)現在進行形の文。-ing形はsitting。 (3)「何」とたずねるときはwhatで始める。doを-ing形にする。 (4)手段なのでbyを使う。

③ (1)名詞を複数形にするので，be動詞も合わせる。 (2)swim の -ing形 は swimming。 (3)「何を演奏していますか」という意味の文にする。

④ (1)〈There is[are] ～.〉の表現を使って疑問文を作る。 (2)現在進行形の否定文。nowは文末に置く。 (3)「いくつの」はHow many ～?で表せる。

英作文の採点ポイント

☐単語のつづりが正しい。（3点）
☐動詞が正しく使えている。（3点）
☐文の語順が正しい。（4点）

pp.154～155 予想問題 5

出題傾向

＊規則動詞および不規則動詞の過去形の作り方を確認しておく。また，be動詞の過去形や過去進行形の文を正しく使えるようにしておく。

① (1)エ (2)ウ (3)were proud
(4)私は彼らの家ですばらしい時を過ごしました。
(5)①He was wearing his uniform.
②She worked in the hospital near her house.[In the hospital near her house.]

② (1)made (2)using (3)win (4)goes

③ (1)Ben read comics last night.
(2)They were playing soccer in the park.
(3)What did Liz buy two days ago?
(4)Did she speak English?

④ (1)Bob and Paul were drinking coffee at that time.
(2)My sister did not[didn't] do her homework yesterday.
(3)What time did you get up this morning?

解き方 ① (1)3文目にLast Saturday, とある。goの過去形はwent。 (2)ア「私は私の祖父を見ませんでした。」イ「私の祖父は私の祖母を手伝います。」ウ「私の祖父は彼の自動車を洗っていました。」 (3)「～に誇りをもってい

る」はbe proud of ～。wereを使う。 (4)hadはhaveの過去形。have a great time=「すばらしい時を過ごす」 (5)①「ハヤトの祖父は写真の中で何を着ていましたか。」第4段落参照。 ②「ハヤトの祖母はどこで働いていましたか。」第5段落参照。

全訳

私の名前はハヤトです。私は中学生で，大阪に住んでいます。この前の土曜日，私は私の祖父と祖母を訪ねました。彼らは神戸に住んでいます。私は電車でそこに行きました。

私は午前11時に彼らの家を訪ねました。私の祖父は彼の自動車を洗っていました。私の祖母は部屋を掃除していました。

私の祖母はとてもおいしい昼食を料理して，私たちはそれをいっしょに食べました。彼女の料理はすばらしかったです！昼食後，私は午後3時まで彼らの古い写真を見ました。

私の祖父は警察官でした。1枚の写真の中では，彼は制服を着ていて，かっこよかったです。彼はたくさんの人々を助けました。彼は自分の仕事がとても好きでした。

私の祖母は50年前に看護師でした。もう1枚の写真の中では，彼女は20歳で，たいへんかわいかったです。彼女は彼女の家の近くの病院で働いていました。彼女も自分の仕事が好きでした。

私の祖父と祖母は彼らの仕事について話しました。彼らは彼らの仕事に誇りをもっていました。私は驚きましたが，私はほんとうに楽しみました。今，私は彼らの仕事についてたくさんのことを知っています。

私は彼らの家ですばらしい時を過ごしました。私は彼らをもう一度訪ねたいです。

② (1)makeの過去形はmade。 (2)be動詞の過去形とthenがあるので過去進行形の文。 (3)〈Did + 主語 + 動詞の原形～?〉で表す。 (4)現在形の文。主語が三人称・単数なので，-esをつける。

③ (1)過去形の文にする。過去形はread。 (2)〈主語＋be動詞の過去形＋動詞の-ing形～.〉で表す。 (3)「リズは2日前に何を買いましたか。」boughtの原形はbuy。 (4)一般動詞の過去形の疑問文。

④ (1)過去進行形の文。Bob and Paulから始め，wereを置き，drinkingを続ける。at that timeは最後に置く。 (2)一般動詞の過

去形の否定文の形。「彼女の宿題をする」は do her homework で表す。 (3)「何時に」なので what time を文頭に置き，一般動詞の過去形の疑問文の語順を続ける。this morning は文末に置く。

英作文の採点ポイント
□単語のつづりが正しい。（3点）
□動詞が正しく使えている。（3点）
□文の語順が正しい。（4点）

リスニングテスト
〈解答〉

① 小学校の復習

❶ (1)×　(2)○　(3)×

ココを聞きトレ⑥　疑問文の疑問詞を正しく聞き取ろう。疑問詞がwhatなら「もの」について，whereなら「場所」についてたずねていることを整理して，絵の内容と合っているかどうかを確認する。場所を表すinやonなどの前置詞にも注意。

英文
(1)**Woman :** What's your name?
　Man : My name is Takashi.
(2)**Man :** What animals do you like?
　Woman : I like rabbits.
(3)**Woman :** Where is your cap?
　Man : It's on the desk.

日本語訳
(1)女性：あなたの名前は何ですか。
　男性：私の名前はタカシです。
(2)男性：あなたは何の動物が好きですか。
　女性：私はウサギが好きです。
(3)女性：あなたのぼうしはどこですか。
　男性：それは机の上にあります。

❷ (1)ウ　(2)ウ

ココを聞きトレ⑥　質問文がYes / Noで答えられる疑問文か，疑問詞で始まる疑問文かに注目しよう。Is～?はYes / Noで答えられる疑問文なので，基本的にはYes / Noの答えを選ぶ。whatはものについてそれが「何か」をたずねる疑問詞。その「何」に相当する答えを選ぼう。

英文　Nice to meet you. My name is Mai. I'm from Osaka. I go to school. I like English. I study it hard. I like cooking, too. I can make apple pie. It is delicious. I want to be a cook.
Questions : (1)Is Mai a student?
　　　　　　(2)What is Mai's favorite subject?

日本語訳　はじめまして。私の名前はマイです。私は大阪出身です。私は通学しています。私は英語が好きです。私は一生懸命それを勉強します。私は料理をすることも好きです。私はアップルパイを作ることができます。それはおいしいです。私は料理人になりたいです。

質問：(1)マイは学生ですか。
　　　(2)マイの好きな教科は何ですか。

② be 動詞

❶ (1)オ　(2)イ　(3)エ　(4)ウ

ココを聞きトレ⑥　登場人物が女性か男性か，単数か複数かに注意して聞こう。heは単数の男性を，sheは単数の女性を指す。また，isは主語が単数のときに，areは主語が複数のときに使うので，これらの単語を手がかりにしよう。be動詞のあとには，名前や職業などの情報が続く。ここでは，教科やスポーツの名前，部活動の内容を表す語を正しく聞き取ることが重要。

英文　(1)She is Aya. She is a tennis player. (2)He is Mr. Tanaka. He is a math teacher. (3)They are Yuki and Kana. They are in the music club.　(4)They are Ken and Jun. They are on the soccer team.

日本語訳　(1)彼女はアヤです。彼女はテニス選手です。　(2)彼はタナカ先生です。彼は数学の教師です。　(3)彼女らはユキとカナです。彼女らは音楽部に所属しています。　(4)彼らはケンとジュンです。彼らはサッカー部に所属しています。

❷ (1)×　(2)×　(3)○

ココを聞きトレ⑥　対話文に出てくるものの名前や持ち主，地名を正しく聞き取ろう。疑問文とYes / Noの答えから正しい情報を整理し，絵の内容と照らし合わせること。答えがNoの場合には，そのあとに正しい情報が示されるので，聞きのがさないように注意。

英文
(1)**Man :** Is this your bag, Miki?
　Woman : Yes, it is. It's my bag.
(2)**Woman :** Is that a cat?
　Man : No, it isn't. It's a dog.
(3)**Man :** Are you from Okinawa?
　Woman : No, I'm not. I'm from Hokkaido.

日本語訳
(1)男性：これはあなたのかばんですか，ミキ。
　女性：はい，そうです。それは私のかばんです。
(2)女性：あれはネコですか。
　男性：いいえ，ちがいます。それはイヌです。
(3)男性：あなたは沖縄出身ですか。
　女性：いいえ，ちがいます。私は北海道出身です。

③ 一般動詞

1 (1)ウ　(2)エ　(3)ア

ココを聞きトレ６ 絵にあるスポーツ用品や教科，動物を見て，どのような単語が使われるかをあらかじめ予測し，それらの単語に注意して対話文を聞こう。複数あるものは数にも注意。応答文のYes / No，否定文のnotに注意し，聞き取った情報を整理してから，解答を選ぼう。

英文
(1)*Woman :* Do you play basketball?
　Man : Yes, I do. I play baseball, too.
(2)*Man :* Does Rika like math?
　Woman : No, she doesn't. But she likes English and music.
(3)*Woman :* Does John have any cats or dogs?
　Man : He doesn't have any cats. He has two dogs.

日本語訳
(1)女性：あなたはバスケットボールをしますか。
　男性：はい，します。私は野球もします。
(2)男性：リカは数学が好きですか。
　女性：いいえ，好きではありません。しかし，彼女は英語と音楽が好きです。
(3)女性：ジョンはネコかイヌを飼っていますか。
　男性：彼はネコを1匹も飼っていません。彼は2匹のイヌを飼っています。

2 (1)イ　(2)ウ

ココを聞きトレ６ 交通手段と兄弟姉妹の数を正しく聞き取ろう。登場人物が複数いるので，それぞれの人物について聞き取った情報を整理すること。aやtwoのような数を表す語，名詞の複数形にも注意しよう。

英文
(1)*Emi :* Do you walk to school, Mike?
　Mike : No. I go to school by bus. Do you walk to school, Emi?
　Emi : I sometimes walk, but I usually go to school by bike.
(2)*Ryo :* Hi, Kate. Do you have any brothers or sisters?
　Kate : Yes. I have two sisters. How about you, Ryo?
　Ryo : I have a sister and a brother.

日本語訳
(1)エミ：あなたは歩いて学校に行きますか，マイク。

マイク：いいえ。私はバスで学校に行きます。あなたは歩いて学校に行きますか，エミ。
エミ：私はときどき歩いて行きますが，たいていは自転車で学校に行きます。
(2)リョウ：やあ，ケイト。あなたには兄弟か姉妹がいますか。
ケイト：はい。私には姉妹が2人います。あなたはどうですか，リョウ。
リョウ：私には姉妹が1人，兄弟が1人います。

④ can の文

1 (1)○　(2)×　(3)○

ココを聞きトレ６ canのあとにくる動詞が表す動作の内容を正しく聞き取ろう。登場人物が複数いるので，それぞれの人ができることとできないことを整理して，絵の内容と合っているかどうかを確認する。

英文
(1)*Man :* Is the girl Japanese?
　Woman : No. But she can speak Japanese. She can speak English, too.
(2)*Woman :* Kevin, you can swim well, right? Can your brother Tom swim, too?
　Man : No, he can't. But he can run fast.
(3)*Man :* Can I use this computer on Mondays, Ms. Suzuki?
　Woman : Sorry, Mike. I use it on Mondays. You can use it on Fridays.

日本語訳
(1)男性：その女の子は日本人ですか。
　女性：いいえ。でも彼女は日本語を話せます。彼女は英語も話せます。
(2)女性：ケビン，あなたは上手に泳げますよね。あなたの弟さんのトムも泳げますか。
　男性：いいえ，泳げません。しかし，彼は速く走れます。
(3)男性：私は月曜日にこのコンピュータを使うことができますか，スズキ先生。
　女性：ごめんなさい，マイク。私は月曜日にそれを使います。あなたは金曜日にそれを使うことができます。

2 イ，カ

ココを聞きトレ６ 博物館の中でしてもよいことと，してはいけないことを正しく聞き取ろう。Don't～.やPlease ～.の命令文で表されているものも

あるので注意。canとcan'tを聞き間違えないようにすることも重要。

英文

John : Excuse me. Can I take pictures in the museum?

Clerk : I'm sorry, you can't.

John : I see. Can I take my bag with me?

Clerk : Yes, you can. But don't take your dog with you. And you can't eat or drink in the museum. Please leave the museum before five o'clock.

John : All right.

Clerk : Enjoy the pictures in our museum!

日本語訳

ジョン：すみません。博物館の中で写真をとってもよいですか。

博物館員：申し訳ありませんが，できません。

ジョン：わかりました。私のかばんは持っていってもよいですか。

博物館員：ええ，いいです。でもあなたのイヌは連れていってはいけません。それから，博物館の中で食べたり飲んだりしてはいけません。5時前には，博物館を出てください。

ジョン：わかりました。

博物館員：博物館にある絵を楽しんでください！

⑤ 疑問詞①

❶ (1)イ　(2)エ　(3)ア

ココを聞きトレ⑥ ものの数や時刻など，数字の聞き取りがポイント。ものの種類が複数あるときは，それぞれについて数を正しく聞き取ること。fiftyとfifteenのように聞き間違いやすい数字には特に注意。

英文

(1)*Man :* What do you want?

　Woman : I want four pens and three erasers.

(2)*Woman :* What time do you eat breakfast?

　Man : I eat breakfast at six fifty.

(3)*Man :* How many books do you have in your bag?

　Woman : I have two.

日本語訳

(1)男性：あなたは何がほしいですか。

　女性：私は4本のペンと3個の消しゴムがほしいです。

(2)女性：あなたは何時に朝食を食べますか。

　男性：私は6時50分に朝食を食べます。

(3)男性：あなたはかばんの中に何冊の本を持っていますか。

　女性：私は2冊持っています。

❷ (1)ウ　(2)エ

ココを聞きトレ⑥ 質問文が疑問詞で始まる疑問文の場合には，疑問詞の種類に注意。whatはものについてそれが「何」かを，whoは人についてそれが「だれ」かをたずねる疑問詞。それぞれ「何」「だれ」に相当する答えを選ぼう。登場人物が2人いるので，それぞれの人についての情報を正しく聞き取ること。

英文 Hello, everyone. I'm Takashi. I'm from Nagano. I'm a junior high school student. I'm on the soccer team at school. I practice soccer every day. I sometimes play tennis on Sundays. I have a sister. Her name is Kumi. She is seventeen years old. She plays the guitar very well. She is a basketball player. Thank you.

Questions : (1)What does Takashi practice every day?

　　　　　 (2)Who is Kumi?

日本語訳 こんにちは，みなさん。私はタカシです。私は長野出身です。私は中学生です。私は学校でサッカー部に所属しています。私は毎日サッカーを練習します。私はときどき日曜日にテニスをします。私には姉がいます。彼女の名前はクミです。彼女は17歳です。彼女はとても上手にギターをひきます。彼女はバスケットボール選手です。ありがとう。

質問：(1)タカシは毎日何を練習しますか。

　　　(2)クミとはだれですか。

⑥ 疑問詞②

❶ (1)エ　(2)ア　(3)ウ

ココを聞きトレ⑥ 疑問詞で始まる疑問文が出てきたら，応答文を予測しながら聞こう。たとえば，whenは「時」を，whereは「場所」をたずねる疑問詞なので，応答文の中にはそれらの情報が含まれていると考えられる。時間や場所の表現にはatやin，onなどの前置詞が使われることが多いので，それぞれの意味も確認しておこう。

⑴*Man :* When is your birthday?

Woman : It's July thirtieth.

⑵*Woman :* Where is my pencil?

Man : It's on the table.

⑶*Man :* Yuki, whose cap is this?

Woman : Oh, it's mine, John.

日本語訳
⑴男性：あなたの誕生日はいつですか。

女性：7月30日です。

⑵女性：私のえんぴつはどこにありますか。

男性：テーブルの上にあります。

⑶男性：ユキ，これはだれのぼうしですか。

女性：ああ，それは私のです，ジョン。

② ⑴イ ⑵エ

ココを聞きトレ⑤ 疑問文の疑問詞を正しく聞き取ろう。疑問詞がwhenなら「時」，whereなら「場所」について述べている応答文を見つければよい。

英文
⑴*Woman :* Do you like soccer?

Man : Yes. I like it very much. I'm a member of the soccer team.

Woman : When do you practice soccer?

⑵*Man :* Jane lives in Japan, right?

Woman : Well, she lived in Japan before, but now she doesn't live here.

Man : Oh, where does she live now?

日本語訳
⑴女性：あなたはサッカーが好きですか。

男性：はい。私はそれがとても好きです。私はサッカー部の部員です。

女性：あなたはいつサッカーを練習しますか。

⑵男性：ジェーンは日本に住んでいますよね。

女性：ええと，彼女は以前は日本に住んでいたのですが，今はここに住んでいません。

男性：ああ，彼女は今どこに住んでいるのですか。

⑦ 現在進行形

① ⑴オ ⑵エ ⑶カ ⑷イ

ココを聞きトレ⑤ それぞれの英文が表す動作の内容を正しく聞き取ろう。特にing形になっている動詞の聞き取りに注意する。人の名前やhe, sheなどの語も，女性か男性かを区別するヒントになる。

英文 ⑴Aya is reading an English book. She is using a dictionary. ⑵Miki is making curry for lunch. Everyone likes curry very much. ⑶Yuta is talking with Ryo. He has a book in his hand. ⑷Kumi likes music very much. She is listening to music. She is not watching TV.

日本語訳 ⑴アヤは英語の本を読んでいます。彼女は辞書を使っています。 ⑵ミキは昼食にカレーを作っています。みんなはカレーが大好きです。 ⑶ユウタはリョウと話しています。彼は手に本を持っています。 ⑷クミは音楽が大好きです。彼女は音楽を聞いています。彼女はテレビを見ていません。

② イ，エ

ココを聞きトレ⑥ 対話から，だれが何をしているところかを正しく聞き取ろう。時や場所などの情報にも注意すること。whatのような疑問詞で始まる疑問文のあとでは，重要な情報が話されることが多いので注意して聞こう。

英文
Becky : Hello, this is Becky.

Shinji : Hi, Becky. This is Shinji.

Becky : What are you doing now?

Shinji : I'm eating breakfast with my brother.

Becky : Shinji, I'm studying Japanese, but I can't read some kanji.

Shinji : OK. I can help you after breakfast. Can you come to my house?

Becky : Sure. I can go to your house at ten o'clock.

Shinji : Great, Becky. See you soon.

日本語訳
ベッキー：こんにちは，ベッキーです。

シンジ：やあ，ベッキー。シンジだよ。

ベッキー：あなたは今，何をしているの？

シンジ：ぼくは弟といっしょに朝食を食べているよ。

ベッキー：シンジ，私は日本語を勉強しているんだけど，漢字がいくつか読めないの。

シンジ：わかった。朝食後にぼくが助けてあげるよ。ぼくの家に来ることができる？

ベッキー：もちろん。10時にはあなたの家に行くことができるわ。

シンジ：いいね，ベッキー。あとでね。

⑧ 一般動詞の過去形

❶ (1)イ (2)エ (3)ア

ココを聞きトレ❾ 時間，場所の聞き取りがポイント。過去の行動について複数の情報がある場合は，それらの出来事がどのような順序で起こったかにも注意しよう。What time で始まる疑問文のあとでは，時刻が話題になることも意識して聞こう。

英文
(1)**Woman :** Did you play volleyball yesterday, Koji?
　Man : No, I didn't. I played baseball after lunch.
(2)**Man :** Did you go to the park last Sunday, Kana?
　Woman : Yes, I did. I went there in the morning. Then I visited the zoo in the afternoon.
(3)**Woman :** What time did you get up this morning, Tom?
　Man : I got up at eight. And I had breakfast at nine. I didn't study this morning.

日本語訳
(1)女性：あなたは昨日バレーボールをしましたか，コウジ。
　男性：いいえ，しませんでした。私は昼食後に野球をしました。
(2)男性：あなたはこの前の日曜日に公園に行きましたか，カナ。
　女性：はい，行きました。私は午前中にそこへ行きました。それから私は午後に動物園を訪れました。
(3)女性：あなたは今朝，何時に起きましたか，トム。
　男性：私は8時に起きました。そして私は9時に朝食を食べました。私は今朝，勉強しませんでした。

❷ (1)ウ (2)イ

ココを聞きトレ❾ 質問文が Yes ／ No で答えられる疑問文か，疑問詞で始まる疑問文かに注目しよう。Did ～?は Yes ／ No で答えられる疑問文なので，基本的には Yes ／ No の答えを選ぶ。疑問詞で始まる疑問文には，疑問詞に応じて具体的な答えを選ぶ。

英文 Hi, everyone. My name is Rika. Did you enjoy your summer vacation? I went to London with my family. We visited some museums there. We watched a soccer game, too. People in London like soccer very much. We enjoyed the food at some restaurants. We had a very good time. Thank you.
Questions : (1)Did Rika go to London with her family?
　　　　　(2)What did Rika do in London?

日本語訳 こんにちは，みなさん。私の名前はリカです。あなたたちは夏休みを楽しみましたか。私は家族といっしょにロンドンに行きました。私たちはそこでいくつかの美術館を訪れました。私たちはサッカーの試合も見ました。ロンドンの人々はサッカーが大好きです。私たちはいくつかのレストランで食べ物を楽しみました。私たちはとても楽しい時を過ごしました。ありがとう。
質問：(1)リカは家族といっしょにロンドンに行きましたか。
　　　(2)リカはロンドンで何をしましたか。

⑨ be 動詞の過去形／過去進行形

❶ (1)イ (2)ア (3)ア

ココを聞きトレ❾ 登場人物の過去のある時点の行動や状態を正しく聞き取ろう。last night, last year, yesterday などの過去の時を表す語句や，at seven, from six o'clock などの時刻を表す語句に特に注意する。英文の主語がだれかにも注意して，絵に表された人物の行動や状態を表す解答を選ぼう。

英文 (1)Miki had dinner at seven last night. She was writing a letter at nine. She did her homework before dinner. (2)Ken and Mike are on the soccer team this year. But last year, Ken was on the baseball team, and Mike was on the tennis team. (3)I'm Paul. I came home at five yesterday. My sister Emma was reading a book. My brother John was listening to music. We watched TV together from six o'clock.

日本語訳 (1)ミキは昨夜7時に夕食を食べました。9時には手紙を書いていました。宿題は夕食前にしました。(2)ケンとマイクは今年サッカー部にいます。しかし昨年，ケンは野球部にいて，マイクはテニス部にいました。(3)ぼくはポールです。ぼくは昨日5時に帰宅しました。姉のエマは本を読んでいました。弟のジョンは音楽を聞いていました。ぼくたちは6時からいっしょにテレビを見

ました。

2 (1) イ　(2) ウ

<u>ココを聞きトレ⑥</u>　日時と場所に注意して，対話している人物の行動を正しく聞き取ろう。場所の情報はwhereの疑問文のあとに言われることが多いので注意。

<u>英文</u>

Tom : Hi, Yumi. I called you yesterday, but you were not at home. Where were you?

Yumi : Sorry, Tom. I listened to a CD at the music shop in the morning.

Tom : Really? But I called you at three in the afternoon. What were you doing then?

Yumi : Oh, I was in the park. I was playing tennis with my friends. Were you at home yesterday?

Tom : Well, I was in the library and studied math in the morning. But I was at home in the afternoon. I watched a soccer game on TV.

Questions : (1)Who was Yumi with yesterday afternoon?

(2)Where was Tom yesterday morning?

<u>日本語訳</u>

トム：やあ，ユミ。昨日きみに電話したけど，家にいなかったね。どこにいたの？

ユミ：ごめんなさい，トム。午前中は音楽店でCDを聞いたのよ。

トム：ほんと？　でもぼくは午後3時に電話をしたんだ。そのとき何をしていたの？

ユミ：ああ，公園にいたわ。友だちとテニスをしていたの。あなたは昨日家にいた？

トム：ええと，午前中は図書館にいて，数学を勉強したよ。でも午後は家にいたよ。テレビでサッカーの試合を見たんだ。

質問：(1)ユミは昨日の午後に，だれといっしょにいましたか。

(2)トムは昨日の午前中，どこにいましたか。

---
⑩ 1年間の総まとめ
---

1 (1) エ　(2) ア　(3) ウ　(4) イ

<u>ココを聞きトレ⑥</u>　質問で特定の人の情報が問われて

いる場合は，表の中からすばやくその人の情報を見つけ出そう。whereなら「場所」，whoなら「人」のように，疑問詞で始まる疑問文に対する答えは限定されるので，必要な情報にしぼって探すとよい。

<u>英文</u>　(1)Where is Becky from?　(2)Who is on the tennis team?　(3)When does Ken practice baseball?　(4)How many people can play the piano?

<u>日本語訳</u>　(1)ベッキーはどこの出身ですか。　(2)だれがテニス部に所属していますか。　(3)ケンはいつ野球を練習しますか。　(4)何人の人がピアノをひくことができますか。

2 (1)ウ　(2)エ

<u>ココを聞きトレ⑥</u>　時間と登場人物の行動の聞き取りがポイント。質問文のwhenは「時」をたずねる疑問詞なので，スピーチの中の時を表す語に特に注意しよう。登場人物が多い場合には，それぞれの人の行動を整理してから選択肢を読もう。

<u>英文</u>　Hello, everyone. I'm Mike. I came to this school two months ago. I made some friends here. They are Kumi and Takashi. Takashi and I are members of the basketball team. Takashi is a good player. Last Saturday, we went to Kumi's house. Her family had a birthday party for Kumi and we joined them. I can't speak Japanese well, but Kumi always helps me at school. I'm enjoying my school life with my friends. Thank you.

Questions : (1)When did Kumi's family have a party?

(2)What does Kumi do at school?

<u>日本語訳</u>　こんにちは，みなさん。私はマイクです。私は2か月前にこの学校に来ました。私はここで何人かの友だちができました。彼らはクミとタカシです。タカシと私はバスケットボール部の部員です。タカシは上手な選手です。この前の土曜日，私たちはクミの家に行きました。彼女の家族がクミのために誕生日パーティーを開いたので，私たちは参加したのです。私は日本語が上手に話せませんが，クミは学校でいつも私を助けてくれます。私は友だちといっしょに学校生活を楽しんでいます。ありがとう。

質問：(1)クミの家族はいつパーティーを開きましたか。

(2)クミは学校で何をしますか。

英作文にチャレンジ！
〈解答〉

❶ (1)I want two apples.
(2)I want to make fruit salad.
(3)How many oranges do you want?

英作力UP↗ 英作文では，まず語数制限や問題文中の条件設定を押さえよう。(1)「いらっしゃいませ。」への応答の文。絵から「リンゴが２個ほしいです。」という内容の文を書く。ほしいものを言うときは，I want 〜.を使う。(2)したいことは，I want to 〜.を使って表す。(3)ユカは直後に「４個ほしいです。」と返答しているので，数をたずねる文を入れる。How manyのあとの名詞(orange)は複数形にする。

❷ This is my father, Akira. He is [He's] a math teacher. He is [He's] good at singing. He can run fast. He likes movies. We sometimes go to a movie together. I like him very much.

英作力UP↗ 人を紹介するので，This is 〜.「こちらは〜です。」で文を始める。２文目以降は代名詞he「彼は[が]」を使って書く。「〜（すること）がじょうずだ」はbe good at 〜ingで表す。He is a good singer.としてもよい。「速く走ることができる」は〈can＋動詞の原形〉を使って表す。「映画に行く」はgo to a movie。

❸ (1)You can take pictures here. (2)(You can't) eat or drink. (3)(You) cannot [can't] touch the photos. (4)(Please) be quiet.

英作力UP↗ (1)「写真撮影は可能です」はYou can 〜.「あなたは〜することができる。」の形で表す。(2)「飲食禁止」は「飲んだり食べたりすることができない」と考え，You can'tにeat or drinkを続ける。(3)「写真にさわらないでください」は(2)と同様，You can'tを使って表すとよい。「写真にさわる」はtouch the photos。「写真展にある写真」を指しているので，photosには定冠詞theをつける。(4)「大声で話さないでください」は文の最初にPleaseがあるので，quiet「静かな」を使ってPlease be quiet.とbe動詞の命令文にする。

❹ (1)A boy is playing basketball. / A boy is practicing basketball. (2)Two women are eating ice cream. / Two women are talking. (3)A bike [bicycle] is by the tree. / A bike [bicycle] is under the tree.

英作力UP↗ (1)「１人の少年がバスケットボールをしています。」(2)「２人の女性がアイスクリームを食べています。」(3)「自転車が木のそばにあります。」ということを表す文を書く。(1)(2)は現在進行形〈be動詞＋動詞のing形〉の文で表す。(1)「バスケットボールをする」はplay basketball。「バスケットボールを練習する」practice basketballを使った文にしてもよい。(2)「アイスクリームを食べる」はeat ice cream。絵の様子から「２人の女性が話している」という文にしてもよい。(3)は，自転車の位置について表す文を書く。絵よりby 〜「〜のそばに」が適切。また，under 〜「〜の下に」を使ってもよい。

❺ Eighteen students have smartphones. Fourteen students don't have smartphones. One student has a mobile phone.

英作力UP↗ ３つの英文なので，それぞれスマートフォンを持っている生徒，持っていない生徒，携帯電話を持っている生徒について書く。「14」はfourteen。携帯電話を持つ生徒について書くときは，主語が三人称単数のone studentなので動詞はhasとする。

❻ I went camping with my family. We made curry and rice for dinner. I got up early and watched the sunrise. It was very beautiful. I had a really good time.

英作力UP↗ まず質問への返答として「〜した」という文を動詞の過去形を使って書く。２文目以降も，行った場所やしたことついて過去形の文で表す。be動詞の過去形の文はIt was beautiful.「それは美しかったです。」やI was happy.「私はうれしかったです。」，I was tired.「私は疲れました。」など感想を述べる文で使うとよい。